能源经济与低碳政策丛书

国际石油市场
驱动机制与影响机理

INTERNATIONAL OIL MARKETS

Price Dynamics and Transmission Mechanism

姬强 范英 著

科学出版社

北京

内 容 简 介

国际石油市场正在经历前所未有的变化，石油生产国形势复杂多变，市场需求已经东移，新能源和可再生能源发展迅速。市场各方力量对石油定价权的争夺愈演愈烈，市场秩序面临深刻调整，国际油价影响机理和市场规律呈现新的特征。本书围绕国际石油市场价格运行规律，从市场内部微观行为机理、市场外部信息传导机制和石油市场的宏观经济影响三个大的维度，针对市场驱动机理、市场一体化程度、跨市场信息传导、油价冲击的经济影响、市场投资策略以及石油进口安全评估等内容展开深入的研究，尝试挖掘市场新的演化规律和特征。

本书适合能源相关政府部门、大型能源企业、投资机构、科研院所研究人员和行业协会专家阅读，也可以作为大专院校能源经济学和能源金融专业教材使用。

图书在版编目（CIP）数据

国际石油市场：驱动机制与影响机理／姬强，范英著．—北京：科学出版社，2017.6

（能源经济与低碳政策丛书）

ISBN 978-7-03-052741-7

Ⅰ.①国… Ⅱ.①姬…②范… Ⅲ.①石油市场–国际市场–研究 Ⅳ.①F416.22

中国版本图书馆 CIP 数据核字（2017）第 100012 号

责任编辑：王 倩／责任校对：刘亚琦
责任印制：张 倩／封面设计：李姗姗

科学出版社 出版

北京东黄城根北街 16 号
邮政编码：100717
http://www.sciencep.com

中国科学院印刷厂 印刷

科学出版社发行 各地新华书店经销

*

2017 年 6 月第 一 版 开本：787×1092 1/16
2017 年 6 月第一次印刷 印张：15 3/4 插页：2
字数：370 000

定价：128.00 元
（如有印装质量问题，我社负责调换）

总　　序

能源和环境约束已经成为人类经济社会发展的重大挑战，节能减排和应对气候变化已经纳入中国社会经济发展的长远规划和发展战略中。中国在大力发展新能源和可再生能源、提高能源利用效率、降低单位 GDP 碳排放强度的同时，在"十三五"能源规划中进一步提出了控制能源消费总量，实现能源革命的新要求；随后承诺在 2030 年前后碳排放达到峰值，并争取提前实现；在《中美元首气候变化联合声明》中，习近平主席郑重宣布中国计划于 2017 年建成全国碳市场。

不断深入的能源革命和节能减排实践，对经济学和管理科学提出了新的挑战和要求，包括经济结构调整和经济转型、能源市场化改革、气候变化的全球性、新能源新技术的发展动力等，既有国际范围的课题，也有中国特有的问题。范英教授带领的研究组是国内较早对这些课题开展系统深入研究的团队，他们围绕能源和环境的现实挑战，应用扎实规范的经济学和管理科学理论方法，长期耕耘探索，不断积累，形成了丰富的研究成果。"能源经济与低碳政策丛书"是这些优秀成果的汇编，丛书具有以下鲜明的特点：

（1）问题来源于实践。丛书每本专著的选题都来自现实的能源环境挑战，特别是针对中国经济的特点和所处的发展阶段，发挥了经济学和管理科学学以致用的特点，直面问题，揭示规律，探索机制，提出优化的政策建议。

（2）研究方法有创意。丛书采用规范的经济学和管理科学研究方法，基于大量的实际数据，理论研究和实证研究相结合。书中涉及很多数学模型和计算，研究成果已经过同行评议，并发表在国际国内一流学术期刊上。

（3）重视研究结果的落实。在理论研究和模型分析的基础上，注重讨论决策和机制设计问题，以及决策变量与环境条件参数的关系，将现实的决策与未来的情景分析结合起来，最后推导出优化的政策选择。

"能源经济与低碳政策丛书"选题新颖、内容丰富、论证严谨，理论与实证相结合，具有创新性、前瞻性和实用性，是一套优秀的学术丛书。我希望并深信这套丛书的出版，将进一步推动中国能源经济学、环境经济学和能源环境管理的学科发展，推动中国能源环境决策的科学化和国际化。希望范英教授团队和国际国内同行一道，在应对能源和环境挑战的事业中不断做出新的贡献。

中国优选法统筹法与经济数学研究会原理事长

中国科学院科技政策与管理科学研究所原所长

二〇一五年十月于北京

序

进入 21 世纪，在能源安全和气候变化的双重挑战下，市场成为能源环境经济系统稳定运行的重要载体。而石油作为世界上最重要的化石能源，其市场成熟度和开放度最高，在国际能源市场体系中占据着非常重要的地位，对于经济发展和国际金融货币体系的完善也具有重要的意义。

2014 年以来，油价波动进入低位持续期，百元油价时代似乎在离我们远去。然而，纵观历史，历次大幅度的油价波动都伴随着市场价格形成机制的深刻调整市场多空力量的重新洗牌，吸引国内外学者对国际油价新的影响机理进行探索，以便更好地揭示国际石油市场复杂的价格波动特征及动态演化规律。

姬强博士和范英教授撰写的这本对石油金融研究领域有益拓展的《国际石油市场：驱动机制与影响机理》著作，正是在这样的国际背景下完成的，体现了作者对于国际石油市场热点问题的敏锐把握和对市场背后的驱动机制的深入探索。该书的研究内容涉及国际石油市场的定价机理、全球市场的整合与分化、市场间信息传导机制，以及宏观经济影响和投资策略等多个方面。对国际石油市场的融合程度、油价驱动机理的动态演化、油气关系的协动与分离、石油的地缘政治属性、石油的金融传染机制等问题从新的视角进行系统的分析，观点和结论都颇具新意，对市场投资者具有重要的指导意义。

该书在多个问题的研究上另辟蹊径，巧妙结合不同的理论方法，具有创新性和前沿性，为石油市场研究提供了新的分析工具和研究思路。例如，作者将图论与计量经济学模型有序结合，提出识别油价驱动机理的系统分析方法；将社会网络分析理论用于分析世界石油市场体系，量化不同市场的地位和影响力；将大数据技术和网络信息用于量化突发事件对市场波动的影响等。

十多年前，我受聘中国科学院科技战略咨询研究院兼职教授，后又受聘担任首位特聘教授，对范英教授和姬强博士的团队有非常深的了解。他们的团队长期从事能源金融的理论与实证研究，在国际石油市场的驱动机制和广泛影响方面不断开拓进取，积累深厚。团队不断发展模型方法和分析工具，承担了国家自然科学基金委员会、国家能源局及油气企业的大量项目，在国内外能源和金融领域重要期刊发表了一大批高水平的学术论文，在能源金融和市场领域从研究产出与水平两方面看都堪称国内一流研究团队。

姬强博士和范英教授在这些长期积累的成果基础上凝练而成的这本著作，内容逻辑清晰、观点鲜明，理论方法先进，具有很强的可操作性和实用性。希望该书的出版，能够为政府决策层制定石油战略和推动石油市场化建设提供理论指导，也能够为油气投资者制定投资策略和分析市场规律提供工具手段。最后，也希望该书的出版能够促进更多的学者、专业分析师和研究生从事能源市场的相关研究，共同推动中国能源金融与石油市场理论的研究和实战水平，为能源经济学的学科发展做出贡献。

张中祥

国家能源、环境和产业经济研究院院长

天津大学经管学部"千人计划"特聘教授

2017 年端午节于上海

前　　言

石油作为世界上最重要的化石能源，对国家的经济发展具有不可替代的战略意义。自19世纪60年代现代石油工业诞生以来，世界石油控制权在欧美跨国石油公司和中东产油国之间经历了反复交替。自20世纪末，随着原油市场的发展和期货市场的成熟，石油市场成为全球石油资源优化配置的有效手段，其市场特征变化直接反映了各方力量的博弈，石油价格形成也完全由市场决定。这一阶段，石油市场的不确定性增加，市场特征更加复杂多变，特别是在后金融危机时代，对石油市场价格行为机理以及复杂特征的研究更加重要。

石油市场理论的发展及市场研究的热点往往跟随定价权的演化而不断延展。20世纪70年代开始的3次石油危机，真正引发了世界诸多学者对石油市场的理论探索。当时的理论研究更多的还是探讨OPEC（石油输出国组织）的"卡特尔"角色以及供需失衡对油价的影响机理。进入21世纪，在市场化定价机制下，随着OPEC市场份额的不断下降，OPEC对价格的影响力也在减弱，市场研究关注的焦点也开始转移。

通过对当前的油价运行规律进行剖析发现，其波动幅度已经远远超出供需因素所能解释的范畴，石油价格更多地表现为金融属性和地缘政治属性，而不再单纯只是商品属性。石油市场已经成为金融系统中不可或缺的一部分，与金融市场之间的信息传导关系更加多样化和复杂化，也开始面临系统性风险和金融传染效应对市场的冲击。这个时候，石油价格波动不仅仅受到石油市场自身供需基本面、市场内部因素的影响，不同层面的外部信息流入也会对市场投资者情绪造成干扰，从而影响市场对未来价格的预期，对市场的研究也从简单的供需框架扩展到对市场微观行为机理的研究。

显然，在不同的内外部市场环境下，影响油价的驱动因素和作用机制都不一样。而高油价和低油价的运行轨迹和外力推动也存在很大的差异。2014年下半年以来，国际油价大幅度下跌，国际石油从高油价进入低油价时代基本成为市场的共识，在可预期的5～10年，国际油价很难出现大的反转。本轮的低油价周期主要是由于全球石油供应宽松，而石油需求受经济低迷影响一直处于疲弱状态导致供需失衡所致。加上化石能源与非常规能源产业之争、新能源技术革命、气候变化约束等外力合成，共同形成了当前的低油价走势。

在这样的背景下，各驱动因素对油价作用的新机理如何演化？市场投资者如何调整策略对冲风险？地缘政治事件对市场的影响如何量化？市场间的信息传染效应如何扩散？油价冲击对经济的影响如何传导？这些问题都需要从新的视角采用新的方法工具进行探索。

本书以国际石油价格新的运行规律为核心，研究内容主要分为石油市场内部微观行为机理、石油市场外部信息传导机制、石油市场宏观经济影响以及石油市场投资和贸易策略。

第1章绪论，主要凝练了在当前国际油价持续低迷的市场环境下，石油市场表现出的新的结构特征以及市场多方力量博弈的新动态，并对石油市场的理论发展进行系统的综述，梳理不同定价阶段石油市场的理论研究趋势和重要发现，最后总结石油市场未来可能的热点科学问题和研究方向。

第2~5章阐述石油市场内部微观行为机理。第2章从石油市场风险–收益之间的复杂关系入手，通过构建不同的模型系统分析石油市场的隐含波动特征，证实隐含波动指数能够有效的反映投资者情绪变化。第3章提出识别国际油价驱动因素的系统分析方法，通过整合偏最小二乘回归模型、向量误差修正模型和有向无环图技术，从同期信息传导机制、对油价的解释力以及对油价波动的贡献程度3个方面对油价上涨期和低迷期各因素的不同作用机理进行全面分析。第4章引入网络关注度，利用网络搜索指数量化突发事件对油价波动的影响，对金融危机、战争、OPEC会议及飓风等不同类型的事件进行对比分析。第5章将图论和社会网络分析理论引入石油市场体系结构特征的研究中，量化分析世界原油市场融合程度的演化规律及区域市场在市场体系中的地位和影响力。

第6~9章阐述石油市场外部信息传导机制。第6章综合运用面板协整、状态空间模型、马尔科夫机制转换模型及向量自回归模型等对国际油价与三大区域天然气价格之间的时变特征、机制转换及冲击的不对称性进行系统研究。第7章引入美元指数作为外生冲击，建立原油市场与各商品市场间的波动溢出模型，分析金融危机前后原油市场与各非能源商品市场间的信息溢出效应和动态相关性。第8章构造半旋转的 Gumbel Copula 函数并提出一种数据驱动的时变最优 Copula 识别方法，对国际油气价格与美元汇率之间的动态相依关系进行了研究。第9章对比分析中国石油市场与国内外商品市场之间的信息传导机制，分析了中国石油市场与国际市场之间的领先滞后关系。

第 10 章概述石油市场的宏观经济影响，构造结构 VAR 模型分析了石油供应冲击、全球实际总需求冲击和石油市场特定需求冲击对金砖五国（BRICS）工业产出、汇率和物价水平等宏观经济变量的不同影响。

第 11~12 章概述了石油市场的投资和贸易策略。第 11 章从炼油商面临裂解价差风险的视角，在考虑原油、汽油和热油之间信息交互的基础上提出了多产品的套期保值模型，为炼油商规避原油和成品油双重价格风险提供投资策略。第 12 章从石油进口供应链的视角，系统地构建反映各环节风险水平的指标体系，并提出两阶段 DEA-like 石油进口安全综合评价模型，对我国的进口安全形势以及主要风险因素进行研究。

本书的研究内容是在长期成果积累的基础上完成的。第 1 章由姬强完成；第 2、第 3 章由姬强、范英完成；第 4 章由姬强、郭剑锋完成；第 5 章由姬强、范英完成；第 6 章由耿江波、席雯雯、姬强和范英完成；第 7 章由姬强、范英完成；第 8 章由刘炳越、姬强和范英完成；第 9 章由姬强、范英完成；第 10 章由刘明磊、姬强和范英完成；第 11 章由姬强、范英完成；第 12 章由张海颖、姬强和范英完成。先后在我们中心工作和学习的老师与同学都对相关研究工作给予了不同程度的帮助和指导，他们是夏炎、朱磊、许金华、莫建雷、蔡圣华、孙德强、梁强、王海博、解百臣、杨冕、段宏波、毕清华、张毅、Faheemullah Shaikh、刘寅鹏、段菲、马嫣然、赵万里等。

在长期从事能源经济学和石油金融领域科学研究的过程中，我们得到了来自国家部委相关部门、业界和学术界众多专家学者的指导和帮助。我们对徐伟宣教授、蔡晨教授、汪寿阳教授、李善同教授、李一军教授、高自友教授、张维教授、潘教峰教授、穆荣平教授、杨烈勋教授、刘作仪教授、田立新教授、杨晓光教授、张中祥教授、周勇教授、李建平教授、周鹏教授、龙如银教授、张兴平教授、安海忠教授、冯连勇教授、孙梅教授、应尚军教授、张大永教授、Ronald D. Ripple 教授、David C. Broadstock 教授、王群伟教授、安丰全司长、陈卫东高工、单联文高工等专家给予的指导和帮助表示最诚挚的谢意！

本书的研究工作得到了国家自然科学基金（No. 71690245，No. 91546109，No. 71203210，No. 71133005）的支持，在此一并致谢！

限于我们的知识范围和学术水平，对于书中的不足之处，恳请读者批评指正！

姬　强　范　英

二零一七年一月

目　　录

Contents

Preface

第1章 绪 论

　　进入21世纪，随着世界经济的快速发展，全球石油消费量增长迅速，其在全球能源消费中的比重始终维持在30%之上，在能源消费结构中长期占据主导地位。然而，由于石油资源在消费区域和储产区域分布的不均衡，超过85%的石油资源掌握在仅仅5%的资源大国手中，这也造成了大多数石油消费国需要通过贸易手段满足国内的石油需求。国际原油市场成为平衡世界各国石油供需的重要媒介，也是各国争夺石油话语权、抢占市场份额的主战场。为此，本章主要对本轮油价周期内，石油市场新的动态特征进行凝练，对石油市场的复杂特征和市场格局的演化规律进行系统的讨论，在此基础上，梳理了石油市场理论发展的脉络，清晰展示了石油市场理论研究的拓展和演变过程，并对未来石油市场的热点研究方向进行总结，这也是本书的立意所在。

2014 年以来，国际石油价格经历了 2008 年金融危机以来的最大波动，油价进入下行通道，这是国际石油市场秩序再调整的直接体现，反映了石油市场体系的主导力量正在发生变化，石油生产国与消费国进入新的博弈阶段，各国在市场中的地位也在不断改变。

1.1 石油市场博弈新动态

在新的国际宏观经济形势与能源环境下，石油市场呈现出新的结构特征。

（1）全球石油供给体系再平衡，石油市场进入新常态。全球石油供需基本面由偏紧转为宽松，油价上升动力不足，高油价失去支撑。2014 年以来，世界石油市场宽松的基本面尤为明显，供大于求的格局也使得国际石油价格大幅度下跌，国际油价从 100 美元/桶快速下跌至 30 美元/桶，目前仍然维持在 40 美元/桶的区间低位震荡。根据美国能源信息署（Energy Information Administration，EIA）统计，2014 年第四季度至 2016 年第一季度，全球石油产量比需求量平均多 180 万桶/天，2016 年经济合作与发展组织（Organization for Economic Co-operation and Development，OECD）石油商业库存持续高于前 5 年的最高水平，平均可满足 OECD 国家 60 天的石油需求。从供应来看，尽管产油国政治动荡事件频发，但全球石油供应充足的事实短期内不会改变。非常规石油技术的进步、产能的提升，特别是美国页岩油产量的大幅度增长，成为世界石油供应增长的主要力量。从需求来看，全球经济低速增长将成为常态。英国公投退出欧盟使全球经济面临新的风险点，特别是政治方面的影响会增加对宏观经济预期的不确定性，欧盟已经开始恢复的经济受到潜在的冲击，石油需求低迷的现状短期难以改变。而作为石油需求主要驱动力的金砖国家经济增速也开始放缓，中国经济进入中速发展阶段，巴西经济出现负增长，南非经济增长也大幅下滑，对石油需求增长的支撑作用将变得十分有限。加上全球气候变化刚性约束使得主要石油消费国开始调整能源结构、提高能效以及发展天然气等替代能源等原因，预计未来世界石油需求将进入缓慢调整期。供应增加而需求放缓的此消彼长带动石油市场进入新的动态平衡，供需力量的改变也将促使石油市场价格形成的自适应机理出现新的变化。

（2）世界石油供需形势变化带动全球石油贸易格局调整。中东地区石油出口占比持续下降，但依然占据主体地位，以原苏联几个加盟共和国（简称原苏联产油地区）为首的非OPEC[①] 国家石油贸易地位上升。虽然中东地区的石油出口份额出现下降趋势，但未来中东仍将是出口量最大的地区，其中伊拉克成为增长的主要推动力。另外，原苏联产油地区的出口份额增长最为明显，出口份额从 1990 年的 8.46% 上升至 2014 年的 15.7%。原苏联产油地区出口份额的提升，与其多元化的贸易战略有关，同时也反映出了原苏联产油地区在管道、铁路和游轮等出口设施方面所取得的进步。而近年来，西非、北美地区石油出口成为主要增长点，特别是随着美国、加拿大等非常规石油产量的提升，北美地区的石油出口将进一步提升，到 2035 年，北美地区有望实现石油的净出口。总体来看，全球的石油资源主要从中东、非洲等经济欠发达地区向欧美、亚太等经济发达或发展中地区流动，而

---

① OEPC 即 Onganization of Petroleum Exponting Countries，石油输出国组织。

且在地理位置优势及运输成本等因素的共同作用下，主要石油出口区具有明确的贸易重点。在运输设施不断完善和亚太地区进口需求增长的驱动背景下，贸易流向分布的变化，不仅反映出石油出口区和进口区贸易多元化策略实施的博弈结果，同时也说明石油资源的流动性不断增强，石油贸易流向的全球性分布特征更加凸显（张海颖，2014）。

（3）新旧能源势力博弈带来新的能源格局，市场秩序重构。2014 年以来，石油市场最大的特点是政治博弈成为主导油价新力量，国际石油市场新秩序正在形成。一方面，非常规油气革命在美国快速发展，以页岩气、页岩油开发为代表的非常规能源开采技术振兴了油气行业。自 2012 年初至今，美国原油日产量增加 350 万桶，几乎囊括世界全部石油供应的增长。2014 年底，美国石油产量比 2008 年增长超过 80%，美国正在超过沙特，成为全球最大的液态石油生产国，其繁荣的石油生产已经开始改变世界能源格局。另一方面，来自俄罗斯、巴西、中亚、非洲以及正在增长的海洋石油资源为全球石油供应提供了更多元化的渠道，对 OPEC 产油国冲击很大，OPEC 市场份额已经下跌到 32% 左右。而以沙特为首的 OPEC 为了维持市场份额，打击北美新兴的非常规石油产业，将放弃以支撑油价为目标的策略，转为关注保持长期市场份额的策略。因此，OPEC 短期内不会采取减产的策略改变市场供过于求的局面，这也将迫使其他产油国采取类似的策略，通过增加产量来弥补油价下跌带来的损失。未来，传统产油国与新能源势力对市场主导权的争夺将愈演愈烈，也将成为市场持续关注的焦点，国际利益合作、竞争的博弈关系将达到新的高度，油价的反复波动是市场新秩序重塑的最直观体现。

（4）市场投机行为进一步规范，市场交易力量重新洗牌。2008 年，金融危机的爆发促使美国成立"美国金融危机调查委员会"，指出交易金融衍生品对危机的爆发产生了重大影响。2009 年以来，美国商品期货交易委员会（Commodity Futures Trading Commission，CFTC）陆续推出一系列举措试图全面监管市场投机行为，加强对重要能源市场操纵行为的民事和刑事惩罚力度。特别是 2010 年通过的《多德–弗兰克法案》被认为是"大萧条"以来最全面、最严厉的金融监管法案。2013 年，此法案中的"沃尔克规则"最终版本通过，规定包括高盛集团、美银美林集团等在内的大型银行控股公司都必须在 2014 年底前完全剥离自营业务，这意味着这些投机油价的主要金融机构将不能直接操盘油价，石油市场的操纵势力正处于重新分配期。可以肯定的一点是，美国对金融监管的加强将在极大程度上限制石油市场的投机行为，交易行为的规范将使市场运行更有序，油价的波动规律将会出现新的特征。

（5）新的衍生品出现，带动市场新规律和新的交易机制和模式。石油市场金融化属性增强进一步加大了石油市场与传统金融市场间的信息联系，石油市场内部金融创新工具不断涌现。2008 年金融危机期间，石油市场剧烈波动，投资者恐慌情绪蔓延。在此背景下，为帮助投资者更有效地管理油价波动风险和规避其他市场波动溢出影响，芝加哥期权交易所（Chicago Board Options Exchange，CBOE）利用石油 ETF[①] 期权为标的，参考股票市场波动指数的构造方法，构造出了原油隐含波动指数（OVX），用来度量投资者对于未来 30

---

① ETF 即 exchange traded funds，交易型开放式指数基金。

天市场波动的预期，相比历史波动，隐含波动更能反映市场情绪，因此也成为衡量石油市场恐慌状况的重要指标。2012 年，CBOE 又基于原油隐含波动指数推出了相应的期货和期权产品。这些新的石油市场衍生品，使石油市场交易模式更加多样化，为石油市场波动规律的研究提供了新的视角和工具。

（6）亚太形成新的消费中心，围绕石油定价话语权出现了新一轮的竞争。自金融危机以来，亚太新兴经济体逐渐成为推动全球经济增长的主导力量，同时也成为国际石油市场的主要需求方，以中国、印度为首的新兴发展中国家石油需求增长明显。根据国际能源署（International Energy Agency，IEA）预测，到 2030 年，整个亚太地区将贡献全球石油需求增长的 85.3%，其中超过 80% 的石油需求增长来自中国和印度。此外，美国的油气生产繁荣降低了其石油进口量，美国石油对外依存度在 2005 年达到 60% 的峰值后，2014 年继续下降至 28%。世界石油消费的中心已经由北美向亚洲新兴市场转移。然而与巨大的市场需求相比，亚太地区还没有形成统一的石油定价中心，亚洲国家纷纷加快建立石油期货市场。2000 年以来，新加坡交易所、迪拜商品交易所、东京商品交易所及印度大宗商品交易所先后推出原油期货合约，争夺市场话语权。我国上海原油期货的上市工作也在逐步推进，这些新的市场力量对于世界原油市场体系的影响也将改变石油市场的秩序。

综上所述，石油市场的内部和外部环境正在发生深刻变革，这些改变都将对石油市场的主导力量和格局演化产生重大影响，市场秩序面临重新洗牌。因此，在新形势下，对国际石油市场的复杂性和结构特征进行系统的研究，准确捕捉国际石油市场出现的新规律，可以为我国深化市场机制改革，提升我国在国际石油市场的影响力提供科学依据，为企业规避市场风险提供对策和理论支撑。

1.2 石油市场理论发展综述

对石油资源的研究开始于 20 世纪 30 年代，而从资源安全和经济安全角度的研究则是从 20 世纪 70 年代的石油危机开始受到广泛关注的。在此之后，国际石油价格在经历了 20 世纪的跨国石油公司垄断定价和 OPEC 主导定价反复交替后，开始进入市场化定价阶段，而对石油资源的研究也从资源的可耗竭理论转向更多地从市场机理的视角进行研究。特别是，进入 21 世纪，随着全球市场一体化和石油期货市场的快速发展，石油资源超出了作为一种自然资源其固有的物理属性的范畴，而更多地表现出金融属性及地缘政治属性等社会属性，对石油市场的机理研究也更广泛。本节根据石油市场的新特征，从石油市场内部微观机理、石油市场外部信息传导机制和石油市场的宏观经济影响三方面对石油市场的理论进展进行综述。

1.2.1 石油市场内部微观机理研究

弄清石油市场内部微观机理是了解油价规律的前提，也是交易者参与石油市场投资交易的理论基础。本节主要从石油定价机制演化、石油价格波动特征、石油市场体系融合及石油期货市场投资策略等方面对石油市场的内部微观机理进行综述。

1.2.1.1　石油定价机制演化研究

在 19 世纪中期以前，全球主要还是使用动植物油作为燃料，对石油的需求非常少。直到 20 世纪，各国石油公司的逐步成立，石油市场开始得到发展。到 1963 年，七大石油公司［埃克森（Exxon）、雪佛龙（Chevron）、美孚（Mobile）、海湾石油（Gulf）、德士古（Texaco）、壳牌（Royal Shell）和英国石油公司（BP）］控制了资本主义世界原油生产的 82%、炼油能力的 65% 以及石油贸易量的 62%（褚诀海，2004）。在石油市场定价机制形成以前，国际石油价格经历了很长时期的跨国石油公司垄断定价和 OPEC 国家主导定价。在这一时期的研究也主要是围绕着市场垄断和市场竞争两种不同机制来进行的（焦建玲等，2004）。

Hotelling（1931）首先构造了可耗竭资源模型，目标是寻找一种最优的定价方法使得净现值最大，结论是长期来看资源价格增长率与贴现值相等，为研究可耗竭资源定价提供了一种基准方法。20 世纪 70 年代两次石油危机导致价格剧烈波动，对油价波动的原因和机理的研究开始受到广泛关注。这方面的研究将石油市场结构分为竞争型和垄断型，主要区别在于市场参与主体是价格接受者还是价格制定者（姬强，2011）。Ezzati（1976）、Gately（1984）、Krugman（2000）主要从竞争型的角度来研究石油价格。其主要观点认为，石油市场是非垄断型的，OPEC 不能控制价格，油价波动的原因在于世界石油供给曲线是一条向后弯曲的曲线。Salehi-Isfahani（1986）对模型的适用性进行了验证。Alhajji 和 Huettner（2000）综合了前人的方法对模型的适用性重新进行了检验，分析发现只有石油资源属于国家所有并且国家计划程度高度集中，经济严重依赖石油的产油国才符合这一条件，其余产油国只符合部分假定，供应曲线并不完全向后弯曲，因此对整个世界石油市场的解释能力有限。对垄断型市场结构的研究主要将世界石油市场看作由 OPEC 组织定价的垄断市场，油价由 OPEC 国家的定价规则来决定。根据定价原则，研究方法主要分为两类：财富最大化型和生产能力利用目标型。其中，财富最大化型方法基本是对 Hotelling 模型中垄断部分的改进，主要研究有 Cremer 和 Weitzman（1976）、Hnyilicza 和 Pindyck（1976）、Pindyck（1978）、Adams 和 Marquez（1984）；生产能力利用目标型方法，主要研究有 Gately 等（1977）和 Gately（1983）。

在经历了跨国石油公司垄断定价和 OPEC 国家主导定价后，随着石油现货市场和期货市场的建立和完善，当前国际石油价格主要由三大期货市场定价，对于石油价格的研究从对垄断型还是竞争型的结构分析转移到对影响油价的微观因素的研究。对于影响油价的微观因素，姬强等（2015a，2015b）主要从宏观经济、供需、投机、突发事件及 OPEC 会议等方面进行了研究。

近年来，宏观经济与国际油价之间的关系越来越明显。Du 等（2010）运用多元向量自回归模型（VAR）研究了国际油价和中国宏观经济之间的关系，分析认为国际油价对中国的经济增长和通货膨胀有显著影响，反之，中国的经济活动不能影响国际油价的变化。Ozbek 和 Ozlale（2010）采用趋势循环分解法将实际油价进行分解，研究全球经济对实际油价的趋势项和周期因素项的影响，结果发现，经济冲击对油价的走势具有持续效应，可以解释近来增强的油价波动现象。Bhar 和 Malliaris（2011）采用马尔科夫转换机制分析了 2008 年金融危机对油价的影响。

石油市场供需变化仍然是影响油价长期趋势的根本因素。单卫国（2000）、Yang 等（2002）研究了 OPEC 市场结构对原油市场价格波动的影响。Jiao 等（2005，2007）研究了 OPEC 油价及我国油价对世界油价的影响。Ghouri（2006）研究了美国原油库存、战略石油储备、汽油及馏分油库存变化对 WTI① 油价的影响，其分析认为，这些库存的变化均能够引起 WTI 价格不同程度的反向变化，其中原油库存变化对 WTI 的影响很大，汽油和馏分油库存变化对油价的影响相对适度。Chen（2009）运用结构 VAR 模型研究了石油供应冲击、全球总的需求冲击和石油市场需求冲击对油价的影响，其分析发现，全球总的需求和石油市场需求贡献了大部分油价波动，石油供应冲击影响相对较小。Hamilton（2009）重点分析了导致 2007~2008 年油价上涨的驱动因素，其分析认为，2007~2008 年的油价上涨主要是由全球旺盛的生产需求引起的。此外，投机也是该时期油价波动的一个诱因。Kilian（2009）提出一种新的结构类 VAR 模型，将原油价格分解为 OPEC 国家政治事件导致的原油供应冲击、其他原油供应冲击、工业产品的需求冲击、原油市场的需求冲击 4 部分，对原油价格波动进行研究。其分析认为，全球需求不仅影响当前的油价波动，还对早期由供应驱动的油价变化有重要影响。Guo 和 Ji（2013）采用 Google 搜索指数分析了石油需求等对油价收益和波动的影响。

投机因素被认为是 21 世纪初国际油价波动的主要推动力。de Roon 等（2000）分析了包括原油和取暖油在内的 20 种期货市场的套期保值压力，认为某一期货市场风险收益取决于该期货市场内部和同组内其他期货市场的套期保值压力。Sanders 等（2004）通过对 CFTC 报告中的原油、汽油和取暖油数据进行检验，发现非商业交易商头寸与油价收益存在正向关系，而商业交易商头寸与油价收益存在负向关系。Ciner（2006）研究了 1990~2001 年纽约商业交易所（New York Mercantile Exchange，NYMEX）原油、取暖油和无铅汽油期货市场的交易量和价格之间的关系，分析发现，一方面，交易量的大幅上涨会造成价格的下滑；另一方面，与投机交易相对比，套期保值交易对市场交易的推动作用更重要。杜伟（2007）分析了投机因素对油价波动的影响，分析认为油价变化不是非商业交易商净多头头寸变化的 Granger（格兰杰）原因，但却是商业交易商净多头头寸变化的 Granger 原因，这反映出商业交易商主要根据油价高低采取多头避险或空头避险的对冲策略，而非商业交易商并不根据油价的高低来决定自己的策略；非商业交易商的交易与油价呈正相关关系，而商业交易商交易与油价呈负相关，也验证了非商业交易商是在投机，而商业交易商是在对冲的一般看法。He 等（2009a）运用 Zipf 分析技术考察了投机者期望收益和投机时间尺度对油价的影响。Cifarelli 和 Paladino（2010）采用改进后的资本定价模型（capital asset pricing model，CAPM）对影响石油价格的投机因素进行了研究，结果发现投机因素对于石油日价格出现大的上涨或下跌有很大的影响，在市场基本因素引导油价恢复到均衡

---

① WTI 即 West Texas intermediate，指美国西德克萨斯轻质原油。

价格前，投机因素对油价的上涨动力将持续。Kaufmann（2011）分析了市场基本面和投机在油价涨跌中发挥的作用，结果显示近年来油价的巨幅波动主要是两者共同作用的结果，而投机力量在近年来油价波动中发挥的作用越来越重要。Coleman（2012）发现油价与投机活动、债券收益率都存在正向联系，认为应加强市场监管力度。Ji（2012）提出了识别油价的系统分析方法，发现投机对油价的影响在金融危机后明显减弱。Lammerding 等（2013）利用状态空间模型，将油价基本面因素和投机因素分离出来，发现在近年来的油价波动中存在显著的投机泡沫成分。

突发事件和 OPEC 会议一直在油价短期骤变中扮演着重要的角色。Wirl 和 Kujundzic（2004）选取了 1984～2001 年的 50 次 OPEC 会议，分析了 OPEC 会议决定对世界油价的影响。其分析发现，会议决定对油价的影响很弱，同时，历次会议决定之间的自相关性也很弱。Zhang 等（2009）提出了基于经验模态分解（empirical mode decomposition，EMD）的事件分析法，并以 1991 年的海湾战争和 2003 年的伊拉克战争为例，研究了突发事件对油价的影响。Lin 和 Tamvakis（2010）采用事件分析法分析了 OPEC 官方会议和部长级会议对原油价格的影响，发现 OPEC 对配额的决定对不同品种的油品价格的影响在数量和显著性上都不同。Demirer 和 Kutan（2010）采用事件分析法分析了 OPEC 会议和美国战略石油储备报告对原油现货和期货市场的影响。其研究发现，OPEC 减产声明会产生不对称的影响，这是由于只有 OPEC 减产会议会有显著的影响，并且这种影响对长期的成熟期货合约会慢慢减弱。Fan 和 Xu（2011）分析了不同阶段影响油价的主要因素，发现美国"9·11事件"和 2003 年的伊拉克战争都对油价形成了显著的冲击。Schmidbauer 和 Rösch（2012）、Mensi 等（2014）、Ji 和 Guo（2015a）、Loutia 等（2016）分析了不同的 OPEC 产量决定对 WTI 和 Brent（布伦特）原油价格的影响，发现 OPEC 减产和稳产对油价的影响更显著。

1.2.1.2　石油价格波动特征研究

价格波动是市场的基本特征，对市场波动规律的分析和预测也是石油市场风险管理理论的主要内容之一。根据计算波动所利用的信息集的不同，可以大致将波动分为两大类：一是基于历史信息的波动；二是基于市场预期的波动。

前者利用市场价格的历史信息集，主要研究集中在采用随机波动模型或者 ARCH 模型[①]来得到"过去"的波动，是一种事后估计的方法（冯春山等，2003；Pindyck，2004；Baum and Zerilli，2016）。梅孝峰（2001）采用动态计量方程组模型分析了国际油价的波动特征，发现由于市场供求结构发生了长期性的改变，以垄断市场结构或是以竞争型市场结构来解释油价波动的方法难以得到实际数据的支持，而 OPEC 对国际油价的影响能力被不适当地夸大了。郝海等（2002）运用分形、混沌等复杂理论对石油价格的系统动力学特征进行了实证研究，得到石油市场系统的分形特征、复杂性程度及系统演化类型。Alvarez-Ramirez 等（2002）利用多维 Hurst 分析方法研究原油价格，发现原油市场是一个在不同

---

①　ARCH 模型（autoregressive conditional heteroskedasticity model），即自回归条件异方差模型。

时间标度上具有高度相互作用的复杂过程，长记忆机制影响原油价格的演化。何凌云和郑丰（2005）、何凌云等（2006）采用 Zipf 分析法和 R/S 分析法①对原油价格的特征进行了分析。Herce 等（2006）提出使用原油期货价格过滤掉油价波动的短期因素，从而得到一个潜在的长期油价序列，为投资者提供决策依据。许金华和范英（2010）、Fan 和 Xu（2011）对油价的内生性结构断点进行了检验，并在此基础上对油价的波动机理进行了系统研究。Salisu 和 Fasanya（2012）建立不对称的波动模型对 WTI 和 Brent 的油价波动特征进行分析，并检验了市场价格可能存在的结构性断点。Hou 和 Suardi（2012）发现半参数的 GARCH 模型②能够更好地预测油价波动。潘慧峰和张金水（2005）、张跃军等（2007）、Liu 和 Wan（2012）等都对国内的石油价格波动特征进行了实证研究。

后者是利用期权价格计算出的隐含波动率，来反映投资者对期权到期日内的市场波动的预期，是一种"向前看"的波动。一般认为，隐含波动率不仅包含了投资者对历史波动信息的理解，而且含有对未来市场波动的预期，能更好地反映市场的不确定性状况。而且隐含波动避免了传统采用条件方差估计历史波动率的各种条件假设，隐含波动的预测优势已经在金融市场得到了很好的验证（Fleming et al.，1995；Dash and Moran，2005；Zhou，2014）；但是，对石油市场隐含波动的研究还是比较新的方向，现有的研究还十分有限。Agnolucci（2009）对比分析了 GARCH 模型和隐含波动模型在预测油价波动方面的能力。Liu 等（2013）分析了石油市场与其他市场隐含波动指数之间的溢出效应；Aboura 和 Chevallier（2013）、Agbeyegbe（2015）分析了隐含波动指数与油价收益的关系。Kearney 等（2015）分析了原油市场隐含波动的跳跃动态性。Ji 和 Fan（2016a）分析了油价收益与隐含波动之间的动态演化关系。

1.2.1.3　石油市场体系融合研究

各国间石油贸易的流动形成了世界石油市场体系，并受世界石油市场体系结构的重要影响。随着全球石油贸易的扩张，世界石油市场的一体化程度不断加深，不同石油市场之间的关联也在加强，并随着全球经济环境等外部条件的改变而发生变化（Hammoudeh and Li，2004）。

早期的研究主要集中在争论世界石油市场是全球性还是区域性的问题。Adelman（1984）认为全球石油市场是"一个巨大的池子"，一个市场的信息改变会快速影响其他市场的变化，不同区域原油市场间的价格具有趋同性。然而，Weiner（1991）分析认为石油价格更多地受地方政府的能源政策及局部冲击影响，原油价格表现出很强的区域性。Adelman（1992）对 Weiner 的反驳给出回应，认为区域原油间价差的增加会导致不同区域原油之间交易的套利收益，从而这种价差会表现为回复效应，市场间将趋于一致。随后，很多学者针对这两种不同的观点展开了争论。Rodriguez 和 Williams（1993，1994）认为 Weiner 对于市场的定义过于狭窄，支持 Adelman 关于原油市场全球化的观点。Weiner

---

① R/S 分析法，也称重标极差分析法（rescaled range analysis）。
② GARCH 模型（generalized autoregressive conditional heteroskedasticity），即广义自回归条件异方差模型。

（1994）则认为这种争论有利于刺激学者参与这一问题的讨论，并且从经济性和反垄断的视角仍然坚持自己的观点。Gülen（1997，1999）采用协整检验重新验证这一假设，认为世界原油市场从长期是协整的。

进入 21 世纪，由于新的电子交易技术的发展和成熟的网络交易平台，石油期货市场快速发展，跨市场信息传递更加快速，区域原油市场间关联性在不断加强（Silvapulle and Moosa，1999；Silverio and Szklo，2012），WTI、Brent、OPEC 和 Dubai① 等世界主要石油市场之间的关联性已经被广泛验证（Fan et al.，2008；Chang et al.，2010）。更多的研究开始集中在分析不同原油基准市场间的领先滞后关系。Lin 和 Tamvakis（2001）采用 GARCH 模型分析了纽约商业交易所和伦敦国际石油交易所（IPE）原油期货之间的信息溢出关系，发现 IPE 原油期货的开盘价受前一日 NYMEX 油价收盘价的影响。Milonas 和 Henker（2011）检验了 WTI 和 Brent 的波动行为，认为两个市场并不总是协整的。Hammoudeh 和 Li（2004）则发现油价间的长期关系在亚洲危机后有所减弱。Bentzen（2007）检验了 Brent、WTI 和 OPEC 油价之间的均衡关系，认为 OPEC 价格会影响 WTI 和 Brent 价格。陆凤彬等（2008）采用基于协相关函数的 Hong 方法和基于协整理论的误差修正模型研究了全球原油市场的 Granger 因果关系与信息溢出，研究结果显示伦敦和纽约的原油期货市场在信息溢出方面占主导地位，东南亚、迪拜市场的原油现货处于弱势地位。Wlazlowski 等（2009）研究了欧洲 25 个国家 7 种石油产品间的价格联系，结果显示国家间的石油价格差异对当地的价格调整有显著影响。Fattouh（2010）使用两机制门限回归模型分析美国 7 种进口原油之间的价差动态性，发现原油市场并不是在任何时刻都是完全同步的。Chang 等（2010）发现存在从 WTI 和 Brent 到 Dubai 和 Tapis（塔皮斯原油）的波动溢出效应，验证了 Brent 和 WTI 的国际基准油价的地位。Ji 和 Fan（2011）采用 DCC-GARCH 模型分析了原油价格与汽油、取暖油价格之间的关系，并提出了原油与成品油的套期保值策略。Wlazlowski 等（2011）利用 Granger 因果检验研究了包括我国大庆原油在内的世界 32 种原油间价格的依赖关系，发现除了原有的国际基准油价继续发挥引导作用外，20 世纪 90 年代末期引入的俄罗斯乌拉尔原油也逐渐成为世界油价的重要标准。Ji 和 Fan（2015，2016b）从国际基准油价和国家石油市场两个视角分析了世界原油市场体系的融合程度。

随着我国原油市场与国际接轨及我国燃料油期货市场的建立，我国石油市场与国际石油市场之间的关联开始加强。高辉（2005）采用协整理论等，从多角度对国内外燃料油价格关联性及动态走势预测进行了研究。董秀良和张屹山（2006）、潘慧峰和张金水（2007）运用不同的 GARCH 模型估计了我国大庆原油和国际原油市场间的风险溢出。陈洪涛等（2008）利用灰色关联度平移时间法，发现国内燃料油期货价格与 Brent 原油价格的关联性最强。马超群等（2009a）利用改进后的信息溢出模型发现上海燃料油期货市场与新加坡燃料油现货市场有双向的均值溢出，与主要国际石油市场还存在显著的波动溢出。齐中英等（2010）运用协整检验和误差修正模型等方法检验了上海燃料油期货价格、新加坡市场燃料油价格与我国燃料油现货市场价格之间的协整关系。刘明磊等（2014）分

_____

① Dubai（迪拜原油）主要用于中东出口至亚洲的原油定价。

析了国内外石油市场之间的风险传导关系。Ji 和 Fan（2016c）分析了我国原油和燃料油与国际油价之间的同期信息传导关系。

此外，油气联动关系也是石油市场研究的热点问题之一。许多学者运用误差修正模型、向量自回归等计量经济学模型得出，油气价格存在稳定的协整关系。例如，Yücel 和 Guo（1994）、Bachmeier 和 Griffin（2006）、Ji 等（2014）、Geng 等（2016a）研究发现石油和天然气价格是协整的。Brown 和 Yüce（2008）在考虑了天气、库存等天然气价格的工业驱动因素后得出，油价波动对天然气价格变化有显著影响。Hartley 等（2008）发现油气价格是长期相关的，短期的价格分离由生产库存、季节转换、飓风引起的供应中断等外部因素引起。然而，这些结论大都是基于 2008 年之前的数据得到的。近年来，由于美国页岩气革命的爆发，北美天然气工业快速发展，对北美天然气市场造成了巨大冲击，天然气价格走势偏离了原有的轨道，油气关系开始出现新的变化。国内外学者开始更多地关注油气价格关系是否稳定，通过脉冲响应函数、结构断点检验等计量方法探究油气价格关系是否发生了结构变化。de Bock 和 Gijón（2011）分析得出，2005 年左右，美国天然气价格和石油价格的联系有所减弱。Ramberg 和 Parson（2012）、Erdös（2012）、Brigida（2014）、Geng 等（2016b）的研究均表明，石油和天然气的价格关系在 2009 年出现了结构性变化，二者的相依性不再像先前那样紧密，而是出现了明显的"分离"。在这些研究工作中，学者普遍认为技术变化带来的页岩气供应增加，是北美天然气价格下降、油气价格出现分离的主要诱因。

1.2.1.4　石油期货市场投资策略研究

套期保值是石油期货市场基本运作方式之一，也是研究石油期货市场的主要内容之一。石油期货市场的功能按照交易者类型的不同分为规避风险和套利投机。规避风险通常指石油生产者为了避免现货市场价格波动带来的风险，在现货市场进行买入或卖出石油的同时，在期货市场进行反向操作，其目的是在现货和期货市场之间建立一种对冲机制，使价格风险降低到最低限度。而套利投机通常指不进行石油生产活动的机构，如对冲基金、投资银行等同时买入和卖出不同的期货合约，从价格的相对变动中获利的行为。

对于期货市场的套期保值理论，其中最重要的一个方面就是如何确定最优的套期保值比，这将取决于设定的目标函数。目前，主要有 6 种确定套期保值比率的目标函数形式：最小方差套期保值比率（Johnson，1960）、最优均值-方差套期保值比率（Hsin et al.，1994）、最大夏普比率套期保值比（Howard and D'Antonio，1984）、最大期望效用套期保值比率（Cecchetti et al.，1988）、最小 MEG（mean extended-Gini，扩展的均值-基尼）系数套期保值比率（Cheung et al.，1990；Kolb and Okunev，1992；Lien and Luo，1993；Shalit，1995；Lien and Shaffer，1999）、最小 GSV（generalized semi-variance，广义半方差）保值比率（de Jong et al.，1997；Lien and Tse，2000）。后面 5 种模型在一定的条件下与最小方差套期保值比率是一致的，最小方差套期保值比率是目前运用最广泛、研究最多的一种套期保值比。

基于最小方差的套期保值比率最早由 Johnson（1960）、Stein（1961）等提出，后来 Ederington（1979）对其进行了拓展，证明了最小方差套期保值比刚好是 OLS（ordinary

第 1 章 | 绪 论

least squares，普通最小二乘回归）的斜率系数，这一经典方法一直延续至今，称为 JSE 方法。但传统的回归模型存在两个明显问题：①如果现货和期货价格是协整的，则会出现伪回归现象，因为其忽略了现货与期货的长期关系（Engle and Granger，1987）。②这些模型基于最小风险的套期保值比率不随时间改变的假设，但是这个假设明显不能反映实际情况，因为随着时间推移市场不断接收新的信息，其最小风险也会随之改变，因而基于最小风险的套期保值比应该是时变的。Bollerslev（1990）、Kroner 和 Sultan（1991）、Park 和 Switzer（1995）的研究都验证了这一事实。

基于这一事实，很多学者开始构建各种模型估计石油期货市场的时变的套期保值比。Horsnell 等（1996）采用仿真的方法对 WTI 和 Brent 的套期保值效果进行了研究，证实了两个市场各自需求达到高峰时间的不同步对套期保值效果有重要的影响。Rao（1999）使用取暖油期货合约来研究航空用油的套期保值策略，分析了取暖油期货和现货价差的季节性变化，认为通过套期保值能使航空公司利润波动减少 20% 以上。Alizadeh 等（2008）引入基于 GARCH 残差项和马尔科夫机制转换的向量误差修正模型对 NYMEX 原油期货的动态套期保值比进行了估计。Chang 等（2010）采用 3 个多元 GARCH 模型对四大原油市场之间的波动溢出、不对称效应进行分析，在此基础上，估计了不同市场间的最优套期保值比。Chang 等（2011）采用多个多元 GARCH 模型估计了 WTI 和 Brent 的现货和期货市场的最优套期保值比。Hung 等（2011）提出了双变量的马尔科夫机制转换模型，用于估计 WTI 原油的套期保值比。Ji 和 Fan（2011）提出了多产品的套期保值策略，对原油和成品油之间的套期保值策略进行了研究。Pan 等（2014）采用机制转换非对称 DCC（动态条件相关）方法分析了成品油对原油的套期保值策略。Basher 和 Sadorsky（2016）采用多元 GARCH 模型分析了原油与股票市场之间的跨市场套期保值策略。

国内方面，对石油市场套期保值比的定量研究还比较少。冯春山等（2005）采用二元 GARCH 模型估计了三大石油期货市场的套期保值比。吴毅和叶志钧（2006）采用回归方法估计了上海期货交易所、纽约商业交易所和伦敦国际石油交易所石油期货合约与新加坡燃料油现货之间的套期保值比。潘慧峰和吴卫星（2008）采用动态条件相关的 GARCH 模型估计了 WTI 和 Brent 市场的套期保值比。方虹和陈勇（2008）采用普通最小二乘模型、双变量 VAR 模型、误差修正模型和基于误差修正的 GARCH 模型对原油期货套期保值比进行估计，分析发现，ECM-GARCH 模型的效果最好。马超群等（2009b）运用不同的多元 GARCH 模型估计了 WTI 石油市场的动态套期比率。廖肇黎和张宏民（2009）估计了上海燃料油对航空燃油套期保值的比率，分析认为用上海燃料油对新加坡航油进行套期保值可以取得一定的效果。

总体来说，对于石油期货市场的套期保值研究多集中在对单一市场现货和期货之间，或者一个石油期货市场对其他石油品种的现货市场进行套期保值，对同时在多个石油产品现货和期货市场间进行套期保值的研究还比较少。

1.2.2 石油市场外部信息传导机制研究

由于市场一体化的发展以及大数据时代的到来，不同市场间的信息冲击及信息溢出效

| 11 |

应变得更加显著，金融传染机制不再局限于股票市场间，商品市场也被纳入金融体系，受市场系统性风险的影响。近年来，石油市场表现出越来越强烈的金融属性，石油市场与其他市场之间的关系也变得更加紧密。本节主要从石油市场与股票市场、汇率市场及商品市场之间的关系进行综述。

1.2.2.1 石油市场与股票市场关系研究

随着石油金融化的发展，全球投机资金在石油市场与股票市场之间的流动更加便捷，促使两个市场价格变化之间存在一定的关联。另外，石油价格波动必然会引起石油公司成本变化，进而影响石油公司股票收益带动整个股票市场变化。关于石油市场与股票市场之间关系的研究也是众多交互关系中最多的。

关于石油市场与发达国家股票市场之间关系的研究已经比较成熟。Faff 和 Brailsford（1999）考察了油价对澳大利亚工业股票收益的影响，发现油价对油气和综合资源工业存在显著正向影响，而对造纸、包装和交通工业存在显著负向影响。Sadorsky（1999）分析认为油价趋势和油价波动都会对美国股票收益有显著的影响。Sadorsky（2001）采用多因素模型估计了原油价格对加拿大油气公司的股票价格，分析发现油价上涨对油气公司股票价格有显著的正向影响。Papapetrou（2001）采用多元的 VAR 模型对油价、实际股票价格、汇率及希腊的经济活动之间的动态关系进行了研究。实证结果表明，油价变化影响希腊的经济活动，并且对股票价格的变动具有很强的解释力。El-Sharif 等（2005）研究了油价变化对英国股票市场的影响。Henriques 和 Sadorsky（2008）采用 VAR 模型考察了油价变化对美国替代能源公司股票价格的影响，结果表明油价变化是替代能源公司股票价格变化的 Granger 原因。Aloui 和 Jammazi（2009）采用机制转换方法检验了原油冲击对英国、法国和日本股票市场的影响。Chen（2010）采用时变的转移概率马尔科夫模型研究了高油价对股票转为熊市的可能性。其研究发现，增长的油价对 S&P500（标准普尔 500）价格指数转为熊市的概率很大。Fills 等（2011）采用 DCC-GARCH-GJR 模型分析了油价与石油进口国（美国、德国和新西兰）及石油出口国（加拿大、墨西哥和巴西）股票之间的时变相关性。Sim 和 Zhu（2015）采用分位数模型分析了油价与美国股票收益之间的关系。Diaz 等（2016）检验了油价波动与 G7 国家①股票收益之间的关系，认为国际油价比国家油价波动对股票收益的影响更大。Liu 等（2017）提出了一个新的时变最优 Copula（连接函数）模型，并分析了 S&P500 指数与能源指数之间的时变相依关系。

石油市场与新兴股票市场的关系研究也开始兴起。Hammoudeh 和 Eleisa（2004）研究了海湾阿拉伯国家合作委员会（GCC）5 个成员国国内油价与股价之间的关系，发现只有沙特阿拉伯的股价和油价之间存在双向影响。Cong 等（2008）采用 VAR 模型考察了中国石油价格与股票市场的关系，分析发现油价冲击对制造业股票指数有显著的影响。王震等（2009）采用 t 分布的 GARCH 模型分析了 WTI 原油价格对上海证券交易所股票价格综合

---

① G7 国家（七国集团）是八国集团（G8）的前身，成员国包括美国、日本、英国、法国、德国、意大利、加拿大和俄罗斯。

指数的影响。其分析表明，WTI 原油价格在危机前后对中国股票市场价格收益均有负向影响，但是影响并不显著。姬强和范英（2010）对比分析了油价与中美股票收益的动态关系。Mohanty 等（2010）分析了油价与中东欧国家油气公司之间的关系。Masih 等（2011）考察了亚洲金融危机、石油危机等时期油价波动对韩国实际股票收益的影响。其结果表明，油价波动对股票收益的影响十分显著并且随着时间而增加。Arouri 等（2011）分析了世界油价与 GCC 国家股票市场之间的收益和波动传导，发现大多数国家存在显著的市场间波动溢出，由供需引起的油价波动能够增加股票市场的波动。Soytas 和 Oran（2011）采用 Cheung-Ng 方法检验了世界油价与土耳其电力股票指数之间的关系，发现世界油价可以引起电力指数的变化，但是不能引起整体市场指数变化。Bouri（2015）采用新的 VAR-GARCH 模型分析了油价与黎巴嫩股票收益之间的均值和波动关系。Bouri 等（2016）分析了世界油价与约旦各行业指数股票收益的均值和方差的因果关系。

另外，有些学者考虑了石油冲击对全球股票市场的影响。Ferson 和 Harvey（1995）研究了全球 18 个股票市场，发现石油价格风险因子对各股票市场具有不同程度的显著影响。Jones 和 Kaul（1996）检验了石油冲击对国际股票市场的影响。其分析认为，第二次世界大战后石油冲击对美国和加拿大股票价格的影响可以完全由这些冲击对真实现金流的影响来解释，但是石油价格冲击似乎导致英国和日本股票价格更大的变化，这无法用真实现金流变化和预期收益变化来解释；因此，他们认为美国和加拿大股票市场是理性的，英国和日本股票市场是非有效的。Basher 和 Sadorsky（2006）选用 21 个新兴市场国家股票指数和摩根斯坦利的世界指数（MSCI），通过估计国际多因子模型，分析新兴市场的股票价格对石油价格冲击的反应；他们发现，石油价格风险已经在新兴市场的股指收益中得到显著体现。Nandha 和 Faff（2008）分析了油价变化对全球 35 个行业的影响。其分析发现，除了采矿和油气行业以外，油价波动对所有行业的收益都是负向冲击。Park 和 Ratti（2008）分析了油价冲击对美国和 13 个欧洲国家股票市场的影响，结果发现，作为石油出口国，油价增加对挪威的股票市场有显著的正向影响，而对大多数欧洲国家来说，油价波动增加会对实际股票收益产生负向影响。Apergis 和 Miller（2009）将油价变化分解为石油供应冲击、全球总体需求冲击和全球石油需求冲击，分析不同冲击对澳大利亚、加拿大等 8 个国家股票市场的影响。Miller 和 Ratti（2009）分析了世界原油价格和 6 个 OECD 国家股票市场之间的长期关系；其结果认为，从长期来看，油价上升对股票市场指数产生负向影响。Lee 和 Zeng（2011）检验了实际油价冲击对 G7 国家实际股票收益的影响。Tsai（2015）分析了油价冲击在金融危机期间及危机前后对美国 682 个企业股票收益的冲击。Caporale 等（2015）采用 VAR-GARCH-in-mean 模型分析了油价不确定性对中国部门股票收益的影响。Kang 等（2016）分析了 2009 年美国石油产量扩张期间，油价冲击对美国股票收益的影响。Broadstock 等（2016）分析了油价冲击特别是中国的汽油价格冲击对行业股票的影响。

2008 年金融危机前，国际油价波动剧烈且不断上涨，因此关于石油市场与股票市场的关系焦点大都集中在石油价格冲击对股票市场的影响，研究股票市场影响石油市场的文献相对较少。Sadorsky（2002）研究了包括股市红利收益、无风险收益、股市投资组合超额收益等宏观经济风险因素对石油期货市场的影响，结果发现影响显著并且具有很好的预测油价的能力。Malik 和 Hammoudeh（2007）发现沙特股市对全球石油市场有显著的波动溢出效应。Osmundsen 等（2007）指出，20 世纪 90 年代末期金融市场分析人员过于关注跨国油气公司在股票市场的短期获利能力而长期投资不足，结果导致油价迅速攀升。

然而，2008 年金融危机导致石油市场价格暴跌，油价处于相对较低的水平，在这个时期，股票市场走势反而成为影响油价波动的一个重要因素。因此，对于金融危机前后石油市场与股票市场之间关联的动态变化，以及引起这种关系变化的主要原因需要做进一步的研究。

1.2.2.2 石油市场与汇率市场关系研究

由于国际原油价格以美元定价，美元汇率的波动会直接影响油价的变化。因此，关于油价与美元汇率之间的关系研究也是市场关注的焦点。Chaudhuri 和 Daniel（1998）采用协整理论和因果关系检验方法，发现了美元实际汇率的非平稳波动行为来自于实际油价的波动。Amano 和 Norden（1998）使用协整理论和误差修正模型等方法实证研究了美元实际有效汇率和石油价格之间的关系，发现油价是决定美元有效汇率的主要因素。Sadorsky（2000）采用协整理论和 Granger 因果关系检验了原油价格、取暖油价格和无铅汽油价格与按贸易加权的美元汇率之间的动态关系，结果显示 3 种石油期货价格与美元汇率之间存在显著的长期均衡关系，并且美元汇率变化是原油价格波动的短期 Granger 原因，反之则不成立。虞伟荣和胡海鸥（2004）讨论了油价上涨对美元和人民币实际汇率的影响，发现石油价格大幅上涨会导致美元实际汇率上升。Yousefi 和 Wirjanto（2004）通过 GMM 回归方法探讨了美元汇率波动对 OPEC 油价的影响。Quere 等（2007）考察了 1974～2004 年实际油价和实际美元价格之间的协整关系和因果关系，分析发现，在长期水平下，油价上涨 10% 会带动美元升值 4.3%，存在石油到美元之间的因果关系。同时还探讨了中国作为石油和汇率市场的重要影响因素可能会引起未来油价和美元关系的反向变化。Zhang 等（2008）采用 VAR 模型和 GARCH 类模型对美元汇率和国际原油市场间的均值溢出、波动溢出和风险溢出进行了研究，发现两个市场间存在明显的长期均衡，但美元汇率对原油价格的波动溢出和风险溢出效应并不明显。Lizardo 和 Mollick（2010）将油价引入汇率的货币模型，发现油价对于美元兑主要货币汇率的变化有很强的解释能力。从长期结果来看，实际油价上涨会导致显著的美元兑石油净出口国汇率贬值，如加拿大、墨西哥和俄罗斯，相反，对于石油净进口国，如日本兑美元的汇率相对于油价上涨则会贬值。Aloui 等（2013a）研究表明，油价与美元之间的关系与各国对石油依赖程度有关，即油价上涨导致美元对净出口国货币贬值（如加拿大、墨西哥）、对净进口国货币升值（如日本）、对其他国家货币趋向于贬值（如英国、欧盟）。姬强等（2016）提出一个新的时变最优 Copula 模型，分析了油气价格与美元指数间的动态相依关系。

除此之外，还有一些学者研究了油价与其他国家汇率之间的关系。Chen 和 Chen（2007）基于 G7 国家的月度数据，利用面板协整理论检验了实际油价和实际汇率之间的长期关系，发现两者之间不仅存在显著的协整关系，而且实际油价是实际汇率波动的主要原因，并且长期而言有助于预测实际汇率收益的未来走势。Huang 和 Guo（2007）通过构造四维的结构 VAR 模型，考察了油价冲击和 3 种其他形式的潜在宏观经济冲击对中国实际汇率趋势的影响。结果发现，实际油价冲击会引起较小的长期实际汇率升值，这是由于在人民币汇率制度和严格的政府能源管制下，中国对石油进口的依赖会少于他的贸易合作伙伴。Narayan 等（2008）采用 GARCH 模型和 EGARCH 模型检验了油价与斐济岛名义汇率之间的关系。结果发现，油价的上涨带动了斐济岛名义汇率的升值。Ghosh（2011）采用 GARCH 模型和 EGARCH 模型考察了 2007 年 7 月到 2008 年 11 月短时期内原油价格对印度名义汇率的冲击。结果发现，油价收益的增加使得印度兑美元汇率贬值，油价的正负冲击对印度汇率不存在不对称效应，并且油价对汇率的冲击存在持续效应。Reboredo（2012）采用时变 Copula 模型分析了 OECD 国家汇率与油价之间的动态关系，发现油价与汇率相依关系较弱，在 2008 年全球金融危机后相依关系增强。Oriavwote 和 Eriemo（2012）及 Salisu 和 Mobolaji（2013）研究发现实际油价与尼日利亚实际有效汇率存在长期均衡关系。

众多学者的研究结论也都证实了石油市场与汇率市场之间的紧密联系。在研究方法上，一类主要采用协整理论、VAR 模型、误差修正模型及 Granger 因果检验等考察了石油市场与汇率市场之间的长期关系及因果关系。另一类采用各种 GARCH 模型考察了油价冲击对不同汇率市场的影响。总体来说，现有的文献更多地将油价波动作为一种外生冲击考察其对石油进口国及出口国的汇率影响，也得到了基本一致的结论。然而，金融危机后，石油市场并不稳定，在这一过程中，汇率市场特别是美元汇率的走势对石油市场的影响是十分显著的。因此，从市场信息溢出的角度考察两个市场之间的传导机制是十分必要的。

1.2.2.3　石油市场与商品市场关系研究

早在 1990 年，Pindyck 和 Rotemberg（1990）选取了包括原油在内的 7 个尽可能"不相关"的大宗商品（商品间不存在替代和补充，不存在共同生产，也不存在投入和产出的关系），发现它们的价格走势仍然存在过度协动性。随着石油工业的发展，原油在炼化过程及整个产业链过程中与各种非能源商品的关系也变得更加紧密。从市场的角度，对石油和非能源商品价格之间的关系研究在近几年也开始得到更多的关注。

生物燃料的发展使得石油市场与农产品市场之间的关联更加紧密（Chang and Su，2010）。Campiche 等（2007）研究了原油与玉米、糖、大豆、豆油等生物燃料原材料的协整关系，分析发现 2003 ~ 2005 年不存在协整关系，而 2006 ~ 2007 年原油与玉米和大豆存在协整关系。Kanamura（2009）基于生物燃料的考虑，提出了相关性模型对能源与农业商品市场间的相关性进行了研究。分析发现，2004 年后石油与大豆以及大豆油间的相关性有了显著的增加，这种现象与生物燃料的快速发展相符合。Harri 等（2009）检验了油价对农产品价格的影响，结果发现原油与玉米、棉花及大豆存在协整关系，与小麦不存在协整关系。Nazlioglu 和 Soytas（2011）考察了世界油价与土耳其小麦、棉花、大豆等农产品的短期和长期交互影响。通过脉冲响应函数发现，土耳其农产品价格对于油价的短期冲击没有显著的反应。从长期的因果关系来看，油价的变化没有传递到土耳其农产品市场，因此，结果显示土耳其农产品市场对于油价变化的直接和间接影响都比较中性。除此之外，Nazlioglu 和 Soytas（2012）、Ji 和 Fan（2012）、Ftiti 等（2016）也都验证了油价与农产品价格之间的强关联性。

石油价格上升容易引起通货膨胀，而金属特别是贵金属具有很好的保值避险功能，随着全球投资资金在两个市场间的流动增强，石油市场与金属市场之间的交互机制开始受到关注。Hammoudeh 和 Yuan（2008）采用 GARCH 类模型研究了存在油价和利率冲击下的黄金、银和铜的波动行为。其分析发现滞后的油价对贵金属的波动有决定性的影响。Soytas 等（2009）研究了国际油价与土耳其黄金、银现货价格之间的长期和短期信息传导机制。其分析认为世界油价对土耳其贵金属没有预测能力，而土耳其金属现货也并不能帮助改善预测国际油价。Sieczka 和 Holyst（2009）对原油、黄金等 35 种商品期货合约价格在 1998~2007 年的相关性进行了分析，发现商品间的相关性随时间不断增强，并把这种现象归功于中国和印度经济体对能源等商品需求快速增长所带动的商品市场繁荣和高投机因素的推动作用。Choi 和 Hammoudeh（2010）采用机制转换模型对原油、铜、黄金和银等商品价格进行分析，发现所有商品市场间的动态条件相关性在 2003 年伊拉克战争后出现增加。Narayan 等（2010）检验了原油与黄金现货和期货市场的长期关系。其分析发现，原油市场与黄金市场存在协整关系，并且可以用原油市场来预测黄金市场价格，反之亦然。Sari 等（2010）采用预测误差方差分解和广义脉冲响应函数分析了美国油价冲击对金属收益（黄金、银、白金和钯）的影响，分析发现金属收益对油价有短期正向影响，而油价能够解释 1.7% 的黄金收益。Nazlioglu 和 Soytas（2011）、Nazlioglu（2011）、Ji 和 Guo（2015b）、Reboredo 和 Ugolini（2016）也采用 Copula 模型、相关性分析、协整检验等方法对原油与各种金属之间的价格协动性及协整关系进行了研究。

1.2.3　石油市场的宏观经济影响研究

石油资源作为当前经济运行必不可少的动力，其价格变化往往会对生产决策以及终端消费产生重大影响，特别是对于石油净进口国，国际油价冲击会增加经济的运行风险和生产的不确定性，同时，也会增加石油供应安全的风险水平。因此，对油价的宏观经济影响研究对石油消费国政府制定石油战略及油气企业制定生产决策具有现实指导意义。本节主要从油价冲击对宏观经济的影响及石油进口安全评估两个方面进行综述。

1.2.3.1　油价冲击对宏观经济的影响

油价大幅上涨一方面往往会减少企业的生产利润、降低生产活动，并会进一步减少投资，不利于经济的长期增长。另一方面，油价上涨还会通过成本转移效应增加居民购买终端消费产品的支出，推高整个社会的通货膨胀水平。此外，油价冲击还会影响石油输出国和进口国的贸易条件，从而影响这些国家的汇率稳定。历史上油价多次出现暴涨暴跌不仅给石油进口国造成重大损失，也对全球经济造成了严重的负面影响。可以说，对油价冲击的宏观经济影响探讨已成为能源经济学领域最重要的课题之一。

Hamilton（1983）无疑是其中最早也最重要的一项研究。他发现1946～1972年美国的7次经济衰退中有6次是发生在油价上涨之后。早期研究主要利用经典的供需框架分析油价冲击的影响：在供应侧，油价冲击会增加生产成本、降低生产力，从而减少经济产出；在需求侧，石油消费支出增加会减少实际货币余额效应，降低整个社会需求（Darby，1982；Bruno and Sachs，1982）。但随后很多研究发现油价与宏观经济的关系并不稳定，其中最重要的是不对称性，即油价上涨会导致经济衰退；而油价下跌并不会产生经济繁荣（Mork，1989；Mork et al.，1994）。另外，Lee等（1995）利用标准差缩减的油价冲击发现在平稳时期的油价冲击会对经济增长造成更大的损害。而Hamilton（1996，2003）则发现过去一年或三年的净油价上涨会显著影响经济活动。部分研究尝试从其他角度解释油价冲击的非线性影响，如基于实物期权的不确定效应（Bernanke，1983）及基于多部门一般均衡模型的资本和劳动再分配效应（Hamilton，1988）。Bernanke等（1997）认为造成经济衰退的主要因素不是油价冲击本身，而是由于中央银行为应对通货膨胀采取的紧缩性货币政策。

2003～2008年油价持续上涨，特别在2007～2008年已超过历史上的最高水平，但是在这段时期全球经济呈现出高通货膨胀的繁荣局面。Hooker（2002）、Blanchard和Gali（2009）及Chen（2009）发现油价冲击的通货膨胀效应已减弱，并且认为这主要得益于发达经济体石油消费强度的不断降低，而且央行采取了更加稳健的以通货膨胀水平为目标的货币政策，降低了油价冲击带来的通货膨胀预期。不过，次贷危机的爆发最终将全球经济带入目前萧条的局面。Hamilton（2009）认为2007～2008年的油价上涨主要是过度的需求和紧张的供应共同作用的结果，而且恶化了此次全球经济危机，这也是油价冲击不利影响的证据。

部分研究开始分析油价冲击对新兴国家宏观经济变量的影响。例如，Kumar（2009）利用VAR模型研究了1975～2004年油价冲击对印度宏观经济影响，发现油价上涨100%会引起工业产值增长率降低1%，而且油价冲击和货币冲击一样是导致经济增长波动的最大来源。Rautava（2004）利用协整方法发现俄罗斯经济在长期和短期都会受到油价波动的影响，其中油价上涨10%，俄罗斯国内生产总值（GDP）会增长2.2%。Korhonen和Ledyaeva（2010）利用带有贸易矩阵的VAR模型发现油价上涨一方面具有促进俄罗斯经济增长的直接影响，另一方面也会造成间接的负面影响。虽然中国是石油进口国，但关于中国的实证结果更为特别。Cavalcanti和Jalles（2013）对比研究了油价冲击对巴西和美国的通货膨胀及经济活动的影响；其分析发现油价冲击对美国产出波动的影响程度在降低，但对其通货膨胀水平的变化贡献较大，相比较来看，巴西经济产出和通货膨胀变化受油价冲击的影响更小。

中国自1993年成为石油净进口国以来，石油对外依存度不断攀升，油价与中国宏观经济的关系研究受到广泛关注。Fan等（2007）利用CGE（computable general equilibrium，可计算的一般均衡）模型发现国际原油价格上涨冲击对中国经济增长、投资、消费和进出口都有负面影响，而技术进步可以降低油价冲击的不利影响。Huang和Guo（2007）利用结构VAR模型发现油价上涨冲击会引起中国的长期实际汇率出现一定升值。Faria等

（2009）通过建立一个理论模型分析了中国出口与油价间的正向关系，认为中国经济增长导致油价上涨，而上涨的油价又会对与中国出口有竞争关系的国家产生更强的影响。Du等（2010）利用 VAR 模型，发现国际油价相对于中国经济增长而言是外生的，油价冲击与中国工业产出呈现正向关系，且油价下跌对中国经济增长有显著的负面影响。Tang 等（2010）发现中国工业产出与投资存在长期协整关系。另外，由于中国目前的油价管理机制导致油价冲击对生产部门的长期投资产生严重的抑制作用。Wu 等（2012）利用部分传导投入-产出模型，发现中国的价格管制措施在短期内能显著阻止油价冲击传导到国内导致通货膨胀。Jiao 等（2012）利用结构 VAR 模型和工业部门数据，发现油价上涨冲击会增加中国油气行业投资，对化学原料和化学制品业、非金属矿物制品业没有显著影响，但对交通运输行业会产生长期的负面影响。Ji 等（2015）构造了结构 VAR 模型分析了油价冲击对中国等金砖国家的宏观经济影响。

综合来看，以上研究已广泛且深入地研究了油价与工业化国家的经济活动、价格水平的关系。Kilian（2009）利用结构 VAR 模型将油价冲击区分为供应冲击、由全球经济活动引起对所有工业品的总需要冲击和由于担忧未来石油供应短缺引起的石油特定冲击或预防性需求冲击，并且发现这 3 类冲击对美国 GDP 和价格水平的影响是不一样的。例如，供应冲击的影响不显著；而总需求冲击的直接刺激效应在短期内会超过油价上涨带来的间接抑制效应，有利于经济增长；石油预防性需求冲击则会显著地降低经济增速。Kilian 和 Park（2009）利用类似的结构 VAR 模型研究了这 3 种结构化石油冲击对美国股票收益的影响，这种方法被 Apergis 和 Miller（2009）进一步推广到研究 8 个工业化国家的股票价格。此外，Peersman 和 van Robays（2012）利用符号约束结构 VAR 模型比较了这 3 种结构化石油冲击对 11 个主要工业化国家的经济增长、汇率、CPI（居民消费价格指数）等变量的影响。这些研究已确认区分油价冲击来源在分析油价冲击的宏观经济影响方面的必要性。可是，目前还未见到关于结构化石油冲击对新兴经济体宏观经济影响的文献。例如，Kilian（2009）指出油价冲击是不同来源冲击（包括供应、总需求和预防性需求）加权平均的结果，这就会导致平均化的油价冲击与宏观经济关系是不稳定的。

目前已有针对新兴经济体的研究都假设油价冲击是外生的，但是由需求引起的内生性油价冲击已成为影响石油价格变化的重要来源（Barsky and Kilian，2004；Kilian，2009）。因此，研究不同来源的石油市场冲击对新兴经济体宏观经济的影响具有重要意义。

1.2.3.2 石油进口安全评估

石油进口安全是指在合理的价格水平下，保障石油进口资源的充足稳定供应。随着石油贸易重要性的持续提升，对石油进口安全的评价成为学者们关注的热点。目前，国内外学者对石油进口安全的评估主要分为两类，其中部分研究是从石油进口过程出发，将进口过程中所面临的全部风险纳入考量，构建出全面的风险评价指标体系，进而对石油进口安全进行评估。白建华和胡国松（2005）、白建华（2005）考虑到石油进口环节，将进口风险分为进口来源地风险、石油运输风险和石油价格风险，构建出风险评价指标体系，并采用模糊综合评价方法对中国石油进口风险进行评价，进而对风险的管理和规避提供政策指导。李春华（2009）则在进口来源地风险、石油运输风险和石油价格风险的基础上，将应急保障风险纳入评价体系中，建立了灰色多层次评价模型，对中国和日本的进口风险进行评价。结果表明，运输风险和价格风险是影响石油进口安全的两个最主要的风险因素。冯晓华（2010）采用层次分析法（analytic hierarchy process，AHP）和灰色关联分析方法对中国石油进口供应链风险进行了评价。Wu 等（2007）应用改进的风险组合模型对中国原油进口安全进行了评估，有效反映出油价波动、进口来源分散化、进口量及地缘政治等因素对中国进口风险的影响。结果显示，1996~2004 年，中国的进口风险呈现波动向上的趋势。Sun 等（2014）在考虑出口国的风险与运输路径的风险的基础上，也对中国的石油进口风险进行了测度。Gupta（2008）采用主成分分析方法，用进口贸易额占 GDP 的比例、能源强度等指标构成石油易损性的综合指标，评估了 2004 年 26 个石油进口国的石油易损性。Geng 和 Ji（2014）构建了多维能源供应安全指标体系，并对中国的能源供应安全进行分析，发现国际原油价格的波动是中国能源供应安全水平不断下滑的主要原因。

而另外一部分研究则是从某些局部进口环节的视角出发，考察其对石油进口安全的影响，主要从以下几个方面进行评估：

（1）运输过程与石油进口安全的关系。Zhang（2011）认为马六甲海峡直接影响中国海上航运的安全性和通畅性，马六甲困境极大程度地削弱了中国石油进口的安全性。Sahir 和 Qureshi（2007）认为在不久的将来，全球能源安全的真正威胁不是来自能源本身的短缺，而是来自能源运输系统的安全稳定性。孙晓蕾和王永锋（2007）重点对中国石油进口运输布局与运输安全性展开分析，对当前中国石油进口运输能力、运输风险的总体特征进行描述。吴刚和魏一鸣（2009）具体针对我国石油进口面临的海洋运输风险进行了分析。李岩和王礼茂（2008）指出中国石油进口中存在的过分依赖海路、航线单一等问题是能源运输安全的薄弱环节，是威胁国内能源稳定供应的潜在隐患，并从地缘政治的角度分析了中国进口石油线路周边国家与中国之间的石油地缘政治态势，对东南亚、东北亚、南亚和中亚等重点区域运输线路的地缘政治格局及其对中国石油运输安全的影响进行了探讨。此外，陆如泉和傅阳朝（2003）、张荣忠（2004）均以世界能源贸易的运输线咽喉要道为分析对象，研究了能源进口风险，并对国家提升石油安全提出政策建议。

（2）地缘政治与石油进口安全的关系。Bielecki（2002）指出地缘政治已经成为影响石油安全的新的因素。Correlje 和 van der Linde（2006）指出波斯湾、非洲等地的可持续的繁荣和监管将支持欧盟国家的能源安全。Bahgat（2005）、Bryman（2005）也都重点从地缘政治角度研究了石油安全问题。吴磊（2003）利用地缘政治理论分析了中国石油安全形势。殷冬青和吴秉辉（2012）重点针对中东、北非的动荡与中国石油进口安全的关系，认为中东、北非地区的政局将持续动荡并继续影响中国石油进口安全，同时提出相关的保障石油进口安全的政策。徐小杰（1998）、王家枢（2002）和余际从等（2003）也都从地缘政治角度对中国石油安全问题进行了探讨和研究。

（3）进口来源以及油价波动等对石油进口安全的影响。Lesbirel（2004）在重点对日本的进口安全进行研究时，发现进口来源多样化可以降低日本的石油进口风险。Lu 和 Wang（2013）也提出分散进口来源可提高中国的石油进口安全。Yang 等（2014）利用改进的进口多元化指数对中国、日本、美国及欧盟的石油外部供给安全进行度量，并结合这四大经济体的进口来源多样化政策为中国保障石油供给安全提供政策建议。He 等（2009a）在赫芬因德指数的基础上提出了 OICR（石油进口国风险指数）指数，并对石油进口国的石油进口风险进行了评估。李建平等（2010）提出了小波灰色马尔可夫模型用于对国家风险的预测，并对中国的 6 个主要进口来源国的国家风险进行预测。Lefevre（2010）、Blyth 和 Lefevre（2004）从市场供应集中度的角度对国家石油安全进行了评估。另外，Costantini 等（2007）指出油价波动不仅对进口国石油安全产生负面影响，同时低位高波动的石油价格对出口国的石油安全性也产生不利影响。Eunju 等（2009）也指出相对稳定的能源价格有助于提升能源安全性。

1.3 石油市场的热点科学问题

2014 年下半年以来，国际石油价格一直维持低位运行，石油市场重新洗牌，市场秩序面临新的调整，市场的内部机制和外部环境都在发生重大变化，对石油市场的研究也进入新的阶段。这一时期，石油市场表现出许多新的特征，市场的热点问题也更加聚焦，重新审视石油市场的价格运行规律，本章将石油市场新的热点科学问题总结如下。

（1）国际石油市场新秩序研究。每一轮的油价上涨和下跌都预示着市场秩序发生了新的变化，市场势力出现了更替。地缘政治是影响本轮油价走势的关键词。以沙特为首的 OPEC 组织、以美国为首的新兴的非常规油气产业、俄罗斯等非 OPEC 供应国、新兴石油需求国等，这些新旧势力的博弈成为决定未来市场走向的关键，也是市场新秩序重塑的主要力量。对这一问题的研究对于理清市场格局、把握未来市场走势意义重大，也能从战略层面为国家制定石油中长期发展规划提供理论指导。

（2）石油市场价格形成新机理研究。在石油定价市场化后，市场的影响因素和驱动机理日趋复杂。除了传统的供需因素等市场基本面因素以外，更多的外部因素开始对石油价格形成显著的信息溢出效应，这使得准确识别油价的驱动因素更加复杂，对油价的预测和市场的预判更加困难。而且，油价的跳跃性和突变性使得市场往往会出现结构性改变，油价驱动机理具有明显的时变性。因此，构建动态的油价驱动机理识别系统成为市场投资者和研究人员关注的核心问题。

（3）石油市场价格拐点预测研究。对于国际油价的预测研究一直是石油生产消费国、石油企业和市场投资者关注的焦点。长期以来，众多学者尝试采用供需框架模型、系统动力学模型、模式匹配模型、多因素模型、TEI@I 模型（计量方法、人工智能技术及文本综合集成方法论）及复合的人工智能和计量经济学模型等构建油价预测系统，对油价进行短中长期预测。然而，目前的预测原理主要是基于油价运行规律的历史信息进行预测，很难对可能出现的价格拐点准确预测。而价格拐点的出现往往意味着全球供需格局和市场结构发生了重大变革。因而，对价格拐点的研究更具有前瞻性，对油气企业生产和投资决策也更具实际意义。

（4）基于大数据的微观市场行为研究。根据有效市场假说，价格能够完全反映所有可获得的信息。然而，在实际市场中，投资者并不能获取所有的信息，存在信息不对称的现象，市场往往弱有效或者无效。大数据技术的发展为市场信息的获取提供了更广泛的渠道，也为市场投资者分析市场行为提供了新的工具。投资者利用大数据挖掘和分析技术甚至能够追溯到市场参与者的市场行为，迫使市场参与者的决策机制向更加微观化和定量化的数据金融转变，也为石油金融的发展带来新的研究领域。

（5）我国成品油市场化定价机制研究。我国成品油定价机制经历了几轮反复的修改，目前按照"22 天+4%"的调价条件与国际油价实现有条件的联动，定价机制已经有了明显的改善。然而，在当前油价持续低迷的外部环境下，现行定价机制的适应性会出现新的问题，往往会出现暂缓调价的状况。一方面，过低的油价不利于我国石油产业的长期可持续发展，也不利于替代能源的发展；另一方面，我国环保形势日益严峻，需要发挥成品油的价格杠杆作用。显然，这种定价机制与市场化目标还有很大的距离，研究新的定价机制也是推进市场化的关键环节。

|第 2 章| 　　国际原油价格隐含波动特征研究

　　进入 21 世纪，随着金融属性的不断增强，加上不可预期的外生突发事件以及日益复杂的市场驱动力的综合作用，国际原油市场表现出更复杂的波动特征。特别是 2008 年金融危机期间，国际油价经历了"过山车"式震荡，价格从最高的 147 美元/桶跌至 30 美元/桶附近；2011 年利比亚战争，油价在 3 个月内快速暴涨 40%；2014 年，由于全球过剩的原油产量，油价在短短半年间出现腰斩，从 100 美元/桶跌至 50 美元/桶。油价波动已经成为市场交易者研究市场不确定性和风险溢价关注的焦点。本章重点解决以下问题：①石油市场隐含波动指数能否反映市场对价格预期的恐慌情绪？②隐含波动指数与油价之间的关系是否稳定不变？③石油市场隐含波动指数与传统金融市场以及其他商品市场的隐含波动指数性质是否一致？

价格收益率与波动性之间的潜在联系是研究资产定价、组合风险管理和套期保值有效性的重要问题。然而，关于两者之间关系的研究还存在争论，并没有达成一致的认识（Fleming et al.，1995；Bollerslev and Zhou，2006）。因此，本章旨在探讨原油价格收益与波动之间的交互关系，为这场争论提供新的依据。

2.1　石油市场隐含波动指数

一般认为，隐含波动率不仅包含了投资者对历史波动信息的理解，而且含有对未来市场波动的预期，能更好地反映市场的不确定性状况，比基于历史信息的波动更有优势（Fleming et al.，1995；Szakmary et al.，2003；Jiang and Tian，2005；Liu et al.，2013；Zhou，2014）。为了更好地帮助投资者利用隐含波动制定投资决策，CBOE 早在 1993 年就利用 S&P100 指数的近月期权，通过加权方法构建了第一个市场隐含波动指数 VXO，测度市场对未来 22 个交易日或 30 个日历日股票指数的预期波动（Fleming et al.，1995）。CBOE 在 2003 年更新构建方法，选择 S&P 500 价外期权作为计算基础，利用"无模型方法"得到新的更为稳健的股票隐含波动指数 VIX（具体介绍见 CBOE，2003；Jiang and Tian，2005），随后分别在 2004 年和 2006 年推出了 VIX 期货和期权。

2008 年金融危机期间，石油市场出现剧烈波动，投资者恐慌情绪蔓延。在此背景下，CBOE 利用同样的"无模型方法"以交易所的美国石油基金（ETF）期权为基础构建了新的石油波动指数（OVX）。同样的，类似的构建了黄金波动指数（GVZ）。OVX 的主要优势在于它是完全基于市场决定的预测，而其他的隐含波动估计是基于模型的预测（Becker et al.，2009；Wagner and Szimayer，2004）。

关于原油市场隐含波动指数在市场中扮演风险规避还是风险偏好的角色还远没有得到验证（Ji and Fan，2016a）。本章将从原油市场风险-收益之间的关系入手，为这一问题提供新的证据，为市场参与者（如投资者和金融分析师）提供理论指导。本章的主要贡献在于：①综合运用交叉相关函数方法、时变系数的 TVP-GARCH 模型及多元回归模型，从方

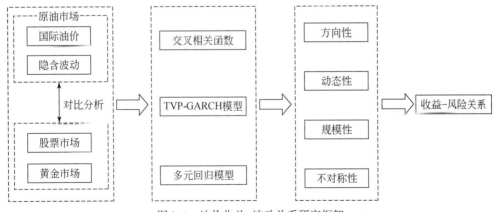

图 2-1　油价收益-波动关系研究框架

向性、动态性、规模性和不对称性 4 个方面识别 OVX 变化与油价收益之间的复杂关系，为验证 OVX 作为投资者恐慌情绪指数提供进一步的证据；②对比分析 VIX 指数在股票市场及 GVZ 指数在黄金市场的表现，揭示商品市场与金融市场在隐含波动特征方面的相似性和差异性。本章的研究框架如图 2-1 所示。

2.2 油价收益与波动关系建模

本节将构建不同的模型分析油价收益与隐含波动之间的复杂关系。首先，不同于传统的 Granger 因果检验，本节采用交叉相关函数方法（Cheung and Ng，1996）检验 OVX 变化与油价收益之间的均值因果关系（causality- in- mean）及方差因果关系（causality- in- variance）；其次，构建时变系数的 TVP-GARCH 模型测度 OVX 变化与油价收益之间协动关系的动态模式；最后，构建多元回归模型检验收益–风险之间的不对称关系。此外，作为对比，采用相同的研究框架分析 VIX 指数和 GVZ 指数与对应市场收益之间的关系。

2.2.1 交叉相关函数方法

Cheung 和 Ng（1996）提出了两阶段交叉相关函数方法，通过识别均值因果关系及方差因果关系检验时间序列之间的溢出效应。这一方法的优势在于不仅能够识别方差的因果性，而且在指定残差过程和分布假设的鲁棒性方面具有很好的灵活性，已经在金融领域得到了广泛的应用（Nakajima and Hamori，2012；Papież and Śmiech，2013）。两阶段建模过程如下：第一阶段是估计一个单变量的过程，得到平稳时间序列的允许时变的条件均值和方差；第二阶段是计算标准化残差和标准化残差的平方项，从而得到交叉相关系数，具体步骤如下。

假设两个平稳时间序列 X_t 和 Y_t 可以表达如式（2-1）式（2-2）：

$$X_t = \mu_{x,t} + \sqrt{h_{x,t}}\,\varepsilon_t \tag{2-1}$$

$$Y_t = \mu_{y,t} + \sqrt{h_{y,t}}\,\zeta_t \tag{2-2}$$

式中，$\mu_{x,t}$ 和 $\mu_{y,t}$ 分别表示 X_t 和 Y_t 的条件均值；$h_{x,t}$ 和 $h_{y,t}$ 分别表示 X_t 和 Y_t 的条件方差；ε_t 和 ζ_t 分别表示服从均值为 0，方差为 1 的独立白噪声过程。

则标准化残差和标准化残差的平方项计算如下：

$$\varepsilon_t = \frac{X_t - \mu_{x,t}}{\sqrt{h_{x,t}}} \tag{2-3}$$

$$\zeta_t = \frac{Y_t - \mu_{y,t}}{\sqrt{h_{y,t}}} \tag{2-4}$$

$$u_t = \varepsilon_t^2 = \frac{(X_t - \mu_{x,t})^2}{h_{x,t}} \tag{2-5}$$

$$v_t = \zeta_t^2 = \frac{(Y_t - \mu_{y,t})^2}{h_{y,t}} \tag{2-6}$$

滞后期为 k 的均值和方差的交叉相关函数 $r_{\varepsilon\zeta}(k)$ 和 $r_{uv}(k)$ 构建如下：

$$r_{\varepsilon\zeta}(k) = \frac{c_{\varepsilon\zeta}(k)}{\sqrt{c_{\varepsilon\varepsilon}(0)c_{\zeta\zeta}(0)}} \tag{2-7}$$

$$r_{uv}(k) = \frac{c_{uv}(k)}{\sqrt{c_{uu}(0)c_{vv}(0)}} \tag{2-8}$$

式中，$c_{\varepsilon\zeta}(k) = \frac{1}{T}\sum(\varepsilon_t - \overline{\varepsilon_t})(\zeta_{t-k} - \overline{\zeta})$；$c_{uv}(k) = \frac{1}{T}\sum(u_t - \overline{u_t})(v_{t-k} - \overline{v})$ 分别表示滞后 k 期的协方差，$k = 0$，± 1，± 2，$\cdots$；$c_{\varepsilon\varepsilon}(0)$、$c_{\zeta\zeta}(0)$、$c_{uu}(0)$ 和 $c_{vv}(0)$ 分别表示 ε_t、ζ_t、u_t 和 v_t 的样本方差。

X_t 和 Y_t 之间的均值因果检验和方差因果检验 $r_{\varepsilon\zeta}(k)$ 和 $r_{uv}(k)$ 估计如下：

$$\sqrt{T}r_{\varepsilon\zeta}(k) \xrightarrow{L} N(0,\ 1) \tag{2-9}$$

$$\sqrt{T}r_{uv}(k) \xrightarrow{L} N(0,\ 1) \tag{2-10}$$

原假设为 X_t 和 Y_t 之间不存在均值因果关系和方差因果关系。通过这个检验，OVX 变化与油价收益之间的领先滞后关系能够得到验证。

在后面的实证分析中，根据 ACI 准则，选择 AR（1）-EGARCH（1，1）-GED 模型进行估计。条件均值和条件方差方程如下：

$$Z_t = \theta_0 + \theta_1 Z_{t-1} + \varepsilon_t,\ \varepsilon_t | \psi_{t-1} \sim N(0,\ H_t) \tag{2-11}$$

$$\ln\sigma_t^2 = \delta_0 + \delta_1\left|\frac{\varepsilon_t}{\sigma_t}\right| + \delta_2\frac{\varepsilon_t}{\sigma_t} + \delta_3\ln\sigma_{t-1}^2 \tag{2-12}$$

式中，Z_t 表示 OVX 差分和 WTI 收益序列；δ_2 测度不对称效应。残差项 ε_t 服从广义误差分布；σ_t 表示新息项的方差；δ_i 表示估计的参数，$i = 1$，2，3。

2.2.2 TVP-GARCH 模型

为了捕捉 OVX 与油价收益之间的动态关系，构造 TVP-GARCH 模型进行估计。TVP-GARCH 模型的优势在于将固定的系数时变化，可以在一定程度上避免由于潜在的结构性变化对模型估计造成的干扰。同时，也可以减少基于全样本估计造成的信息损失及子样本选择的主观性（Jebabli et al.，2014）。

TVP-GARCH 模型构造如下：

$$\Delta OVX_t = \varphi_{0,t} + \varphi_{1,t}R_{WTI,t} + \varepsilon_t \tag{2-13}$$

$$\varphi_{m,t} = \varphi_{m,t-1} + \mu_{t,m} = 0,\ 1 \tag{2-14}$$

$$h_t = \alpha_0 + \sum_{i=1}^{p}\alpha_i h_{t-i} + \sum_{j=1}^{q}\beta_j\varepsilon_{t-j}^2 \tag{2-15}$$

式中，ΔOVX 表示 OVX 的差分；$\varphi_{0,t}$ 表示常数项；ε_t 表示测量方程的残差项；R_{WTI} 表示 WTI 的对数收益。方程（2-13）是量测方程，方程（2-14）是状态方程。$\varphi_{m,t}$ 表示状态变量；μ_t 表示状态方程的残差项，服从随机游走过程。$\varphi_{1,t}$ 能够捕捉 OVX 变化和 WTI 收益之间的动态协动性。本节采用卡尔曼滤波的极大似然估计方法（KF-ML）估计 TVP-GARCH

模型（Kalman，1960；Kim and Nelson，2000）。极大似然函数具体表达如下：

$$\ln L = -\frac{1}{2}\sum_{t=1}^{T}\ln\left[\,(2\pi)^{n}\,|f_{t|t-1}^{*}|\,\right] - \frac{1}{2}\sum_{t=1}^{T}\eta_{t|t-1}^{*'}f_{t|t-1}^{*}\eta_{t|t-1}^{*} \tag{2-16}$$

式中，n 表示向量的维数；$\eta_{t|t-1}^{*}$ 表示预测误差；$f_{t|t-1}^{*}$ 表示预测误差的条件方差 [详细的设定和估计参见 Lesage（1999）和 Laurini（2013）]。

2.2.3 多元回归模型

本节通过构建多元回归模型，分析油价收益与 OVX 变化之间的内在作用机理。参考 Fleming 等（1995）和 Sarwar（2012）的模型框架，设定回归模型如下：

$$\Delta OVX_{t} = \gamma_{0} + \sum\gamma_{OVX,\,i}\Delta OVX_{t-i} + \sum\gamma_{WTI,\,i}R_{WTI,\,t\pm i} + \gamma_{\,|WTI|}|R_{WTI,\,t}| + \varepsilon_{t},\ i = 0,\ \cdots,\ j \tag{2-17}$$

式中，γ_{0} 表示常数项；$\gamma_{OVX,i}$ 表示 ΔOVX 的系数滞后项；ε_{t} 表示残差项；$\gamma_{WTI,\,i}$ 用来度量 WTI 收益对 OVX 变化的领先/滞后效应；$|R_{WTI,\,t}|$ 表示 WTI 收益的绝对值，用来检验风险-收益关系的不对称性，如果 $|R_{WTI,\,t}|$ 的系数显著为负，则 OVX 将减少；因此，联合系数（$\gamma_{WTI,\,0} - \gamma_{\,|WTI|}$）表示负收益冲击对 OVX 变化的影响，而联合系数（$\gamma_{WTI,\,0} + \gamma_{\,|WTI|}$）则表示正收益对 OVX 变化的影响。

2.3 数据和基本统计

本节选择 CBOE 发布的石油市场隐含波动指数 OVX 作为隐含波动的代表，这也是 CBOE 的第一个商品波动指数。作为比较，选择股票市场和黄金市场代表金融市场和大宗商品市场，分析不同的资产属性对于风险-收益关系的影响。由于三个市场隐含波动指数发布的时间不一致，为了便于比较，本节的数据样本为 2008 年 7 月 15 日到 2014 年 11 月 28 日（1607 个样本）的日度数据。OVX、VIX 和 GVZ 的数据均来自 CBOE 网站，而对应的 WTI、S&P500 和黄金期货价格数据来自 DataStream 数据库。

图 2-2 展示了 OVX 和 WTI 期货价格的走势。从图上来看，OVX 和 WTI 价格之间有明显的负向关系。一般地，WTI 价格下跌往往会伴随着 OVX 指数的上升，图中出现了两次明显的反向变化。第一次出现在 2008 年下半年金融危机期间，WTI 期货价格受危机影响持续大幅度下跌，与此同时，OVX 指数开始持续上升并且达到了历史的最高点。进入 2009 年，WTI 价格开始反弹，同时也伴随着 OVX 指数的回落。第二次明显的负向关系出现在 2014 年的下半年，国际油价受全球石油供应过剩、需求疲弱的双重影响开始下跌，而 OVX 指数则出现快速上涨。从两者走势的现象来看，OVX 对于 WTI 价格下跌的反应似乎更加敏感，在后面的实证结果中将验证这一现象。

表 2-1 展示了原油、股票和黄金三个市场收益和隐含波动的基本统计量。从表中可以看出，大部分序列的均值为负，除了 S&P500 收益和黄金期货收益。原油市场（收益和隐含波动）的标准差要大于股票市场和黄金市场，也反映了石油市场的高波动性。所有序列

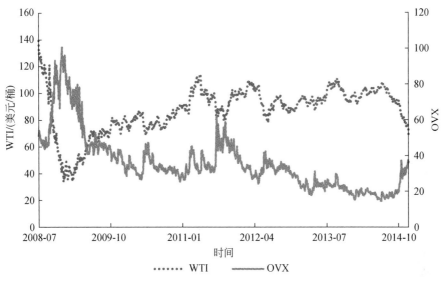

图 2-2 OVX 和 WTI 期货价格走势

都表现出尖峰厚尾的特征，同时 Jarque-Bera 检验也证实了所有序列不服从正态分布。从 ADF 检验和 PP 检验可以看出，所有序列均为平稳序列。

表 2-1 OVX 变化与市场收益基本统计量

项目		变量					
		R_{OVX}	R_{WTI}	R_{VIX}	ΔS&P500	ΔGVZ	ΔGold
Panel A：统计量	均值	−0.009	−0.045	−0.009	0.033	−0.003	0.011
	标准差	2.218	2.442	2.152	1.468	1.567	1.292
	最小值	−19.82	−13.065	−17.36	−9.470	−12.690	−8.879
	最大值	14.75	16.410	16.54	10.957	15.830	10.392
	偏度	0.486	0.108	0.562	−0.344	1.523	−0.250
	峰度	20.899	9.804	18.391	12.656	22.125	9.542
	Jarque-Bera	21 501.2***	3 100.64***	15 935.7***	6 270.86***	25 096.8***	2 880.63***
Panel B：单位根	ADF 截距项	−26.766***	−22.237***	−24.811***	−32.490***	−35.118***	−39.332***
	ADF 截距项和趋势项	−26.764***	−22.231***	−24.805***	−32.535***	−35.109***	−39.360***
	PP 截距项	−54.998***	−41.780***	−49.988***	−45.230***	−46.182***	−39.326***
	PP 截距项和趋势项	−55.021***	−41.771***	−49.983***	−45.390***	−46.178***	−39.354***

***表示在 1% 的水平下显著。

2.4　风险-收益关系研究

本节将从三个方面揭示隐含波动与油价收益之间的关系。2.4.1 节将展示隐含波动与油价收益之间的因果关系；2.4.2 节将展示隐含波动与油价收益之间的动态协动关系；2.4.3 节将讨论隐含波动指数在多大程度上能反映投资者恐慌情绪，隐含波动与收益之间的不对称性是否存在。

2.4.1　风险-收益因果关系分析

在计算交叉相关函数之前，根据 AIC 准则，选择 AR（1）-EGARCH（1，1）-GED 模型计算隐含波动和收益序列的标准化残差，估计结果见表2-2。从诊断结果来看，Ljung-Box Q（10）和 Q^2（10）检验对所有序列均不显著，说明序列不存在自相关性。拉格朗日乘数检验结果显示所有序列不存在 ARCH 效应，说明采用 AR（1）-EGARCH（1，1）-GED 进行估计很合理。在表2-2 中，大部分估计的系数均在 1% 的水平下显著。特别地，WTI 收益方程的系数 δ_2 显著为负，说明原油价格波动存在显著的不对称效应，负新息相对于正新息对波动的影响更大。$|-1+\delta_2|/(1+\delta_2)$ 通常被用来衡量负新息对于正新息的相对重要性，即杠杆效应（Ji and Fan，2012）。R_{WTI} 的杠杆效应为 1.16，这说明负新息对波动的影响是正新息的 1.16 倍。δ_3 的值接近 1，说明 WTI 具有很强的波动持续性。所有模型估计的 GED 系数都显著并且小于 2，说明残差项是厚尾的，与正态分布有明显的区别。

表 2-2　AR（1）-EGARCH（1，1）-GED 模型系数估计

项目		系数	ΔOVX	R_{WTI}	ΔVIX	$R_{S\&P500}$	ΔGVZ	R_{Gold}
均值方程		θ_0	−0.079***	−0.012	−0.053**	0.105***	−0.070***	0.045***
		θ_1	−0.015	−0.022	−0.076*	−0.059***	−0.054**	−0.036
方差方程		δ_0	−0.106***	−0.060***	−0.1014***	0.021***	−0.184***	0.017**
		δ_1	0.157***	0.086***	0.122***	0.130***	0.269***	0.052***
		δ_2	0.095***	−0.072***	0.224***	—	0.068***	—
		δ_3	0.984***	0.995***	0.988***	0.860***	0.962***	0.937***
GED 系数			—	0.989***	1.457***	1.122***	1.283***	1.057***	1.195***
诊断检验	极大似然估计		—	−2821.347	−3255.388	−2755.7	−2303.94	−2481.65	−2451.2
	AIC 准则		—	3.524	4.065	3.443	2.878	3.101	3.062
	Q（10）		—	14.122	4.310	2.517	8.311	13.334	11.182
	Q^2（10）		—	2.510	12.411	11.759	2.883	9.315	15.382
	ARCH（10）		—	0.248	1.690	1.124	1.148	0.887	1.556

、*分别表示在 5% 和 1% 的水平下显著。

注：$R_{S\&P500}$ 和 R_{Gold} 采用 AR（1）-GARCH（1，1）-GED 模型估计，因为 AR（1）-EGARCH（1，1）-GED 模型的估计结果不显著。

表 2-3 展示了原油市场隐含波动和收益之间的均值因果和方差因果检验结果。滞后阶数 k 表示一个变量滞后另一个变量的天数，本节选择 1~10 天。根据表 2-3 的结果，发现在 5% 的显著水平下，在滞后三阶，存在从 WTI 收益到 OVX 变化的显著的均值因果关系，而在滞后二阶，存在从 OVX 变化到 WTI 收益的显著的方差因果关系。这个结果可以从两个方面进行解释。一方面，通常 WTI 收益的变化会对市场释放一定的信号，即市场正在受到一些特别的信息冲击或原有的平衡在被打破。因此，隐含波动指数 OVX 将跟随 WTI 收益的变化出现变化。另一方面，原油市场大的波动通常是由市场相关突发事件造成的（Ji and Guo，2015a），这种波动反映了市场未来预期的不稳定状态，这种预期会直接影响未来市场收益的波动性，因而两者存在滞后的方差因果关系。

表 2-3 原油市场均值因果和方差因果检验结果

原油市场滞后期 (k)	均值因果关系 $r_{\varepsilon\zeta}(k)$		方差因果关系 $r_{uv}(k)$	
	$R_{WTI} \rightarrow \Delta OVX$	$\Delta OVX \rightarrow R_{WTI}$	$R_{WTI} \rightarrow \Delta OVX$	$\Delta OVX \rightarrow R_{WTI}$
1	−0.006 46	−0.002 27	0.002 687	0.024 994
2	0.003 303	−0.019 62	0.012 102	0.046 584**
3	0.042 536**	0.005 199	−0.007 63	−0.016 72
4	−0.009 46	−0.002 56	0.000 543	0.030 636
5	0.034 29*	0.030 901	0.008 807	0.005 377
6	−0.004 43	−0.011 16	−0.017 06	−0.016 86
7	0.012 19	−0.031 63	−0.039 27*	−0.002 88
8	−0.005 62	−0.015 68	0.003 954	−0.004 38
9	−0.019 71	0.001 186	−0.015 49	0.007 669
10	−0.031 21	−0.022 47	0.027 585	0.000 928

*、** 分别表示在 10% 和 5% 的水平下显著。

注：→ 表示存在从左侧变量到右侧变量的因果关系。

表 2-4 和表 2-5 分别展示了股票市场和黄金市场价格收益与隐含波动之间的因果检验结果。结果显示，VIX 变化与 S&P500 收益之间的因果关系明显比原油市场强。在滞后二阶和三阶，均存在 1% 显著性水平下从 S&P500 收益到 VIX 变化的均值因果关系。同时，在 10% 的显著性水平下，在滞后四阶和十阶，存在从 VIX 变化到 S&P500 收益的弱均值因果关系。另外，在 5% 的显著性水平下，存在 VIX 变化和 S&P500 收益之间的双向方差因果关系。这意味着股票价格的变化与投资者情绪的变化紧密相关。同样的，黄金市场也存在不同滞后阶数下，GVZ 变化与黄金收益之间的双向均值因果关系。特别的，在滞后一阶下，存在 GVZ 变化与黄金收益之间的双向方差因果关系，也说明两者之间的交互响应机制更加迅速。

表 2-4　股票市场均值因果和方差因果检验结果

股票市场滞后期（k）	均值因果检验 $r_{\varepsilon\zeta}$（k）		方差因果检验 r_{uv}（k）	
	$R_{S\&P500}\to\Delta VIX$	$\Delta VIX\to R_{S\&P500}$	$R_{S\&P500}\to\Delta VIX$	$\Delta VIX\to R_{S\&P500}$
1	0.015969	0.01217	-0.0361*	-0.02436
2	0.073734***	0.020294	0.050103**	0.038267*
3	0.060642***	-0.00179	0.005112	-0.00652
4	0.005234	0.040564*	-0.01029	-0.03148
5	0.055672**	0.003751	0.00065	-0.00472
6	0.022979	0.022235	-0.00399	-0.00762
7	0.011084	-0.04125	0.046958**	0.02538
8	-0.02972	-0.01141	0.026392	0.026198
9	0.038331*	0.027582	-0.00942	0.004951
10	-0.03393*	-0.03953*	0.021174	0.07548***

*、**、***分别表示在10%、5%和1%的水平下显著。

注：→表示存在从左侧变量到右侧变量的因果关系。

表 2-5　黄金市场均值因果和方差因果检验结果

黄金市场滞后期（k）	均值因果检验 $r_{\varepsilon\zeta}$（k）		方差因果检验 r_{uv}（k）	
	$R_{Gold}\to\Delta GVZ$	$\Delta GVZ\to R_{Gold}$	$R_{Gold}\to\Delta GVZ$	$\Delta GVZ\to R_{Gold}$
1	0.044004**	-0.02266	0.064047***	0.053606**
2	-0.00184	0.022964	0.01582	0.013585
3	0.006289	0.012835	0.000516	-0.00784
4	0.023299	0.023033	-0.00065	0.013269
5	-0.00242	-0.03392*	-0.00218	-0.0155
6	0.039416*	-0.00382	-0.00119	0.011955
7	-0.01409	0.019255	-0.0144	0.003161
8	-0.03141	0.030927	0.025572	-0.00256
9	0.02851	0.004546	-0.00157	-0.00244
10	0.016203	-0.05274**	-0.01878	0.000311

*、**、***分别表示在10%、5%和1%的水平下显著。

注：→表示存在从左侧变量到右侧变量的因果关系。

2.4.2　风险–收益的动态协动关系

本节采用 TVP-GARCH（1，1）模型对收益和隐含波动指数之间的动态协动关系进行实证分析。表 2-6 展示了原油、股票和黄金三个市场的模型估计结果和时变系数的基本统计。所有的系数均在 1% 的水平下显著。从结果上看，原油市场的 GARCH 项 β_1 值为 0.811，表现出很强的波动持续性。WTI 收益的时变系数均值为 -0.325，表示 WTI 收益下降 1%，OVX 变化将平均上升 0.325%。总的来说，收益和隐含波动之间存在负向关系。这与预期的结果基本一致，也反映了当 WTI 期货收益下降，会增加原油市场的不确定性和投资者对于市场担忧的情绪，因而会造成未来波动的增加。因此，WTI 收益的变化将通过影响市场预期而在一定程度上决定 OVX 变化的方向。

表 2-6   TVP-GARCH（1，1）模型结果估计

市场	估计	Intercept（φ_0）	R_{WTI}（φ_1）	GARCH（α_0）	GARCH（α_1）	GARCH（β_1）
原油市场	系数	0.000	0.164	0.044	0.179	0.811
	t 统计量	165.487	30.349	40.339	17.931	5.114
	概率	0.000	0.000	0.000	0.000	0.000
	极大似然值	-2695.6				
	时变系数	均值	标准差	最小值	最大值	Jarque-Bera
	R_{WTI}（$\varphi_{1,t}$）	-0.325	0.476	-2.026	1.674	439.088***
股票市场	系数	0.001	0.155	0.032	0.256	0.722
	t 统计量	417.1408	24.1518	65.4892	13.2747	3.8555
	概率	0.000	0.000	0.000	0.000	0.000
	极大似然值	-1933.6				
	时变系数	均值	标准差	最小值	最大值	Jarque-Bera
	$R_{\text{S\&P500}}$（$\varphi_{1,t}$）	-1.126	0.434	-2.787	0.031	97.935***
黄金市场	系数	0.000	0.216	0.034	0.189	0.804
	t 统计量	186.698	20.778	55.957	19.089	5.559
	概率	0.000	0.000	0.000	0.000	0.000
	极大似然值	-2424.4				
	时变系数	均值	标准差	最小值	最大值	Jarque-Bera
	R_{Gold}（$\varphi_{1,t}$）	-0.043	0.617	-1.809	1.732	18.193***

＊＊＊表示在 1% 的水平下显著。

与原油市场相比，股票市场和黄金市场表现出一些相似性和差异性。相同之处在于，这三个市场的收益与隐含波动之间的时变系数的均值均为负数。因此，市场收益的变化将反向影响市场预期波动的变化。然而，三个市场时变系数的均值则明显不同。其中，股票市场收益与隐含波动之间的时变系数的均值是原油市场的近 3.5 倍，而原油市场的时变系数的均值是黄金市场的近 8 倍。这些结果反映了股票市场隐含波动指数 VIX 对于 S&P500 收益变化的反应最为强烈，其次为原油市场，黄金市场反应最小。这也说明股票市场具有高系统风险和易损的金融机制，市场投资者对于风险暴露更为敏感。相反，从时变系数的标准差来看，结果与均值却恰恰相反，黄金市场最大，其次是原油市场，最后是股票市

场。这也反映了黄金市场收益和隐含波动之间的关系最不稳定。从结果来看，原油市场处于金融市场和大宗商品市场中间，且市场行为和股票市场更为接近，也反映了近年来原油市场不断凸显的金融属性，金融化趋势不断增强。

图2-3展示了三个市场隐含波动与收益之间的动态关系。从图2-3（a）中可以看出，OVX变化与WTI收益之间的关系并不总是负向的。从全样本来看，即使超过80%的时变系数为负值，仍然很难准确地捕捉OVX变化与WTI收益之间关系的走向。表2-6的结果也验证了这一点，OVX变化与WTI收益的时变系数最大值为1.674，而最小值为-2.026，两者之间存在很大的波动空间，因而很难对隐含波动与WTI收益之间的关系给出绝对的判断。此外，从图中可以看出，OVX变化与WTI收益之间的波动性随着时间在不断变大，这也反映了在当前市场不稳定的状态下，相同的WTI收益变化可能会引起更大幅度的OVX变化，从侧面验证了复杂的市场机制和脆弱的外部环境将会对市场的预期形成扰动。

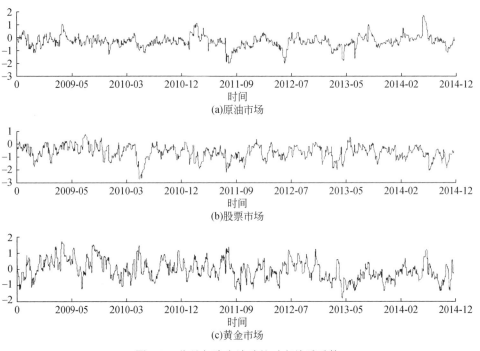

图2-3　收益与隐含波动的时变关系系数

与石油市场不同，在股票市场中，VIX变化与S&P500收益之间的时变系数基本全部在0以下［图2-3（b）］。这说明股票市场的VIX指数能够可靠地反映投资者对于市场风险的恐慌情绪，两者之间的关系相对比较稳定。而在黄金市场，GVZ变化与黄金收益的时变系数正向和负向数量基本持平，这可能跟黄金的贵金属属性有关［图2-3（c）］。例如，2008年金融危机期间，黄金作为避险保值的资产，受到资金青睐，收益持续上升，而隐含波动受外部经济衰退的影响，对风险的预期也在上升，因而两者呈现正向关系。

2.4.3 风险-收益的不对称性分析

本节通过对隐含波动和市场收益之间的跨期关系进行分析，探讨隐含波动对收益变化响应的不对称性。表2-7～表2-9展示了多元回归模型［方程（2-17）］的估计结果。从结果来看，原油市场中，OVX 变化自身的滞后期影响显著为负，说明过去的 OVX 变化值会阻碍现在的 OVX 变化增加，存在规模递减效应。最值得注意的一点是，同期的 WTI 收益对 OVX 变化的影响显著为负，其影响系数 $\gamma_{WTI,0}$ 的值为 -0.302，这与 2.4.2 小节计算的时变系数的平均值 -0.325 基本一致。这说明 WTI 价格的下降将增加市场的风险预期，总的来说，OVX 表现了投资者的风险厌恶情绪。另外，大多数领先和滞后系数在 5% 的水平下均显著，但是，这些系数的值都要小于同期的影响系数。而从影响方向上来看，领先/滞后一阶的系数为负值，而领先/滞后二、三阶的系数为正值。这说明收益持续变化也会增加市场的波动，即当市场价格不断上涨，市场对于未来收益出现下降的预期会增加；反之，如果市场价格持续下降，市场对于未来收益继续下降的预期反而会减弱，对市场的风险预期会逐渐消化。因此，OVX 变化与 WTI 收益之间存在反馈效应，OVX 表现出均值回复的特征。

表 2-7　原油市场收益与隐含波动跨期关系估计

项目	γ_0	$\gamma_{OVX,-1}$	$\gamma_{WTI,-3}$	$\gamma_{WTI,-2}$	$\gamma_{WTI,-1}$	$\gamma_{WTI,0}$	$\gamma_{WTI,1}$	$\gamma_{WTI,2}$	$\gamma_{WTI,3}$	$\gamma_{|WTI|}$
系数	-0.411	-0.270	0.045	0.009	-0.062	-0.302	-0.006	0.047	0.060	0.242
标准误	0.066	0.024	0.021	0.020	0.022	0.021	0.020	0.021	0.020	0.027
t 值	-6.230	-11.488	2.210	0.454	-2.843	-14.700	-0.309	2.275	2.944	8.877
概率	0.000	0.000	0.027	0.650	0.005	0.000	0.757	0.023	0.003	0.000
R^2	0.219									
AIC	4.198									
LM 检验	2.677									
极大似然值	-3348.32									

注：每个模型的最优滞后阶数由 SIC 准则决定。

表 2-8　股票市场收益与隐含波动跨期关系估计

项目	γ_0	$\gamma_{VIX,-1}$	$\gamma_{S\&P500,-3}$	$\gamma_{S\&P500,-2}$	$\gamma_{S\&P500,-1}$	$\gamma_{S\&P500,0}$	$\gamma_{S\&P500,1}$	$\gamma_{S\&P500,2}$	$\gamma_{S\&P500,3}$	$\gamma_{|S\&P500|}$
系数	-0.099	-0.111	0.093	0.036	-0.075	-1.210	0.045	0.054	0.017	0.134
标准误	0.037	0.025	0.020	0.020	0.036	0.020	0.020	0.020	0.020	0.026
t 值	-2.667	4.494	4.741	1.793	-2.059	-60.774	2.295	2.754	0.890	5.209
概率	0.008	0.000	0.000	0.073	0.040	0.000	0.022	0.006	0.374	0.000
R^2	0.724									
AIC	3.098									
LM 检验	0.483									
极大似然值	-2468.78									

注：每个模型的最优滞后阶数由 SIC 准则决定。

表 2-9　黄金市场收益与隐含波动跨期关系估计

项目	γ_0	$\gamma_{GVZ,-1}$	$\gamma_{Gold,-3}$	$\gamma_{Gold,-2}$	$\gamma_{Gold,-1}$	$\gamma_{Gold,0}$	$\gamma_{Gold,1}$	$\gamma_{Gold,2}$	$\gamma_{Gold,3}$	$\gamma_{|Gold|}$
系数	−0.643	−0.060	—	—	0.125	−0.086	−0.008	—	—	0.710
标准误	0.049	0.023	—	—	0.027	0.027	0.027	—	—	0.038
t 值	−13.113	−2.664	—	—	4.583	−3.138	−0.284	—	—	18.646
概率	0.000	0.008	—	—	0.000	0.002	0.776	—	—	0.000
R^2	0.197									
AIC	3.521									
LM 检验	2.242									
极大似然值	−2817.51									

注：每个模型的最优滞后阶数由 SIC 准则决定。

通过在模型［方程（2-17）］中加入收益的绝对值项，可以度量收益对波动影响的不对称性。不对称性用系数 $\gamma_{|WTI|}$ 来衡量，根据估计结果，WTI 收益的绝对值对同期的 OVX 变化具有显著的正向影响。因此，正的收益影响（$\gamma_{WTI,0}+\gamma_{|WTI|}$）为−0.06，而负的收益影响（$\gamma_{WTI,0}-\gamma_{|WTI|}$）为−0.544。负的收益影响是正的收益影响的将近 9 倍，这说明 OVX 变化对收益的响应存在明显的不对称性，其对负向收益冲击的反应更加敏感，从这一点也证实了 OVX 更多地反映了投资者的风险厌恶情绪而非风险偏好。

股票市场和黄金市场的结论与原油市场基本相似。同样存在 S&P500 收益与 VIX 变化以及黄金收益与 GVZ 变化之间的同期负向关系。而且，股票市场和黄金市场正向收益的影响也要小于负向收益的影响。然而，股票市场和黄金市场的不对称性要远小于原油市场，两个市场的杠杆效应 $\left|\dfrac{\gamma_{WTI,0}-\gamma_{|WTI|}}{\gamma_{WTI,0}+\gamma_{|WTI|}}\right|$ 分别为 1.25 倍和 1.28 倍。

2.5　本章小结

本章综合运用三个不同的模型系统分析了 WTI 收益和 OVX 变化之间的交互关系，并且与股票市场和黄金市场的结果进行了比较。本章的实证结果为风险-收益关系的研究提供了新的证据，主要结论如下。

首先，WTI 收益与 OVX 变化之间存在显著的双向方差因果关系。这表明 OVX 指数是一个能够很好地反映投资者情绪的指标。其次，从 WTI 收益和 OVX 变化的演化关系来看，两者之间的关系并不总是负向的，他们之间的关系随着时间波动很大，这主要是归因于原油市场持续增加的系统性风险及不稳定的外部环境。另外，原油市场收益对隐含波动影响的时变系数的均值与股票市场和黄金市场明显不同，其小于股票市场的均值而大于黄金市场的均值。这也说明了资本市场的收益对于不可预期风险的敏感度要大于商品市场。

最值得注意的结论是 WTI 收益与 OVX 变化之间的同期关系为负并且存在不对称效应，这也证实了 OVX 被作为投资者恐慌情绪的测度指标是合理的。显然，供应侧冲击和需求侧冲击对石油价格变化产生的影响对应不同的风险考虑。例如，油价下降风险将会影响石油出口国的收入，而油价上涨风险则会增加石油进口国的购买成本，两者承担风险的程度不一致。另外，WTI 收益与 OVX 变化之间的负向关系在滞后 1 期会减弱，而在更长的滞后期下会变为正值。这也反映了 OVX 对 WTI 收益的反馈效应及均值回复特征。

总体而言，OVX 在石油市场发挥的作用与 VIX 在股票市场类似，也能够很好地捕捉市场的预期波动。OVX 的衍生期货和期权也能够很好地对冲价格风险。本章的实证结果对金融机构和投资者改善套期保值能力及提高波动预测能力有很好的帮助。而且，OVX 和 WTI 收益之间的时变特征能够为投资者及时调整套期保值策略，特别是调整期权交易时间提供理论支持。

第3章 国际油价驱动机理识别的系统分析方法

在20世纪中后期，国际油价的剧烈波动主要是由原油市场供给不平衡所引起的，OPEC国家的石油生产决策对于油价走势具有决定性的作用。随着原油期货市场的发展，国际油价的变化开始受市场因素的驱动。由于市场参与主体的多样化及其他市场与原油市场之间的关系逐渐增强，原油价格的驱动机理变得更加复杂并且在不同时期受到的主要影响因素也有所不同。本章重点解决以下问题：①不同因素对油价的驱动机理有什么差异？②不同时期影响油价的主要驱动因素是否存在时变特征？③同一因素在不同时期对油价的影响机理是否发生了变化？

为了分析金融危机后国际原油市场的主要驱动因素，本章提出一种系统分析方法对影响油价的因素进行全面的分析。

3.1 国际油价驱动因素分析

2004 年以来，国际油价呈现出剧烈的波动性。2008 年上半年国际油价持续大幅上涨，一度达到 147 美元/桶。随后全球性的金融危机爆发，受此影响，国际油价迅速下跌，一度跌破 30 美元/桶。尽管该轮金融危机没有引发新的石油危机，但国际油价在如此短的时间内暴涨暴跌，其价格波动幅度比以往任何一次石油危机都更加剧烈。

20 世纪爆发的 3 次石油危机，均是由战争等突发事件导致石油供需不平衡，引发油价的剧烈波动，供需因素是当时油价波动的主要驱动因素。而自 2004 年以来的国际油价波动呈现出新的特点，传统的供需因素由于数据信息相对滞后，仅在长期发挥作用，从短期来看，供需基本面因素已经不能完全解释油价的剧烈波动现象。随着石油期货市场的发展，石油市场的金融属性开始显现，油价波动更多的时候不是由供需不平衡引起的，而是各种市场因素在对油价波动发挥作用。国际石油定价机制已经从 OPEC 主导定价向市场化定价转变，油价变化更多地反映了市场各方力量之间的博弈，单一因素很难对剧烈的油价波动做出完整的解释，影响油价走势与导致油价波动的因素往往不一致，油价的影响因素正在趋向多元化和复杂化。除了石油市场供需基本面因素，全球主要石油进口国的宏观经济走势，石油市场复杂多变的交易群体的投机行为及来自全球金融资本市场和其他大宗商品市场的外生冲击及信息传导都增加了油价波动的复杂性与不确定性。

以往的研究大多集中在考察各因素滞后项对油价的影响，采用 Granger 因果检验等经典的方法考察各影响因素与油价之间的滞后因果关系。然而随着信息化载体的发展和交易技术的便捷，石油价格对于市场信息的变动反应更加迅速，如美元汇率贬值、OPEC 公布限产政策、原油库存上升等各种市场信息往往在发布当天就会引起油价的相应波动。另外，全球市场一体化的推进也使得原油市场与股票市场及其他大宗商品市场往往同时出现价格的剧烈波动。原油价格与各市场因素之间的同期关系正在变得更加明显，然而早期的研究很少对同期因果流向给出判断，这使得对油价与各影响因素之间的同期因果关系进行分析显得更有现实意义。在 2008 年全球性的金融危机发生后，石油市场原有的作用机制受到影响，考察油价主要驱动因素的变化对于理解新形势下石油市场的变化规律、判断未来油价走势、控制市场风险具有重要的意义。

本章提出油价驱动因素识别的系统分析方法，整合偏最小二乘回归模型、误差修正模型和方差分解，以及有向无环图技术，重点分析石油价格相关的各因素与油价间的信息传导关系，以及对油价走势及油价波动的不同影响（Ji，2012）。本章的主要贡献在于：①采用有向无环图技术对油价与各驱动因素间的同期因果流向进行诊断，构造同期因果结构图，对油价与各因素间的同期信息传导机制进行分析。②提出识别油价驱动因素的系统分析方法，对影响油价走势和油价波动的主要因素分别进行了分析。本章的研究框架如图 3-1 所示。

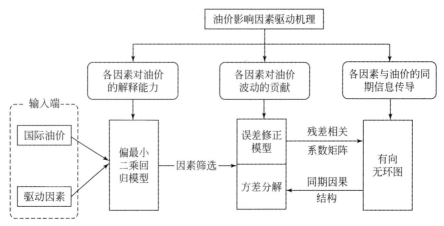

图 3-1　国际油价驱动机理系统分析方法

3.2　油价驱动因素系统识别方法

本章从各因素与油价之间的同期信息传导机制、各因素对油价的解释能力及各因素对油价波动的贡献程度 3 个角度对油价驱动因素的作用机制进行分析，建模步骤如下：

（1）将油价与选取的影响因素引入偏最小二乘回归模型。通过估计模型参数，可以分析各因素对油价自身的解释能力及作用方向。

（2）根据偏最小二乘模型的分析结果对众多影响因素进行合理筛选，对筛选后的因素与油价建立向量误差修正模型，并对协整向量和变量的弱外生性进行检验。

（3）根据步骤（2）确定的向量误差修正模型，计算变量残差的相关系数矩阵，通过相关系数矩阵构造反映变量间同期因果流向的有向无环图，分析各变量与油价之间的同期信息传导机制。

（4）对向量误差修正模型进行方差分解，其中方差分解所依赖的同期因果结构由有向无环图中确定的因果流向进行约束，得到各因素对油价波动的同期、短期和长期贡献。

步骤（2）中对变量进行筛选，其目的仅是去除性质相同和对油价作用效果相似的影响因素，降低变量间的共线性，增加模型的自由度，对向量误差修正模型不会产生结果上的影响（具体分析见 3.4.2 节）。本章构造的有向无环图依赖于向量误差修正模型的残差，并且有向无环图为向量误差修正模型进行方差分解提供合理的同期因果约束。可以看出，本章提出的 3 个层次的分析（由 3 个模型支撑）可以分别给出独立的结论，而这 3 个层次的实现过程又相互关联。结合 3 个层次的迭代分析，可以对油价驱动因素作用机理进行比较全面的分析。因此，这里将这个分析方法称为油价驱动因素综合识别方法。

3.2.1　偏最小二乘回归模型——PLS 模型

一般的经济变量之间存在很强的多重相关性，尤其当解释变量较多时，会对估计结果造成较大误差且估计参数不稳定。Wold 等（1983）提出的偏最小二乘回归模型，有效地克服了自变量存在严重多重相关性的问题，并且可以计算各因素对因变量的贡献程度。本章通过对影响国际油价的各种因素建立偏最小二乘模型，分析这些因素在金融危机前后对油价的解释能力和作用方向。PLS 模型建模方法如下：

记 X 为自变量（各影响因素），Y 为因变量。首先将数据标准化处理，记 X 经处理后的数据矩阵为 $E_0 = (E_{01}, \cdots, E_{0k})$，$Y$ 经处理后的数据矩阵为 F_0。

（1）记 t_1 是 E_0 的第一个成分，$t_1 = E_0 \omega_1$，$\| \omega_1 \| = 1$。记 u_1 是 F_0 的第一个成分，$u_1 = F_0 c_1$，$\| c_1 \| = 1$。则 t_1、u_1 要满足协方差最大，即

$$\text{cov}(t_1, u_1) = \sqrt{\text{var}(t_1)\text{var}(u_1)} \, r(t_1, u_1) \to \max \tag{3-1}$$

分别求 E_0、F_0 对 t_1、u_1 的三个回归方程：

$$E_0 = t_1 p'_1 + E_1, \quad F_0 = u_1 q'_1 + F_1^*, \quad F_0 = t_1 r'_1 + F_1 \tag{3-2}$$

式中，E_1、F_1^*、F_1 分别表示三个回归方程的残差矩阵。

（2）用 E_1 和 F_1 代替 E_0 和 F_0，然后求第二个成分 t_2，u_2，同样得到三个回归方程。如此计算下去，如果 X 的秩为 A，则会有

$$E_0 = t_1 p'_1 + t_2 p'_2 + \cdots + t_A p'_A, \quad F_0 = t_1 r'_1 + t_2 r'_2 + \cdots + t_A r'_A \tag{3-3}$$

由于 $t_1, \cdots, t_A$ 均可以表示成 $E_{01}, \cdots, E_{0p}$ 的线性组合，因此可以还原成如下回归方程形式：

$$Y = \alpha_1 x_1 + \cdots + \alpha_p x_p \tag{3-4}$$

通过上面的过程可以得到众多市场因素对协动性变化作用的偏最小二乘回归方程。对成分个数的选择则通过交叉有效性 Q_h^2 来判定。Q_h^2 设定如下：

将所有 n 个样本分成两部分：第一部分为除去某个样本点 i 的所有样本点集合（含 $n-1$ 个样本），用这部分样本点并使用 h 个成分拟合回归方程；第二部分把第一部分排除的样本点 i 代入第一部分拟合的方程，得到 Y 在样本点 i 上的拟合值 $\overline{Y_{hi}}$，对每个 $i = 1$，2，$\cdots$，n 重复上面的过程，定义 Y 的预测误差平方和为 $\text{PRESS}_h = \sum_{i=1}^{n} (Y_i - \overline{Y_{hi}})^2$。

然后，用所有 n 个样本点拟合含 h 个成分的回归方程，记第 i 个点的拟合值为 $\hat{Y}_{hi}$，记 Y 的误差平方和为 $\text{SS}_h = \sum_{i=1}^{n} (\hat{Y}_i - Y_{hi})^2$，则

$$Q_h^2 = 1 - \frac{\text{PRESS}_h}{\text{SS}_{h-1}} \tag{3-5}$$

当 $Q_h^2 \geq 1 - 0.95^2 = 0.0975$ 时，t_h 成分的边际贡献是显著的，因此增加 t_h 有益。反之，则终止。

通常用变量投影重要性指标 VIP_j 来测度各自变量在解释因变量 Y 时作用的重要性。假设有效成分个数为 m，则

$$\text{VIP}_j = \sqrt{\frac{P}{\sum_{h=1}^{m} \text{Rd}(Y, t_h)} \sum_{h=1}^{m} \text{Rd}(Y, t_h) \omega_{hj}^2} \tag{3-6}$$

式中，$\mathrm{Rd}(Y, t_h) = r^2(Y, t_h)$ 表示 t_h 对 Y 的解释能力；$r(Y, t_h)$ 表示 Y 和 t_h 的相关系数；ω_{hj} 表示 ω_h 的第 j 个分量，对 $\forall h = 1, 2, \cdots, m$，有 $\sum_{j=1}^{p} \omega_{hj}^2 = \| \omega_h \| = 1$。

本章通过对各因素的 VIP$_j$ 值大小进行排序，可以比较各因素对油价的解释力强弱。同样，根据模型得到的各因素的回归系数的符号，可以分析各因素对油价的作用方向。

3.2.2 误差修正模型（ECM）和方差分解

假设油价和各影响因素序列都是一阶单整的 I（1）（具体检验在后面），则它们之间存在协整关系。X_t 表示包含油价和各因素的向量，可以建立误差修正模型如下：

$$\Delta X_t = \Pi X_{t-1} + \sum_{i=1}^{k-1} \Gamma_i \Delta X_{t-i} + \mu + \varepsilon_t \quad (t = 1, 2, \cdots, T) \tag{3-7}$$

式中，Δ 表示差分算子（$\Delta X_t = X_t - X_{t-1}$）；$\Pi = \alpha \beta'$ 表示系数矩阵；β 表示协整向量，反映长期均衡关系，α 反映了变量之间偏离长期均衡关系时，调整到均衡状态的调整速度；Γ_i 表示短期系数；μ 表示截距向量；ε_t 表示新息项。由于误差修正模型中的个体参数很难解释，特别是 Γ_i，其含义并不能直接的解释，本节采用方差分解（Sims，1980）对短期动态结构进行阐述。通过对油价进行方差分解，可以分析各因素在同期、短期和长期内对油价波动的贡献程度，识别油价的主要驱动因素。

为了阐明整个过程，首先将方程（3-7）中的 ΔX_t 表示成无限移动平均过程：

$$\Delta X_t = \sum_{i=0}^{\infty} A_i \varepsilon_{t-i}, \quad t = 1, 2, \cdots, T \tag{3-8}$$

则 ΔX_t 在获得 $t-1$ 期新息的条件下，超前 n 步的预测误差为

$$\xi_{t, n} = \sum_{l=0}^{n} A_l \varepsilon_{t+n-l} \tag{3-9}$$

相应地，预测误差的方差协方差矩阵为

$$\mathrm{cov}(\xi_{t, n}) = \sum_{l=0}^{n} A_l H A'_l \tag{3-10}$$

式中，H 表示 ε_t 的方差协方差矩阵。剩下的问题在于如何正交化 ECM 模型的残差，早期的研究通常采用 Cholesky 分解因子来实现。Cholesky 分解的缺陷在于假设存在递归的同期因果结构，即排在后面的变量不能在同期引起排在前面的变量的变化，这就意味着方差分解的结果将完全取决于设定的 VECM 模型中变量的次序（Swanson and Granger，1997）。因此，如何设定恰当的同期因果模式成了方差分解的关键。

然而，经济理论很少提供同期因果排序的方法，这使得在决定变量顺序的时候更加主观，结果可信度降低，而在以往对油价影响因素研究的文献中也很少考察因素之间的同期因果关系。因此，如何在误差修正模型残差的基础上设定恰当的同期因果模式就成了方差分解的关键（Swanson and Granger，1997）。按照 Bernanke（1986），将同期冲击系统表示为：$B\varepsilon_t = e_t$，B 表示各变量间的同期因果流待定参数，ε_t 表示误差修正模型中可观测的新息项，e_t 表示正交化的新息项。这里采用基于有向无环图的数据驱动方法来识别同期因果

结构，可以有效地决定同期的因果排序，为方差分解分析奠定基础。

3.2.3　有向无环图——DAG

有向无环图由 Sprites 等（2000）引入 VAR 模型，来识别变量间的同期因果关系，并应用于社会科学和医学诊断领域。随后，该方法被广泛应用到经济和金融领域（Awokuse and Bessler, 2003；Haigh et al., 2004；Yang et al., 2006；Refalo, 2009）。通过有向无环图构造油价与各变量新息项之间的同期因果结构，既给误差修正模型方差分解提供了准确的同期因果模式，又理清了油价与各变量之间的同期信息传导机制。

有向无环图本质上是建立在可观测到的无条件相关系数和偏相关系数基础上的一组变量之间的同期因果流的分配。有向边刻画了每对变量之间存在（或不存在）因果关系。在有向无环图中存在 4 种可能的边关系：①没有边（$X \quad Y$）表示两个变量之间（条件）独立。②无向边（$X—Y$）表示没有因果解释。③有向边（$X \rightarrow Y$）表示 X 的变化可以直接引起 Y 的变化，即 X 到 Y 存在因果关系。④双向边（$X \leftrightarrow Y$）表示 X 和 Y 之间存在双向的因果关系。

通过构造向量误差修正模型，可以得到油价与各变量残差项的相关系数矩阵，这里采用 Peter 和 Clark 算法（PC 算法）（Sprites et al., 2000）构造油价和影响因素间的有向无环图，从而确定变量间的同期因果关系。PC 算法主要分为两步：

（1）首先构建一个完全图，图中点的个数即为变量的个数，每个点表示向量误差修正模型的残差。任意两个变量间都有无向边，检验两变量的无条件相关系数，不显著的把边剔除。

（2）在剩余的边中进行一阶偏相关系数检验（即给定任意第三个变量条件下两变量的条件相关系数），如果存在某个变量使得两变量的一阶偏相关系数不显著，则将两变量间的边剔除；对通过一阶偏相关系数检验的剩余边，再进行二阶偏相关系数检验（给定任意其他两个变量条件下两变量的条件相关系数），剔除不显著的边。以此类推，对于 N 个变量的集合，直到所有边都剔除或者进行完 $N-2$ 阶偏相关系数检验，则检验结束。

在偏相关系数检验中，将剔除两变量间无向边的条件变量称为两变量的分离集。若两变量间的边是根据无条件相关系数剔除的，记空集为两变量的分离集。最后，该算法利用分离集对图中剩余的无向边进行标向，确定变量的 DAG。该算法主要通过对任意 3 个变量间的边进行标向来实现对所有边的标向。

假设有 3 个变量 A、B、C，若根据上述偏相关检验得到 3 个变量之间的边为 $A—B—C$，A 和 B，B 和 C 相邻（边存在，相关系数显著不为 0），而 A 和 C 不相邻，则 $A—B—C$ 之间的有向边为 $A \rightarrow B \leftarrow C$ 当且仅当 B 不是 A 和 C 的分离集（基于条件变量 B，A 和 C 的 1 阶偏相关系数显著异于 0）。相反，如果 B 是 A 和 C 的分离集，则存在其他 3 种可能的指向关系：$A \rightarrow B \rightarrow C$，$A \leftarrow B \rightarrow C$，$A \leftarrow B \leftarrow C$。为了确定正确的指向，需要结合其他前面已经确定的相邻点的指向关系，如 $B \rightarrow C \leftarrow D$ 和一个外生限制如 $A \rightarrow B$（这两种逻辑关系是算法的基本指向）。所有的剩余边都可以通过这样 3 个变量间的逻辑推断来完成标向。若根据上述方法确定的 DAG 不唯一，则需要利用先验背景进行判断和选择。

通常，采用 Fisher's 的 z 统计量来检验（偏）相关系数是否显著异于 0。z 检验统计量为

$$z[\rho(i, j|k), n] = \left[\frac{1}{2}\sqrt{n - |k| - 3}\right]\ln\left\{\frac{1 + \rho(i, j|k)}{1 - \rho(i, j|k)}\right\} \tag{3-11}$$

式中，n 表示观测样本个数；$\rho(i, j|k)$ 表示基于序列 k、序列 i 和 j 的总体条件相关系数；$|k|$ 表示序列 k 中的变量数目。若序列 i、j 和 k 为正态分布且 $\rho_1(i, j|k)$ 为基于序列 k、序列 i 和 j 的样本条件相关系数，则 $z(\rho(i, j|k), n) - z(\rho_1(i, j|k), n)$ 服从正态分布（Bessler and Yang, 2003；Yang et al., 2006）。

3.3　数据及样本分析

3.3.1　油价驱动因素选取

考虑到 WTI 是全球三大基准油之一，因此本节选取 WTI 期货价格代表国际油价。对于原油市场影响因素的选择主要基于两个方面的考虑：一是分别考虑原油市场内部影响因素和外部影响因素；二是尽可能地覆盖以往研究中涉及的因素。从市场内部来看：首先，市场的供给和需求因素是基本面因素；其次，市场存在交易者就存在投机行为，投机因素也被认为是近年来油价剧烈波动的幕后推手（de Roon et al., 2000）。从市场外部来看：市场活动必然要受宏观经济的影响；而根据以往的研究，随着全球市场一体化的发展，不同市场间的波动溢出效应变得更加明显（Soytas, 2009；Park and Ratti, 2008），因此本节还将考察股票市场、商品市场和汇率市场对原油市场的影响。

综合以上考虑，本节将影响油价的主要因素分为宏观经济因素、投机因素[①]、供需因素、股票市场、汇率市场和商品市场六大类。由于 WTI 主要是北美地区通用的原油，并且 WTI 期货在 NYMEX 交易，其价格变化主要受美国宏观经济活动及美国市场数据的影响，并且美国市场的信息变化通常是全球市场变化的风向标，因此本节大部分指标选取了美国的相关市场指标。

---

①根据美国商品期货交易委员会（CFTC）报告中对交易者的分类，这里将非商业交易商作为主要的投机力量，非商业交易商持仓比例的变化能够反映市场投机力量的强弱，因此作为投机指标。根据 de Roon 等（2000）、Sanders 等（2004）的设计，市场的全部未平仓合约（TOI）如下：

$$\underbrace{[\text{NCL} + \text{NCS} + 2(\text{NCSP})]}_{\substack{\text{noncommercial}\\\text{reporting}}} + \underbrace{[\text{CL} + \text{CS}]}_{\substack{\text{commercial}}} + \underbrace{[\text{NRL} + \text{NRS}]}_{\substack{\text{nonreporting}}} = 2(\text{TOI})$$

式中，NCL、NCS、NCSP 分别表示非商业交易商多头、空头、套期头寸；CL（CS）表示商业交易商的多头（空头）头寸；NRL（NRS）表示非报告交易商的多头（空头）头寸。报告的和非报告的头寸之和为市场全部的未平仓合约，多头头寸数等于空头头寸数。非商业交易商持仓比例（NCPP），NCPP＝［NCL+NCS+2（NCPP）］/2（TOL）。

根据数据的可获得性，在 6 种类型中共选取具有代表性的指标 16 个（表 3-1）。股票市场选取道琼斯工业指数、纳斯达克指数；汇率市场选取美元指数、欧元兑美元汇率；商品市场选取 Comex 黄金期货、LME 铜期货；宏观经济因素选取美国联邦基金利率、美国 CPI 指数、美国能源类 CPI 指数、美国 PPI 指数、美国能源类 PPI 指数；投机因素选取非商业交易商持仓比例；供需因素选取美国原油库存、美国原油供应天数、美国石油产品净进口量、美国炼油厂开工率。

表 3-1　各类影响因素描述

类别	变量	标记	类别	变量	标记
宏观经济因素	美国联邦基金利率	FFR	供需因素	美国原油库存（不包括 SPR）	Stock
	美国 CPI 指数（基年 1982～1984 年＝100）	CPI		美国原油供应天数（不包括 SPR）	DS
	美国能源类 CPI 指数（基年 1982～1984 年＝100）	ECPI		美国石油产品净进口量	PPNI
	美国 PPI 指数	PPI		美国炼油厂开工率	POU
	美国能源类 PPI 指数	EPPI	汇率市场	美元指数	DI
投机因素	非商业交易商持仓比例	NCPP		欧元兑美元汇率	EUEX
股票市场	道琼斯工业指数	DOW	商品市场	Comex 黄金期货	Gold
	纳斯达克指数	NAS		LME 铜期货	Copper

注：在供需因素的选取上，由于本章的数据频度为周，世界乃至地区产量和消费量的周度数据不可获得，因而选取能够反映美国市场短期供给和需求变化的指标进行替代。

其中，WTI 的供需因素数据来源于美国能源信息署（EIA），股票市场、汇率市场和商品市场数据来源于 Wind 数据库，宏观经济因素数据来源于 Economagic 数据库，投机因素数据来源于 CFTC。为了避免各市场交易的时差效应和周内效应（Ramchand and Susmel，1998；Ng，2000），本章选用周数据，并且所有序列均取对数。考虑到国际油价从 2004 年开始大幅上涨，2008 年 8 月金融危机全面爆发，从金融市场蔓延至商品市场，因此以金融危机爆发的时间为界，分为危机前 2004 年 1 月 2 日到 2008 年 7 月 25 日和危机后 2008 年 8 月 1 日到 2010 年 11 月 26 日两个区间。

3.3.2　油价与各因素基本统计分析

表 3-2 提供了金融危机前后国际油价和各影响因素对数序列的基本统计量。从 Jarque-Bera 统计量来看，大部分变量在 5% 的水平下拒绝原假设，即不服从正态分布。通常变量的标准差反映了变量的波动情况。在较长的时间尺度下，大部分变量的标准差在危机前后并没有发生大的变化。然而，非商业交易商持仓比例的标准差在金融危机后缩小了近四分之三，这是因为金融危机的爆发加大了石油市场的投机风险，石油市场的投机资金大规模

撒离，交易商的投机行为变得更为谨慎，市场交易活跃度降低，危机后投机持仓变化幅度较小。此外，美国石油产品的净进口量标准差增加了两倍，反映了金融危机后美国石油市场需求的不稳定性。

表 3-2　金融危机前后各变量对数序列基本统计信息

变量	均值		标准差		Jarque-Bera		相关性 （WTI, others）	
WTI	4.132	4.239	0.328	0.267	4.86	9.28**	1	1
FFR	1.116	-1.539	0.566	0.753	30.31**	137.1**	0.482**	0.432**
CPI	5.299	5.375	0.044	0.012	8.48**	13.93**	0.9945**	0.904**
PPI	5.098	5.191	0.087	0.044	8.80**	4.63	0.964**	0.846**
ECPI	5.239	5.322	0.167	0.101	3.11	10.47**	0.950**	0.906**
EPPI	5.113	5.227	0.344	0.297	6.77*	13.78**	0.994**	0.972**
NCPP	-1.157	-0.895	0.197	0.053	7.93**	4.08	0.897**	0.249**
Stock	12.66	12.74	0.067	0.061	11.07**	15.59**	0.346**	-0.250**
DS	3.030	3.165	0.075	0.062	6.1*	22.96**	0.377**	-0.238**
PPNI	7.658	6.700	0.212	0.682	6.31*	36.06**	0.211**	-0.284**
POU	4.495	4.430	0.045	0.046	197.3**	123.1**	-0.396**	-0.032
DOW	9.342	9.174	0.100	0.128	21.23**	8.89*	0.623**	0.850**
NAS	7.712	7.605	0.104	0.175	6.89**	12.19**	0.625**	0.840**
DI	4.429	4.393	0.066	0.045	31.09**	5.58	-0.763**	-0.596**
EUEX	0.268	0.310	0.081	0.057	34.37**	3.84	0.768**	0.394**
Gold	6.335	6.934	0.281	0.164	16.50**	4.43	0.898**	0.317**
Copper	8.506	8.671	0.436	0.301	28.38**	15.38**	0.826**	0.863**

＊和＊＊分别表示在5%和1%的水平下显著。

注：每列里前一个数表示金融危机前的统计量，后一个表示金融危机后的统计量。

各因素与WTI之间的相关系数在金融危机前后表现出一些不同的特点。金融危机前，所有相关系数均通过1%的显著性检验。其中，宏观经济因素与WTI的相关性最强，除了美国联邦基金利率，均超过了0.95，其次是投机因素、商品市场、汇率市场和股票市场，相关性也超过了0.6，美国原油市场短期供需因素与WTI的相关性则相对较弱，维持在0.3左右。金融危机后，各因素与WTI之间的相关性则表现出不同的变化。其中，宏观经济因素与WTI仍然保持较高的相关性，投机因素与WTI的相关性则明显降低，说明投机力量对油价的影响有所减弱。而WTI与股票市场的相关性增强，说明发生危机后，两市场均处于不稳定状态，市场间的信息溢出更加明显，某一市场的波动对另一市场的影响被放大。最后，商品市场与WTI的相关性表现出两种不同的反应，一般性的商品铜与WTI仍表现出强正相关性，而黄金与WTI的相关性则有较大程度的减弱。这是因为黄金作为贵金属，具有防止通货膨胀、避险保值的功能，金融危机后，黄金对市场投资者的吸引力增加，与石油市场走势出现背离，因而相关性减弱。

3.4 国际油价驱动机理系统分析

本节通过对油价驱动因素识别的系统分析方法进行实证研究，从各因素对油价的解释力、油价与各因素间的信息传导及各因素对油价波动的贡献 3 个方面对油价上涨期和低迷期各因素的不同作用机理进行全面的分析。

3.4.1 各因素对油价的解释力

本节运用偏最小二乘回归方法，对 16 个影响因素在金融危机前后对油价的解释力进行分析，通过对比来发现金融危机后油价影响因素的新特征。

3.4.1.1 金融危机前后各因素解释力排序

通过对偏最小二乘模型求解，可以得到全部 16 个因素对 WTI 的累计解释力在危机前后分别达到 98.3% 和 96.1%，说明本章所选的影响因素能解释油价的绝大部分信息，基本涵盖了油价的主要影响因素。

图 3-2 给出了金融危机前后各因素对油价解释力的重要性（VIP）排序及变化。图 3-2 中变量按照金融危机前解释能力从大到小排列（VIP 次序变化＝金融危机前变量 VIP 的排名－金融危机后变量 VIP 的排名，如 LME 铜期货对油价格的解释力在金融危机前排第 9，而其 VIP 次序变化量为 3，则其在金融危机后的解释力排名为 9－3＝6。如果变量的 VIP 次序变化量大于 0，则表示该变量在金融危机后的重要性相对上升，反之表示下降）。从图 3-2 中可以看出，在金融危机后，美国联邦基金利率、美国能源类 CPI 指数、美国原油库

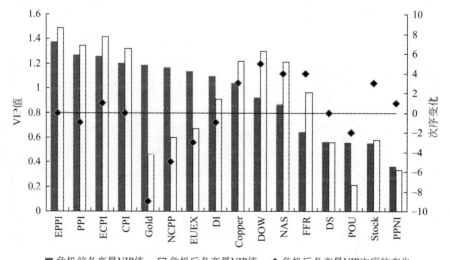

图 3-2 危机前后各影响因素解释能力大小及排序变化

存、美国石油产品净进口量、LME 铜期货、道琼斯工业指数、纳斯达克指数 7 个变量的重要性次序相对上升，美国 PPI 指数、Comex 黄金期货、非商业交易商持仓比例、欧元兑美元汇率、美元指数、美国炼油厂开工率 6 个变量的重要性次序相对下降，而美国能源类 PPI 指数、美国 CPI 指数、美国原油供应天数 3 个变量次序保持不变。

根据变量对油价的解释能力排序，金融危机前，除了宏观经济因素，投机因素、汇率市场及商品市场也是解释油价的主要因素（这里解释力指图 3-2 中 VIP 值的大小）。可以看出，2004~2008 年，除了美国经济恢复性增长导致油价快速飙升，原油市场投机力量活跃，全球其他主要市场繁荣也是支撑油价上涨的主要原因。此外，尽管在危机后，美国原油库存和美国石油产品净进口量的排序有所上升，能够在一定程度上说明短期供需变化对油价的影响，但是对于油价的解释力整体相对较弱，这也跟选取的指标很难反映全球长期供需变化的局限性有很大的关系。金融危机后，宏观经济因素仍然是油价的主要解释因素，股票市场和普通商品市场的解释力有所上升，市场短期供需因素解释力仍然较弱。

3.4.1.2 金融危机后各因素对油价作用机理的变化

通过上面的分析可以发现，金融危机后各类驱动因素表现出一些新的特征：

（1）金融危机后美国宏观经济指标仍然对油价具有最大的解释能力。其中，能源类 PPI 和 CPI 指数对油价的解释能力仍排在最前面。这是因为原油在美国能源需求中占有较大的比重，并且各种石油产品价格均随油价变化，因而能源类 PPI 和 CPI 指数基本能够反映油价的变化，对其始终有很强的解释力。而美国联邦基金利率对油价的解释力有较大程度的上升。这是因为金融危机后，美国为了刺激经济复苏，一直通过调低利率来施行宽松的货币政策，利率水平成为美国货币政策的风向标，因而对脆弱的原油市场的解释力有所增强。

（2）尽管选取的反映美国石油市场短期供需因素指标的解释力仍然较弱，但危机后原油需求疲弱仍在很大程度上抑制油价。实际上，2004 年开始，受美国经济复苏影响，石油需求快速增加推动油价持续上涨，油价进入需求驱动期（20 世纪主要是供应驱动期）。这一时期，全球石油需求大幅增长而石油增产余力不足引发供需关系紧张。金融危机后，原本供应紧张的局面被打破，2009 年经济衰退导致全球石油需求低迷，打压油价大幅度下跌，尽管 OPEC 持续减产，但收效甚微。从图 3-2 中也可以看出，美国原油库存的解释力在危机后有所上升，这也反映了需求疲弱导致的高库存水平对油价具有一定的解释力。

（3）商品市场和股票市场对油价的解释力均有不同程度的增强。金融危机的爆发，使得全球经济走势主导各市场的变化，市场内部调节作用被经济衰退的影响所抵消，各市场价格均出现大幅度下跌，市场间对信息的传递更加敏感，同步性增强，因此相互间的解释力增强。唯一不同的是黄金市场，黄金作为贵金属，其避险保值特性在危机后开始发挥作用，因而黄金市场与原油市场出现背离，其对油价的解释力出现大幅度下降。

（4）汇率市场对油价的解释力有小幅度下降。国际原油价格以美元定价，通常情况下，美元升值，购买原油的成本上升，需求减少导致油价下跌；而美元贬值，购买原油的成本下降，需求增加推动油价上涨。另外，原油市场与汇率市场之间通常还存在投资替代作用。全球经济衰退造成石油需求和美元疲弱，两者原有的反向影响机制受到一定限制，解释力有所下降。

（5）投机因素对油价的解释力在危机后明显减弱。危机前，由于石油需求持续增加，石油市场存在巨大的套利空间，投机力量异常活跃，通过推高油价获取高额利润，因而投机因素对油价具有很强的解释力，Sornette 等（2009）及 Cifarelli 和 Paladino（2010）也证实了这一点。而金融危机后，石油市场风险加大，大部分投机资金撤离石油市场，投机性减弱。同时，全球经济衰退的大背景也削弱了投机力量对油价的助推作用。

图 3-3 是金融危机前后 PLS 模型估计的各变量的系数。从图中可以看出，一些变量的系数符号在危机后出现反向。其中，Comex 黄金期货、LME 铜期货、道琼斯工业指数，纳斯达克指数的系数符号在危机前后相反。金融危机前，原油市场与股票市场间呈负相关 [（Park 和 Ratti（2008）及 Miller 和 Ratti（2009）得出类似结论]，这是因为 2 种类型的市场间存在投资替代，一旦油价上涨可以获得更多的利润，股票市场的资金会流入石油市场，因而两者呈负相关。这种负向关系同样存在于铜市场和原油市场之间。而金融危机后，各市场间的同步性增强，因而系数变正。黄金市场由于贵金属的特性，在危机后与油价出现反向。此外，非商业交易商持仓比例的系数变化最大，在危机后减小至接近 0，对油价的影响十分微弱，这与前面的分析一致。

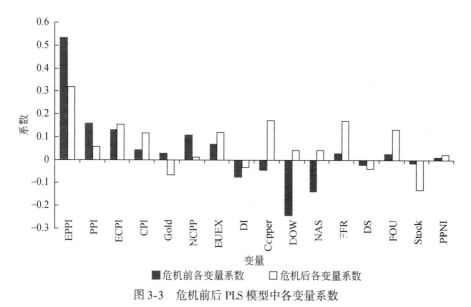

图 3-3　危机前后 PLS 模型中各变量系数

3.4.2　因素筛选

从 3.4.1 节中对六大类因素解释能力的分析可以发现，同类变量的解释能力排序基本相邻，解释能力相似。因此，为了增加模型的自由度，更好地识别各类因素对油价的影响，同时为了满足各变量的同阶单整，需要对 16 个变量进行精简，将同种类型中具有相同效果的因素保留其一（例如，股票市场中道琼斯工业指数和纳斯达克指数排序相邻，结合单位根检验，可以去除纳斯达克指数，仅用道琼斯工业指数代表股票市场）。

利用上述原则对危机前后的影响因素进行缩减，最终剩下 8 个变量，这 8 个变量可以代表六大类因素在危机前后解释能力的主要变化，分别是美国能源类 CPI 指数（ECPI）、美国能源类 PPI 指数（PPI）、非商业交易商持仓比例（NCPP）、美国原油库存（Stock）、道琼斯工业指数（DOW）、美元指数（DI）、Comex 黄金期货（Gold）、LME 铜期货（Copper）。用选择的 8 个变量对油价再次进行 PLS 回归，这 8 个变量的解释能力排序没有发生改变，并且对危机前后油价的累计解释能力分别达到 98.1% 和 95.7%，PLS 的结果是稳定的，对变量的筛选也是合理的。因此，对变量进行缩减的过程不会对下面的分析产生实质性的影响。

3.4.3 油价与各因素的向量误差修正模型

3.4.3.1 单位根与协整检验

首先，采用 ADF 对各变量进行单位根检验。由表 3-3 知，所有变量都是 $I(1)$ 的。对 WTI 与通过因素筛选的美国能源类 CPI 指数、美国能源类 PPI 指数、非商业交易商持仓比例、美国原油库存、道琼斯工业指数、美元指数、Comex 黄金期货和 LME 铜期货 8 个变量建立向量自回归 VAR 模型，根据 Schwarz 信息准则，危机前后各变量的滞后阶数分别为 2 和 1。

表 3-3　单位根检验结果

危机前变量	ADF t 统计量	危机后变量	ADF t 统计量
WTI	−1.36	WTI	−1.64
ΔWTI	−12.59**	ΔWTI	−9.59**
ECPI	−2.84	ECPI	−2.92
ΔEPPI	−4.58**	ΔECPI	−9.33**
EPPI	0.22	EPPI	−3.01
ΔEPPI	−16.13**	ΔEPPI	−11.29**
NCPP	−2.83	NCPP	−3.18
ΔNCPP	−16.93**	ΔNCPP	−12.39**
Stock	−2.39	Stock	−2.17
ΔStock	−7.41**	ΔStock	−7.50**
DOW	−1.88	DOW	−2.71
ΔDOW	−17.63**	ΔDOW	−11.30**
DI	−1.98	DI	−2.63

续表

危机前变量	ADFt 统计量	危机后变量	ADFt 统计量
ΔDI	−16.65 **	ΔDI	−9.38 **
Gold	−2.64	Gold	−0.20
ΔGold	−17.05 **	ΔGold	−11.44 **
Copper	−2.25	Copper	−3.40
ΔCopper	−16.05 **	ΔCopper	−11.28 **

** 和 * 分别表示在 1% 和 5% 的水平下显著。

分别对危机前后的 VAR 模型进行 Johansen 协整检验（Johansen and Juselius，1990）。由表 3-4，根据迹检验统计量，危机前后都在 5% 的显著水平下拒绝了不存在协整向量的原假设，即 WTI 与这 8 个变量之间存在长期均衡关系。因此，油价与各变量间至小存在 1 个长期协整关系，可以建立误差修正模型。

表 3-4　协整检验结果

项目	假设 协整变量个数（k）	迹检验 统计量	C（5%）	D
	$k=0$ *	247.90 **	197.37	R
	$k=1$ *	149.10	159.53	F
危机前变量	$k=2$	102.17	125.62	F
	$k=3$	71.63	95.75	F
	$k=4$	44.40	69.82	F
	$k=5$	27.00	47.86	F
	—	—	—	F
	$k=0$ *	255.05 **	197.37	R
	$k=1$ *	179.57 **	159.53	R
危机后变量	$k=2$	120.90	125.62	F
	$k=3$	87.71	95.75	F
	$k=4$	59.95	69.82	F
	$k=5$	38.16	47.86	F
	—	—	—	F

** 和 * 分别表示在 1% 和 5% 的水平下显著。

注：C（5%）表示 5% 水平下迹检验的临界值；D 表示在 5% 的显著性水平下给出拒绝（R）或不能拒绝（F）原假设的决定。

3.4.3.2　向量误差修正模型结构的确定

通过上面的检验，每个变量都是 I（1）的，这意味着给定的 1 个协整向量是由 2 个或者更多的变量线性组合而成的。因此，有必要确定每一个单变量是否计入协整向量中，以及每个变量是否对协整向量的波动做出反应。因此，需要建立两步检验对强制限制向量空间结构的误差修正项进行估计（Bessler and Yang, 2003）。

（1）对变量是否包含在协整向量中进行检验。如果某个变量不在协整向量里则该变量与其他变量也不存在长期均衡关系。通过检验（表3-5），危机前，仅有WTI、美国能源类PPI指数和美元指数3个变量在协整向量中。同样，危机后，只有WTI、美国能源类CPI指数、美国能源类PPI指数和美元指数在协整向量中。

表 3-5　从协整空间中排除变量检验

变量	危机前 χ^2 统计量（p-value）	D	变量	危机后 χ^2 统计量（p-value）	D
WTI	46.82（0.000）	R	WTI	16.81（0.000）	R
ECPI	0.01（0.909）	F	ECPI	9.91（0.002）	R
EPPI	51.75（0.000）	R	EPPI	12.06（0.001）	R
NCPP	0.00（0.989）	F	NCPP	1.75（0.186）	F
Stock	1.14（0.286）	F	Stock	0.64（0.424）	F
DOW	1.71（0.190）	F	DOW	0.07（0.784）	F
DI	4.06（0.044）	R	DI	4.55（0.033）	R
Gold	3.74（0.053）	F	Gold	0.95（0.329）	F
Copper	0.64（0.424）	F	Copper	0.03（0.859）	F

注：检验的原假设为某个变量不在协整空间中。该检验通过限制向量误差修正模型中每个变量相应的协整系数 $\beta=0$ 重新估计模型来构造。在原假设下，检验统计量服从自由度为 k 的 Chi-squared 分布。D 表示在5%的显著性水平下给出拒绝（R）或不能拒绝（F）原假设的决定。

（2）检验变量是否对协整向量的外生冲击没有反应，即检验变量的弱外生性。同步骤（1）类似，这是对每个变量对应的调整速度系数 α 进行检验。通过检验（表3-6），危机前后，均只有WTI、美国能源类CPI指数和美国能源类PPI指数3个变量在5%的显著性水平下拒绝原假设，能对冲击做出调整。

表 3-6　变量的弱外生性检验

变量	危机前 χ^2 统计量（p-value）	D	变量	危机后 χ^2 统计量（p-value）	D
WTI	35.23（0.000）	R	WTI	6.16（0.013）	R
ECPI	6.63（0.010）	R	ECPI	12.23（0.000）	R
EPPI	9.54（0.002）	R	EPPI	8.98（0.003）	R
NCPP	0.32（0.574）	F	NCPP	0.62（0.429）	F
Stock	1.58（0.209）	F	Stock	1.15（0.284）	F

变量	危机前 χ^2 统计量 （p-value）	D	变量	危机后 χ^2 统计量 （p-value）	D
DOW	0.40（0.526）	F	DOW	1.48（0.224）	F
DI	0.56（0.455）	F	DI	1.53（0.216）	F
Gold	0.03（0.866）	F	Gold	0.09（0.759）	F
Copper	1.22（0.270）	F	Copper	1.22（0.269）	F

注：原假设是某变量对早期长期均衡关系的背离不能做出调整，即该变量对应的向量误差修正模型中调整速度系数 $\alpha=0$。在原假设下，检验统计量服从自由度为 k 的 Chi-squared 分布。"D" 表示在 5% 的显著性水平下给出拒绝（R）或不能拒绝（F）原假设的决定。

最后，对表 3-5 和表 3-6 中不能拒绝原假设为 0 的 β 和 α 进行联合假设检验（限制所有 "D" =F 的 β 和 α 同时等于 0），通过检验，危机前后联合假设的 χ^2（括号里是接受原假设的概率）分别是 19.13（0.085）和 7.44（0.763），在 5% 的显著性水平下不能拒绝原假设，这说明上面对 β 和 α 的限制是合理的。

3.4.4　油价与各因素间的信息传导

3.4.1 节分析了各类因素在金融危机前后对油价的解释能力变化。然而，解释能力的高低只能说明油价与各因素变化同步性的强弱，不能完全解释油价与各因素之间的具体因果关系，因而很难判断油价真正的驱动因素。因此，本节构造有向无环图对各变量与油价之间的同期因果关系进行识别。

3.4.4.1　金融危机前的同期因果流

根据本章构造的向量误差修正模型可以得到残差项的相关系数矩阵，由此构造 WTI 与各变量间的同期因果结构。这里采用 PC 算法（Sprites et al., 2000）构造有向无环图。

图 3-4 是危机前后 WTI 与各因素之间的同期因果结构图。从图中可以看出，危机前 Comex 黄金期货价格和非商业交易商持仓比例在同期内对 WTI 油价有直接影响。在同期内，非商业交易商持仓比例是油价变化的原因，这也证实了投机因素在油价上涨期对油价的重要助推作用。

WTI 油价对美国能源类 PPI 指数有直接的同期影响，还通过美国能源类 PPI 指数对美国能源类 CPI 指数产生间接的同期影响（存在从 WTI 到 ECPI 的有向路）。然而，根据 3.4.1 节的分析，危机前，美国能源类 PPI 指数和美国能源类 CPI 指数在所选择的 8 个变量中，对 WTI 油价的解释能力最强。而在同期因果关系中，仅存在 WTI 对美国能源类 PPI 指数和美国能源类 CPI 指数的单向因果关系。这说明尽管 WTI 与 ECPI 和 EPPI 存在较强的相关性，但在同期内，WTI 油价是 ECPI 和 EPPI 变化的原因，通过有向无环图的构造，可以清楚地识别变量间真正的因果关系。

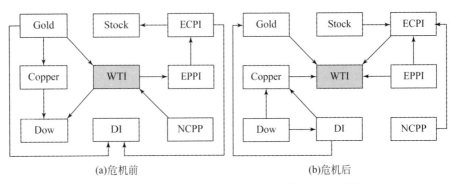

(a)危机前   (b)危机后

图 3-4　危机前后 WTI 与各变量新息项的有向无环图

此外，WTI 与美元指数及美国原油库存间不存在直接的同期影响，但通过其他因素存在间接影响。可以看出，Comex 黄金期货价格和投机因素在众多因素中是最少受其他因素影响的［不存在以 Gold（NCPP）为头的有向边］。

3.4.4.2　金融危机后的同期因果流

通过对比可以发现，危机后 WTI 与各因素的同期因果关系发生了很大的改变，表现出一些新的特征：

（1）Comex 黄金期货和 LME 铜期货价格对 WTI 油价具有直接影响。这说明金融危机后，为了降低风险，国际投资资金相对集中，更趋向于在同一市场进行投资，商品市场间存在很强的投资替代效应。一旦其他商品市场价格上涨，会吸引石油市场的投资迅速转移，从而引起油价的波动。

（2）美国原油库存通过美国能源类 CPI 指数对 WTI 价格具有间接的同期影响。这也反映了金融危机导致石油市场供需平衡脆弱，美国原油库存水平的变化能够反映美国国内原油的需求状况，也能够在一定程度上反映美国经济的复苏程度（Stock 对 ECPI 存在直接同期影响）。而在金融危机前，由于全球经济快速增长及投机因素的助推，油价保持持续上涨，库存水平的影响被弱化，仅存在油价到美国原油库存的单向因果关系。

（3）石油市场投机因素对 WTI 油价的直接同期影响消失，但仍存在间接的同期影响。这也印证了本书在 3.4.1 节中的分析，石油市场风险加大，市场信心不足导致危机后投机力量减弱，对油价的同期影响减弱。

（4）股票市场和汇率市场均通过对商品市场的影响，进而对 WTI 油价产生间接的同期影响。显然，危机后金融市场和商品市场间的信息波动溢出效应更加明显，信息感应被盲目放大，存在明显的蝴蝶效应。

（5）WTI 价格与宏观经济因素存在直接的同期因果关系。与金融危机前不同，危机后宏观经济因素成为油价变化的同期原因。这也说明宏观经济因素与油价之间的关系在不同时期并不一致，本章的分析可以清晰地反映这一变化情况。危机前，国际油价处于高涨期，通货膨胀压力较大，对经济的同期影响显著；而危机后，石油市场疲弱，市场对于宏观经济的走向更加敏感，因而受宏观经济指标的影响。

通过上面的分析可以看出，在金融危机前，WTI 油价通过直接或间接方式同期影响大部分因素。这是因为国际油价在危机前持续上涨，高油价导致石油市场的影响力增加，对其他市场均产生了较大的影响。而在这一时期，大量研究集中在分析油价对各因素的影响也证实了这一点（Filis，2010；Korhonen and Ledyaeva，2010；Lizardo and Mollick，2010）。相反的，金融危机后，油价大幅度下跌处于低位，影响力减弱，市场脆弱导致石油市场很容易受到其他因素变化的影响，本章选取的大部分指标均对油价存在同期的直接或间接影响。因此，识别危机后油价的主要驱动因素对于把握石油市场动态显得更加重要。

3.4.5 各因素对油价波动的贡献

根据有向无环图对同期结构施加的约束，计算预测误差方差分解。这里列出 1 周（同期）、12 周（短期）和 48 周（长期）WTI 和各因素的方差分解结果。

总体来看，危机前投机因素和 Comex 黄金期货价格是同期内影响 WTI 波动的主要因素；短期内，投机因素的影响仍然最大，而美国能源类 PPI 指数、美国原油库存和股票市场则是长期影响 WTI 波动的主要因素。从表 3-7 中可以看出，WTI 自身对波动的贡献程度随时间逐步下降。在当期，WTI 自身可以解释 87.39% 的波动，投机因素和 Comex 黄金期货价格可以解释 12% 左右的 WTI 波动。在 12 周短期水平下，WTI 自身贡献率减少到 40% 左右，投机因素对 WTI 波动的贡献率最大，可以解释 24.13% 的 WTI 波动，美国能源类 PPI 指数对 WTI 波动的贡献率也达到 12.03%。在 48 周的长期水平下，WTI 自身对波动的贡献率仅剩不到 15%，美国能源类 PPI 指数、美国原油库存、道琼斯工业指数和 Comex 黄金期货的贡献率均超过 10%，其余因素贡献率很小。相反，通过分析 WTI 对各因素波动的贡献率可以发现，除了黄金市场，WTI 对其他各因素的短期和长期波动贡献率均超过 10%，这也说明在危机前，高油价时期，油价波动的影响力是比较显著的。

表 3-7 危机前预测误差方差分解 （单位：%）

因素	周数	WTI	ECPI	EPPI	NCPP	Stock	DOW	DI	Gold	Copper
WTI	1	87.39	0.00	0.00	6.45	0.00	0.00	0.00	6.16	0.00
	12	39.73	6.87	12.03	24.13	0.86	3.72	6.05	5.78	0.83
	48	14.33	5.24	18.74	5.71	18.43	17.80	8.09	10.25	1.41
EPPI	1	11.32	0.00	87.05	0.02	0.00	0.00	0.00	1.61	0.00
	12	30.46	7.01	50.32	1.78	0.73	2.91	0.03	5.49	1.27
	48	12.77	15.74	36.82	5.70	1.18	17.46	0.07	8.75	1.50
NCPP	1	0.00	0.00	0.00	100.00	0.00	0.00	0.00	0.00	0.00
	12	12.29	5.78	6.95	68.64	1.40	3.70	0.61	0.39	0.24
	48	11.92	6.55	9.53	50.01	7.00	4.59	1.97	7.62	0.81

续表

因素	周数	WTI	ECPI	EPPI	NCPP	Stock	DOW	DI	Gold	Copper
DOW	1	4.11	0.00	0.00	0.01	0.00	95.30	0.00	0.58	0.00
	12	13.35	1.88	4.15	0.03	1.70	75.05	0.50	3.29	0.04
	48	20.79	14.42	23.00	1.09	3.13	29.23	3.45	4.81	0.08
Gold	1	0.00	0.00	0.00	0.00	0.00	0.00	0.00	100.00	0.00
	12	0.05	0.53	3.10	6.09	1.13	22.16	6.01	60.43	0.49
	48	0.51	0.79	3.40	14.52	2.61	47.79	4.54	24.52	1.31

注：这里只列出与WTI有直接同期因果关系的变量方差分解结果（根据危机前的有向无环图的结构）。

金融危机后，在同期水平下，各因素均对WTI波动具有不同程度的贡献，其中美国能源类PPI指数的贡献最大；而从中长期来看，美元指数是影响油价波动的主要因素。从表3-8中可以看出，WTI自身对波动的贡献率在当期只有65.33%，美国能源类PPI指数对WTI的同期贡献率达到29.16%。随后，WTI自身解释力迅速下降，在48周长期水平下不足10%。与危机前不同，投机因素对WTI波动的贡献率始终很小，美元指数成为在短期和长期水平下影响WTI波动的主要原因，贡献率分别为27.58%和24.66%。此外，美国能源类PPI指数、美国原油库存、道琼斯工业指数和LME铜期货在短期和长期内均对WTI波动有不同程度的贡献。相反，WTI对大部分因素的波动贡献率很小，也反映了低油价水平下，原油市场的影响力有所减弱。

表 3-8 危机后预测误差方差分解 （单位:%）

因素	周数	WTI	ECPI	EPPI	NCPP	Stock	DOW	DI	Gold	Copper
WTI	1	65.33	1.16	29.16	0.007	0.003	0.56	0.48	2.37	2.09
	12	14.33	0.18	13.02	6.35	10.34	8.60	27.58	5.20	14.41
	48	9.70	1.86	10.27	7.17	13.17	11.71	24.66	5.82	17.65
ECPI	1	0.00	34.80	64.73	0.12	0.35	0.00	0.00	0.00	0.00
	12	12.38	19.24	31.83	0.91	12.74	2.81	14.02	0.56	5.51
	48	8.77	9.51	21.23	0.96	11.78	7.86	21.11	1.24	17.54
EPPI	1	0.00	0.00	100	0.00	0.00	0.00	0.00	0.00	0.00
	12	6.30	0.11	38.85	0.09	8.90	4.39	21.24	0.64	19.49
	48	7.24	2.15	23.69	1.22	6.88	14.04	19.95	1.80	23.03
Gold	1	0.00	0.00	0.00	0.00	0.00	0.04	16.73	83.23	0.00
	12	12.88	5.07	8.56	4.05	0.96	19.40	4.94	35.29	8.86
	48	15.37	7.31	11.46	3.73	2.74	7.40	1.75	39.23	11.00
Copper	1	0.00	0.00	0.00	0.00	0.00	40.70	4.93	0.00	54.37
	12	0.52	1.27	2.57	1.17	2.25	28.22	22.03	0.33	41.62
	48	9.30	4.80	13.05	2.78	1.96	30.02	10.37	2.60	25.11

注：这里只列出与WTI有直接同期因果关系的变量方差分解结果（根据危机前的有向无环图的结构）。

3.5 本章小结

本章提出了油价驱动因素的系统识别方法，通过将偏最小二乘模型、向量误差修正模型和有向无环图技术相结合，对各因素与油价之间的信息传导机制，各因素对油价的解释力及对油价波动的贡献程度进行了全面的分析。分析认为，金融危机的爆发改变了石油市场原有的作用机制，驱动油价的主要因素发生了改变。通过对金融危机前后各因素的变化分析，得出了一些重要的结论。

（1）宏观经济因素与油价的相关性始终很高，在危机前后对油价均有很强的解释力，但是两者的同期因果关系在危机前后恰恰相反。危机前，油价是宏观经济因素变化的原因，而危机后，仅存在从宏观经济因素到油价的单向因果关系。在宏观经济因素中，反映能源市场本身变化的美国能源类 PPI 指数与 WTI 的关系最为密切，在危机前后对油价波动均有很强的贡献率。

（2）尽管本章选取的反映美国短期供需变化的指标对 WTI 的解释力很弱，但是美国原油库存水平对油价波动的长期贡献率一直较高，说明从长期来看，供需因素仍然对油价走势具有一定的支撑作用。

（3）原油市场投机因素对油价的影响在危机后明显减弱。投机因素在危机前非常活跃，当时，油价处于上升趋势，石油市场的高额套利机会吸引投机资金入场，而投机力量的增加又助推了油价的上升和加剧了油价的波动，因而投机因素在危机前对油价走势和波动具有很大的贡献率；但是金融危机后，需求萎缩，油价整体水平下降，石油市场对投机资金的吸引力减弱，大部分投机资金选择了减仓避险，因而影响力大大减弱。

（4）同样受到经济危机的影响，股票市场、汇率市场和商品市场这些与经济形势直接相关的市场，与原油市场之间的波动溢出效应增强，均在同期直接或间接地影响油价变化，说明石油价格的走势在回归经济的基本面。危机后石油市场对美元汇率的变化特别敏感，美元指数对 WTI 波动的贡献率在短期和长期水平下均超过 20%，是金融危机后影响油价波动的主要因素，这与国际原油价格以美元定价直接相关。

总之，2008 年的金融危机打破了国际原油市场原有的作用机制，宏观经济因素和供需因素与油价之间的同期因果关系发生了变化，市场价格走势回归经济基本面、原油库存水平变化、美元指数及其他市场对原油市场的投资替代效应都会对石油价格的波动产生一定的影响。

第4章 突发事件对国际油价波动的影响机理研究

　　原油作为全球交易量最大的大宗商品，其价格波动在很大程度上会受到宏观经济活动的影响。特别是2004年以后，国际油价波动的频率和幅度都比以往更加剧烈，这与国际经济形势不稳定、地缘政治事件频发及OPEC政策的变化都有密切关系。一般的，石油市场的供需平衡状态会决定油价的长期趋势，而油价的短期波动往往是由石油市场相关的突发事件造成的，这些事件会对石油行业的短期供需造成冲击，增加市场的不确定性，从而增加油价的波动性。本章重点解决以下问题：①如何量化石油市场相关事件的影响？②不同类别的事件对油价冲击的影响机理和传导路径有什么不同？

研究各类石油市场相关事件对于理解市场应对不确定性冲击的响应机理至关重要，也可以为解释预期外的油价波动提供新的证据和理论依据。

4.1　事件影响的行为机理

根据以往的研究，事件通过影响市场交易者对市场短期供需变化的心理预期，从而影响投资者的交易策略。事件影响造成的波动往往是市场基本面因素无法解释的。特别是对于石油而言，除了商品属性，其表现出越来越明显的金融属性和地缘政治属性，因而对于市场相关事件的反应会更加敏感。影响石油市场的事件很多，如局部战争、OPEC 限产政策的公布、石油库存的变动及极端天气等都会造成市场不同程度的波动（Blair and Rezek，2008；Zhang et al.，2009；Demirer and Kutan，2010）。因此，石油市场的分析师和交易者在进行油价预测和判断时往往会考虑这些突发事件引起的新的市场信息的变化，这也增加了市场预判的复杂性和不确定性。例如，Hamilton（2009）认为 1979 年的伊朗伊斯兰革命、1980 年开始的两伊战争（第一次波斯湾战争）及 1990 年的伊拉克入侵科威特战争都破坏了全球主要石油供应国的石油出口流动性。而这种干扰打破了全球石油供需的短期平衡，对短期的价格波动产生了较大的影响。

尽管事件对于市场的短期波动影响巨大，但是相关的研究还比较局限。这主要是由于目前的研究对于如何准确有效地刻画事件还没有好的方法。大部分研究往往通过引入虚拟变量来刻画事件的影响。显然，采用虚拟变量刻画事件会损失事件的大部分信息，从而导致结果失真。特别是虚拟变量很难刻画事件的规模效应和影响模式，对不同类型的事件难以量化区分。

实际上，市场相关的事件通常是通过改变市场参与者的行为而施加影响的。因此，在某种程度上，事件影响的规律和动态性可以通过追踪投资者行为进行模拟。这主要是基于互联网技术的成熟及大数据技术的发展。当今社会，人类活动都会留下数字指纹，如信用卡交易、网络搜索活动和电子商务等，这也为提取市场相关的行为提供了可视化的手段。这种采用计算机技术提取数据的手段已经在金融领域得到了应用，如一些学者利用推特社交平台、微博等信息构造情绪指数预测股票价格，并验证了其有效性（Bollen et al.，2011；Rao and Srivastava，2012）。这些研究都说明通过网络追踪能够有效地刻画人类的行为，对于投资者的投资倾向的判断也有很好的效果。将网络技术与现代金融理论相结合也成为近几年金融市场研究的热点和前沿领域。但是，利用网络数据研究石油市场相关事件的研究还基本处于空白。

因此，本章的主要贡献有两个方面：①利用 Google 搜索引擎量化石油市场相关事件的网络关注度，包括飓风、金融危机、利比亚战争及 OPEC 会议四种不同类型的事件；②采用事件分析方法和 AR-GARCH 模型首次将网络关注度应用于分析石油市场相关事件对价格波动的影响，从而有效地捕捉事件与市场价格波动之间的信息传导机制。本章的研究框架如图 4-1 所示。

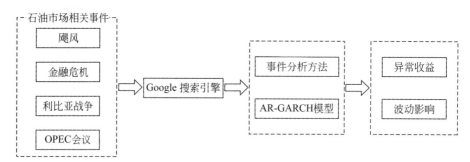

图 4-1   石油市场相关事件对波动影响的研究框架

4.2   石油相关事件

本章旨在研究各类不同石油市场相关事件对油价波动的影响，因而，对于事件的选取十分重要。通常根据不同的路径和模式将油价冲击的来源分为 3 类：石油供应冲击、石油总需求冲击和石油预防性需求冲击（Hamilton，2009；Kilian，2009）。石油供应冲击指的是对原油的物理可获性造成了冲击；石油总需求冲击指由于全球经济周期波动影响了需求造成的冲击；而石油预防性需求冲击则指预期的供应相对于需求可能出现短缺的不确定性冲击。根据这 3 类冲击来源本章将选择 4 种市场相关事件进行研究，包括飓风（石油供应冲击）、全球经济危机（石油总需求冲击）、利比亚战争和 OPEC 会议（石油预防性需求冲击）。从事件的选择可以发现，每类事件都具有独有的特征。其中，全球经济危机和利比亚战争属于突发事件，而飓风和 OPEC 会议则属于常规事件，每年发生的大概时间是完全可以预期的。因此，不同的冲击源和内生属性使得这些事件对油价波动的影响存在很大的差异。本章将试图揭示不同类事件的影响机制。

在分析事件的影响之前，首先需要对事件进行量化。本章选择 Google 搜索引擎的 Google Trend 服务获取 4 类事件的 Google 搜索指数（GSI），用网络搜索量作为事件关注度的度量，通过分析搜索量的变化模拟事件的影响程度和影响模式（Ji and Guo，2015a）。由于 GSI 指数并不是搜索量的绝对数据，而是根据搜索长度定义的 0 ~ 100 的相对搜索量，100 定义为搜索期内的最大搜索量。由于 Google 公司对于搜索长度的限制，每次只能搜索 3 个月内的日度 GSI 指数。因此，根据 Guo 和 Ji（2013）提出的数据处理方法，可以得到 2004 年 1 月 1 日到 2012 年 12 月 31 日连续的日度事件搜索量数据。

4.2.1   飓风

飓风是大西洋和太平洋地区最常见的季节性极端天气。而在某些年份，显著的热带风暴和台风也在印度洋频频发生。事实上，大西洋的飓风可能会对墨西哥湾的海上原油生产商造成冲击，影响供应的持续性。这是因为飓风会破坏供应的稳定性，使得供应商、炼油厂和石油相关的运输，以及其他非石油相关的能源供应系统受到影响。同时，由于可能存在的交通中断和企业停产，飓风也会对需求的预期产生负向影响。基于 Google 提供的网络关注度的可获性，本章选择 2004～2012 年比较著名的 10 个飓风进行研究，飓风的网络关注度趋势如图 4-2 所示。从图中可以看出，尽管每个飓风的网络关注度模式很相似，但是具有不同的关注度强度，其中卡特里娜（Katrina）飓风的关注度强度最大。

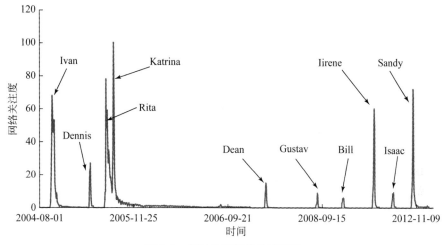

图 4-2　飓风的网络关注度趋势

4.2.2　全球经济危机

2008 年全球经济危机爆发，也被视为 1930 年大萧条以来最为严重的一次全球性危机。这次危机也对整个金融体系造成了巨大的冲击，导致金融市场和商品市场大幅度波动，国际油价在 2008 年下半年跌至 30 美元/桶，这是 2004 年以来的最低价。这次危机也导致 OECD 国家经济持续低迷，石油需求大幅度下降，甚至出现负增长。图 4-3 展示了 2008 年

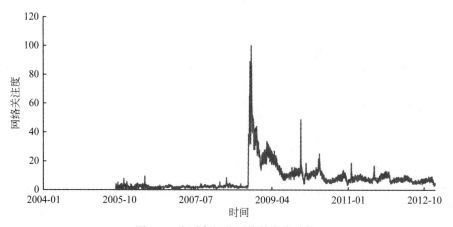

图 4-3　金融危机的网络关注度趋势

金融危机的网络关注度趋势。从图中可以看出，金融危机的网络关注度在 2008 年 10 月出现大幅度跳跃，在整个 2008 年下半年波动剧烈。进入 2009 年后，关注度回到了较低的平稳水平，预示着经济危机的恐慌情绪得到缓解。

4.2.3 利比亚战争

利比亚战争是 2011 年发生的利比亚武装冲突，这场国家内战导致利比亚石油产量大幅度减少（约 90%）。尽管利比亚石油产量仅占全球石油供应的 2%，而利比亚中断的石油出口完全可以由沙特的剩余产能弥补，但是这种战争仍然造成了 Brent 油价在短期内快速暴涨了 20%。图 4-4 展示了利比亚战争的网络关注度。可以发现，对于战争的关注度仅仅存在于战争集中爆发的时期，在战争爆发之前，市场关注度基本是 0，而战争结束后，关注度也完全消失。显然，对于这类突发事件，市场的关注度相对集中，而且与事件的发展进度高度一致。

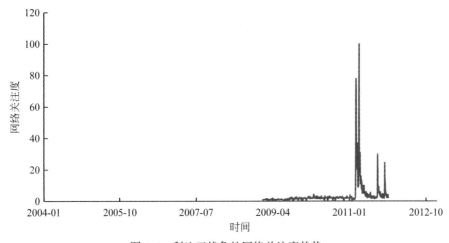

图 4-4　利比亚战争的网络关注度趋势

4.2.4 OPEC 会议

作为石油"卡特尔"，OPEC 通过调节其成员之间的石油产量对世界石油价格产生影响。OPEC 会议的目的通常是 OPEC 成员国讨论石油市场的前景，并对未来石油需求的预期做出判断，从而达成一致的产量决定。然而，OPEC 会议产量决定的公布数据往往会对石油价格波动产生瞬时的影响，这类影响被认为是消息面因素的影响。因此，本研究探讨 OPEC 会议决定的影响，将会议决定作为一个信息驱动，分析其对供应侧基本面的市场预期的影响。图 4-5 展示了 2004～2012 年的 34 次 OPEC 会议的网络关注度。从图中可以看出，随着时间推移，OPEC 会议关注度的强度在不断下降。另外，在大多数情况下，考虑到需求的不确定性，OPEC 往往会维持其生产水平，这使得其影响力会滞后于市场条件的变化。

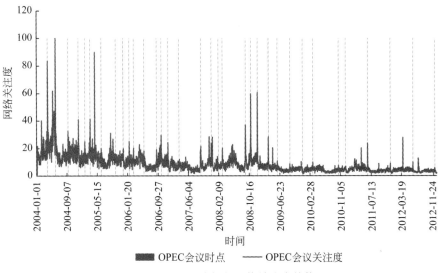

图 4-5   OPEC 会议的网络关注度趋势

4.3   事件影响机理建模

本章的研究目的是通过引入 3 类不同的石油市场相关事件，分析事件引起的信息冲击对油价波动的影响。首先，本章采用改进的事件分析方法度量事件发生期间石油市场的异常收益，用于测度事件期间石油市场价格的异常行为。然后，构造 AR-GARCH 模型分析异常收益与石油市场相关事件的网络关注度之间的交互关系，用于量化分析事件对油价波动的影响。

4.3.1   事件分析方法

近年来，由于互联网的发展和电子交易技术的成熟，信息流入对市场交易行为的干扰越发明显，分析市场相关事件对市场的冲击也成为能源金融领域研究的焦点。然而，这些研究通常采用虚拟变量或者采用事件分析方法分析事件的影响。虚拟变量通过将事件发生期的数值设置为 1，其余时期设置为 0 生成新的序列来测度事件的影响，这种处理方式非常简单，无法反映事件的规模效应和动态规律。特别是，虚拟变量根本无法捕捉事件的高潮期及事件变化的模式，也无法衡量事件发生不同阶段对市场的不同影响。而传统的事件分析方法由于能够识别事件的规模效应和市场的显著性变化，被广泛地应用于金融市场（Mac Kinlay，1997）。尽管事件分析方法相比虚拟变量更具优势，但是与虚拟变量存在同样的问题，即对于事件发生期的设定过于主观，完全依赖学者自己的主观判断，缺少统一的标准。显然，这种主观设定会造成模型计算的偏误，对结论产生一定的影响。

为了解决这个问题，本章引入网络关注度的概念用来量化事件的影响。通过这种方法，事件的发生期可以由关注度明显的出现和消失进行界定。而且，关注度的变化能够实时度量事件引起的信息冲击的规模变化趋势，能够很好地衡量每个石油市场相关事件的影响。因此，基于网络关注度，这里采用事件分析方法进行研究。

分析事件影响的关键在于有效度量事件发生期内市场异常收益的变化。异常收益通常用事件期内的实际收益与期望收益的差值来测度。期望收益是指如果事件没有发生时，对市场正常收益的估计。理想状态下，异常收益能够完全度量事件对市场收益的影响。本节采用式（4-1）度量石油市场相关事件引起的异常收益：

$$AR_{et} = R_{et} - E(R_{et}) \tag{4-1}$$

式中，AR_{et} 表示 t 时刻的异常收益；下标 e 表示选择的石油相关的事件；R_{et} 表示 t 时刻的油价实际对数收益；$E(R_{et})$ 表示假设事件没发生时的预期收益。

早期的研究采用各种模型来估计预期收益，如资产定价模型（CAPM）等（Draper，1984；Demirer and Kutan，2010）。然而，这类模型主要应用于金融市场。与金融市场不同的是，石油市场是独立的市场，并没有面向市场的指数来度量整个市场的风险。而且，根据 Brown 和 Warner（1980）的研究发现，采用不同的模型度量异常收益并没有显著的差异性。因此，本节参考 Lin 和 Tamvakis（2010）对石油市场的处理方法，在实证研究中将 $E(R_{et})$ 设置为 0，即假设如果没有外生冲击，短期内市场价格将不会出现变化，收益为 0。

总体而言，对于事件分析方法，事件窗口期的选择更为重要，但是以往的研究却比较主观。而且对于同一类事件，往往选择相同长度的窗口期（如历次利率调整），显然这与实际不符。本节将根据事件网络关注度的量化变化来合理地设定事件的窗口长度，这种设置基于网络信息的变化更客观，而且可以反映事件的影响强度。具体的设定方法为，当事件的网络关注度突然从早期的常态跳跃到一个较高的水平，则设为开始时点；而当关注度恢复至正常水平，则设为结束时点。通过这种方法，可以更客观地反映事件的信息影响。

因此，每个事件的累计异常收益（CAR）定义如下：

$$CAR_{eT} = \sum_{t=1}^{T} AR_{et} \tag{4-2}$$

式中，T 表示事件的窗口长度。

则平均累计异常收益定义如下：

$$\overline{CAR_{eT}} = \frac{1}{N} \sum_{e=1}^{N} CAR_{eT} \tag{4-3}$$

式中，N 表示给定类型的事件的个数。

最后，利用假设检验分析事件对油价是否存在显著的影响。本节假设异常收益变化服从均值为 0 的正态分布且独立同分布（Mac Kinlay，1997）。因此，原假设 H_0 定义如下：

$$\theta = \frac{\overline{CAR_{eT}}}{\sqrt{var(\overline{CAR_{eT}})}} \sim N(0, 1) \tag{4-4}$$

假设事件发生的区间都不交叉，而且每个事件都相互独立，则 $\overline{CAR_{eT}}$ 的方差定义如下：

$$\text{var}(\overline{\text{CAR}_{eT}}) = \frac{1}{N(N-1)} \sum_{e=1}^{N} \left[\text{CAR}_{eT} - \overline{\text{CAR}_{eT}} \right]^2 \tag{4-5}$$

4.3.2 AR-GARCH 模型

4.3.1 节采用事件分析方法估计了事件发生时石油市场的异常收益。本节将进一步利用网络关注度衡量事件对油价收益和波动的影响。通过分析，能够量化事件对油价的影响机制和影响强度。因此，构造 AR（k）-GARCH（1,1）模型进行分析。具体的模型设置如下：

$$R_t = c + \sum_{k \geq 1} a_k R_{t-k} + \sum_i b_i M_{it} + \varepsilon_t \tag{4-6}$$

$$\varepsilon_t \rightarrow N(0, h_t) \tag{4-7}$$

$$h_t = \alpha_0 + \alpha_1 \varepsilon_{t-1}^2 + \beta h_{t-1} + \sum_i \gamma_i M_{it} \tag{4-8}$$

式中，R_t 表示日度的油价异常收益，服从滞后阶数为 k 的自回归过程，方差服从 GARCH（1,1）过程。众所周知，影响油价的因素非常复杂。因而，很难将所有的因素全部纳入一个模型中，也很难分离每个因素的影响。为了简化处理，本节采用油价的滞后项来度量其他市场因素对油价的影响。这主要因为 AR 过程能够在一定程度上抵消其他市场因素的影响，这也是一般性的处理方法。另外，事件的影响则被视为对原始市场条件的突然扰乱。M_{it} 是事件 i 的市场关注度，由 4.2 节 Google 搜索引擎的搜索量处理得到。式（4-6）定义收益 R_t 的均值方程，其滞后项度量其他非事件信息的影响。式（4-7）和式（4-8）定义 R_t 的条件方差，假设收益的新息项为正态分布。R_t 的条件方差同样受事件的关注度影响。系数 γ 用来度量事件对油价波动的溢出影响。

特别地，为了分析不同 OPEC 产量决定对油价的不同影响，分析 OPEC 会议影响的模型修改如下：

$$R_t = c + \sum_{k \geq 1} a_k R_{t-k} + b_{cut} M_{cut,\,t} + b_{maintain} M_{maintian,\,t} + b_{increase} M_{increase,\,t} + \varepsilon_t \tag{4-9}$$

$$\varepsilon_t \rightarrow N(0, h_t) \tag{4-10}$$

$$h_t = \alpha_0 + \alpha_1 \varepsilon_{t-1}^2 + \beta h_{t-1} + \gamma_{cut} M_{cut,\,t} + \gamma_{maintian} M_{maintain,\,t} + \gamma_{increase} M_{increase,\,t} \tag{4-11}$$

式中，$M_{cut,t}$、$M_{maintain,t}$ 和 $M_{increase,t}$ 分别表示 OPEC 会议公布减产、维产和增产决定的网络关注度时间序列。

4.4 石油相关事件影响分析

本节将对 4 类石油市场相关事件（飓风、金融危机、利比亚战争和 OPEC 会议）的影响进行分析。实际上，如果多个事件发生窗口期存在交叉，已有的理论很难区分个体事件对于异常收益的影响。因此，为了避免这种情况，这里简化处理，选取不同事件最相关的油价进行分别研究。根据事件的直接影响和地理属性将油价和事件进行匹配。其中，选择 OPEC 一揽子价格来分析 OPEC 会议的影响，选择 Brent 油价来分析金融危机和利比亚战争的影响，而选择 WTI 价格来分析飓风的影响。这是因为，OPEC 会议的产量决定会影响其成员国的配额调整，对 OPEC 一揽子价格有直接和瞬时的影响。选择的飓风则主要发生在墨西哥湾地区，对当地的生产活动有直接影响，因此与 WTI 价格有直接的联系。最后，Brent 油价作为国际标杆价格，也是欧洲和远东地区的基准价，显然受金融危机和利比亚战争的冲击更大、更直接。

4.4.1 飓风事件的异常收益

本节对发生在 2004 ~ 2012 年的 10 个著名的季节性飓风进行分析，估计了这些飓风对于市场异常收益的影响。在墨西哥湾的飓风活动通常会影响美国的石油供应，该地区的关键石油基础设施，包括炼油厂、港口、水路和管道经常会受飓风影响而关闭。有时候，在飓风袭击之前，炼油厂将被关闭作为一个预防措施，虽然飓风可能不会有任何实际影响。表 4-1 展示了 10 个飓风事件关注度的不同窗口期长度，可以发现每次飓风施加影响的时间长度存在很大差异，短的一周，而长的三周。通过比较发现，飓风 Katrina、Bill 和 Irene 具有较大的平均累计异常收益 CAR，均超过 2%。然而，仅有飓风 Katrina 和 Irene 对市场收益的影响在 5% 的水平下显著。

表 4-1 飓风对油价收益的影响估计

飓风	窗口长度	$\overline{CAR}$/%	var（$\overline{CAR}$）	Θ
Ivan	19	1. 67	0. 024	0. 702
Dennis	6	0. 38	0. 005	0. 718
Rita	18	0. 09	0. 014	0. 065
Katrina	10	2. 24	0. 006	3. 931 * *
Dean	11	−0. 18	0. 008	−0. 235
Gustav	6	0. 19	0. 011	0. 173
Bill	6	2. 33	0. 017	1. 383
Irene	10	2. 17	0. 009	2. 435 *
Isaac	10	−0. 35	0. 003	−1. 18
Sandy	13	0. 24	0. 005	0. 460

、 * 分别表示在 5% 和 1% 的水平下显著。

图 4-6 展示了飓风 Katrina 和 Irene 的累计异常收益的变化。从图中可以看出，这两个飓风对累计异常收益的影响路径存在很大的差异。飓风 Irene 的累计异常收益呈现持续上升的趋势，而飓风 Katrina 的累计异常收益呈现波动特征。唯一的相似之处在于在这两次飓风发生期间，WTI 的收益都保持在较高的水平，即使当关注度开始出现下降。这说明当飓风结束以后，被摧毁的基础设施仍然需要时间恢复，即使口岸重新开放，受汽油和馏分燃料质量标准的约束，产品的进口量仍然会受到限制。因此，飓风对于石油市场的影响相对于其发生的时间会有一个滞后期。

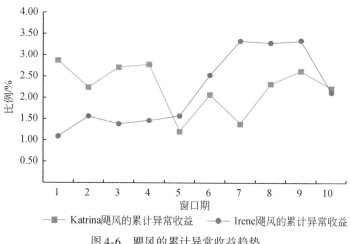

图 4-6　飓风的累计异常收益趋势

4.4.2　全球经济危机的累计异常收益

从图 4-3 可以看出，金融危机的关注度在危机爆发后仍然会持续很长一段时间。与其他三类事件不同，金融危机的关注度持续时间较长，关注度的影响更加广泛。根据本章的研究目的，选择第一波市场关注度作为金融危机对石油市场的冲击进行分析。因此，时间跨度从 2008 年 9 月 15 日到 2009 年 5 月 11 日。由于金融危机持续的时间比任何其他事件都长，而且并不只是石油市场的专属事件，因而这里将金融危机视为石油市场一般性的外部冲击。如果事件窗口长度过长，会出现一些其他的扰动影响对事件效应的分析。但是，金融危机期间，石油需求的变化是石油市场价格变动的主要驱动力。而且，事件分析方法的基本假设是忽略其他扰动对事件的干扰。因此，在金融危机期间，本书认为油价变化主要受危机的冲击。

图 4-7 展示了金融危机期间的累计异常收益变化。这期间，最高的负累计异常收益接近 50%，这意味着金融危机引起了 Brent 油价收益近 50% 的下降。根据计算，全球金融危机对 Brent 油价收益存在显著的负向影响，系数 θ 达到 -15.652。另外，事件关注度和油价累计异常收益之间的相关性高达 0.67，也处于一个显著的高水平。这些都说明，事件关注度能够在很大程度上反映金融危机对 Brent 油价的影响。当事件关注度下降时，由于金融危机对石油市场的影响减弱，油价收益会有所增加，但是异常收益仍然为负。因此，累计异常收益会保持持续下降趋势。随着金融危机影响的消退，石油市场会从谷底逐渐恢复，油价收益开始变正，累计异常收益开始上升。但是，在金融危机期间，累计异常收益总是负值，也反映了金融危机对油价冲击的负向效应。另外，根据图 4-3，金融危机的关注度在 2008 年 10 月突然出现跳跃式增长，然后在大部分时间内都呈现持续下降的趋势。因此，金融危机关注度和累计异常收益之间整体呈现正向关系。

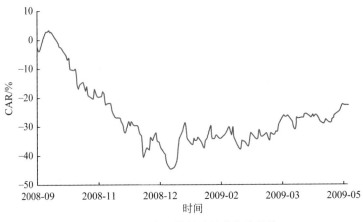

图 4-7　金融危机的累计异常收益趋势

4.4.3　利比亚战争的累计异常收益

　　根据图 4-4，利比亚战争的关注度指数在 2011 年 2 月 20 日开始增加，并一直持续至 2011 年年底。然而，本章定义的事件冲击指规模较大且具有强持续性的冲击。因此，本节对利比亚战争窗口期结束时点的选择为 2011 年 5 月 2 日，事件关注度恢复常态的水平。图 4-8 展示了利比亚战争累计异常收益的变化趋势。从图中可以看出，这期间累计异常收益持续增加，这意味着利比亚战争对 Brent 油价的影响在持续增加。最高的累计异常收益达到 10% 左右，说明利比亚战争引起了 Brent 油价 10% 的上涨。根据计算，系数 θ 为 3.183，在 1% 的水平下显著。显然，利比亚战争对 Brent 油价存在显著的正向影响。然而，利比亚战争的关注度与累计异常收益之间的关系并不总是一致的。当利比亚战争爆

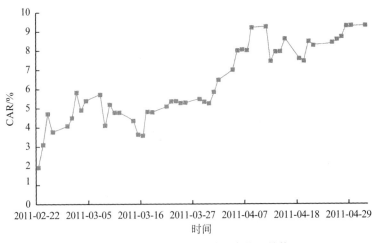

图 4-8　利比亚战争的累计异常收益趋势

发，其关注度与对 Brent 油价的影响同步增加；而随着战争影响的消退，关注度从高潮开始下降，但是战争对 Brent 油价的影响仍然在增加。另外，一些市场因素也助推了事件对市场的影响，如投机因素等。因此，事件对市场影响的变化会滞后于关注度的变化。

4.4.4　OPEC 会议的累计异常收益

通常，OPEC 会议会公布 OPEC 的整体产量决定及每个成员国的产量配额。一般的，OPEC 每年会至少召开两次常规会议，如果市场条件被破坏出现不平衡，还会举行额外的会议商讨产量决定。OPEC 会议的生产决策是通过 OPEC 秘书处在会议后发布的新闻公布的。在本节研究中，作者同时考虑了常规会议和特别会议的影响，根据产量决定的差异将 OPEC 会议分为 3 类。表 4-2 展示了 2004 ~ 2012 年的 34 次 OPEC 常规会议和特别会议。其中，决定增产的会议有 6 次，限产的会议有 4 次，而稳产的会议有 24 次。本节定义 OPEC 产量的公布日为实际产量决定发布的日期，将这天设为 $t=0$。考虑到事件的领先和滞后效应，本节选择前后 5 天共 11 天纳入分析，对 OPEC 会议对市场预期的影响及市场反应和消化信息的程度进行了估计。

表 4-2　OPEC 产量决定（2004-01 ~ 2012-12）

OPEC 会议：129 ~ 162 次产量决定	次数
OPEC 增产	6
OPEC 限产	4
OPEC 稳产	24
全部	34

注：每次 OPEC 会议都会公布产量决定，如决定是否增产、限产或者稳产。除了常规会议和特别会议外，一些额外的 OPEC 会议也会发布产量决定，如 OPEC 协商会。但是因为这些计划外会议的数量很少，而且产量决定很难搜集，因此，这里仅考虑 OPEC 常规会议和特别会议。这些会议的决定都在 OPEC 网站发布。

图 4-9 展示了三类 OPEC 会议决定的平均累计异常收益的趋势。从图中可以看出，OPEC 一揽子价格对不同的 OPEC 会议产量决定的响应机制不一致。从结果看，市场价格对产量决定的反应符合预期，即增产决定对累计异常收益存在负向影响，而限产决定的影响为正。在增产和限产这两种 OPEC 会议情景下，平均累计异常收益表现出很强的持续性，即持续下降或持续上升。这意味着市场参与者需要时间来消化 OPEC 产量决定的消息面影响，这种影响在短期内会持续。另外，如果 OPEC 会议保持产量决定不变，则会议对 OPEC 一揽子价格的影响并不显著。这是因为，当 OPEC 维持产量决定，往往意味着 OPEC 认为当前的市场条件比较稳定，没有发生大的变化。因此，市场对于 OPEC 决定的反应比较平稳，并不会引起价格的剧烈波动。

表 4-3 展示了三类 OPEC 会议决定的平均异常收益的统计结果。从表中可以发现，根据 θ 的计算，限产会议和稳产会议对油价收益的影响都不显著。增产会议对油价异常收益的负向影响整体要大于限产会议对油价异常收益的正向影响，这与以往的研究结论并不一

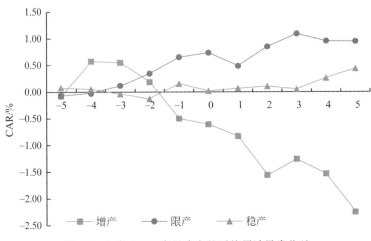

图 4-9 3 类 OPEC 产量决定的平均累计异常收益

致（Demirer and Kutan，2010）。以往的研究结论表明，OPEC 限产决定对累计异常收益存在显著的正向影响。然而，在本节中的结论显示 OPEC 限产决定的影响并不显著。可能是与之前研究的样本期的差异造成的。因为 Demirer 和 Kutan（2010）选择的样本期为 1983 ~ 2008 年，在这段时间内 OPEC 经常通过限产来实现对市场供需平衡的调整，且十分有效。而本章样本期内，仅有 4 次 OPEC 会议决定限产，而且两次是在金融危机爆发期间的 2008 年的 11 月和 12 月。众所周知，在 2008 年的下半年，油价经历了断崖式暴跌。此时，即使是 OPEC 成员国宣布总共减产 420 万桶/天，仍然无法阻止市场对未来石油需求低迷的担忧情绪，油价继续下跌。此时，OPEC 对油价的影响受到了宏观经济冲击的干扰。因此，并不能得出 OPEC 对于石油市场的调节作用已经消失的结论。然而，值得注意的是，OPEC 的影响正在减弱，这也可以由 OPEC 会议的关注度随着时间持续下降得出。一方面这主要是由于 OPEC 成员国在限产的执行力度和决心方面一直被外界所诟病，为了维护自身的利益，OPEC 成员国往往很难真正执行限产决定，甚至有 OPEC 成员国偷偷地增产。这使得市场对于 OPEC 限产的效果预期在减弱。另一方面，OPEC 长期承担市场供需平衡调解员的角色，使得 OPEC 的市场份额在不断减少，OPEC 的市场地位和影响力在下降。而 OPEC 国家限产时，非 OPEC 国家增产抢占市场份额的现象也使得 OPEC 限产决定的效果大打折扣，很难对市场形成显著的影响。

表 4-3 3 类 OPEC 决定的平均异常收益统计 　　　　　　　　　　　（单位：%）

事件期	增产	限产	稳产
-5	-0. 078	-0. 068	0. 084
-4	0. 651	0. 041	-0. 028
-3	-0. 027	0. 144	-0. 091
-2	-0. 361	0. 229	-0. 092
-1	-0. 686	0. 306	0. 282

续表

事件期	增产	限产	稳产
0	−0.108	0.083	−0.134
1	−0.221	−0.250	0.047
2	−0.730	0.364	0.038
3	0.301	0.243	−0.054
4	−0.275	−0.137	0.210
5	−0.720	−0.007	0.178
Θ	−2.175*	1.519	0.266

*表示在 5% 的水平下显著。

4.4.5 不同事件的影响分析

本节利用构造的 AR-GARCH 模型估计了不同类型事件关注度对油价收益和波动的影响。根据检验，所有的石油相关事件的关注度序列和油价收益序列都是平稳的，表 4-4 ~ 表 4-7 展示了模型的估计结果。通过比较发现，突发事件类，如飓风和利比亚战争都对油价波动存在显著的正向影响，其系数 γ 分别是 2.38×10^{-6} 和 1.17×10^{-3}。而金融危机的关注度对油价收益存在显著的负向影响，系数 b 为−0.003。这是因为飓风和利比亚战争的持续时间较短，这些事件并不会改变石油的供需基本面，而仅仅是影响短期的市场预期和不确定性。因此，当这些突发事件的信息释放到石油市场会扰乱投资者的预期，从而增加市场的波动。相反，对于金融危机而言，事件发生的时间较长，从根本上打破了市场的长期供需关系，因而会对油价的趋势产生影响，即对油价收益存在显著的负向影响。

表 4-4　飓风影响的参数估计

项目	a	b	α_0	α_1	β	γ
参数	−0.172	3.17×10^{-5}	1.35×10^{-10}	0.150	0.600	2.38×10^{-6}
标准误	0.065	7.37×10^{-5}	7.19×10^{-11}	0.027	0.007	1.63×10^{-7}
t 值	−2.649	0.430	1.873	5.616	82.701	14.557
概率	0.008	0.667	0.061	0.000	0.000	0.000

注：根据 AIC 准则选择 AR（1）-GARCH（1，1）模型进行估计。

表 4-5　金融危机影响的参数估计

项目	a	b	α_0	α_1	β	γ
参数	−0.083	−0.003	-9.46×10^{-5}	0.083	0.902	-0.344×10^{-3}
标准误	0.083	0.001	5.02×10^{-5}	0.030	0.027	0.001
t 值	−0.998	−3.482	−1.883	2.767	34.022	−0.636
概率	0.318	0.001	0.059	0.002	0.000	0.525

注：根据 AIC 准则选择 AR（1）-GARCH（1，1）模型进行估计。

表 4-6 利比亚战争影响的参数估计

项目	a	b	α_0	α_1	β	γ
参数	0.198	3.89×10^{-3}	6.05×10^{-11}	0.309	0.621	1.17×10^{-3}
标准误	0.085	6.19×10^{-3}	1.05×10^{-10}	0.057	0.015	3.17×10^{-5}
t 值	2.336	0.628	0.578	5.460	40.996	3.704
概率	0.019	0.53	0.563	0.000	0.000	0.000

注：根据 AIC 准则选择 AR（1）-GARCH（1,1）模型进行估计。

表 4-7 OPEC 会议影响的参数估计

项目	a	b_{cut}	$b_{maintain}$	$b_{increase}$	α_0	α_1	β	γ_{cut}	$\gamma_{maintain}$	$\gamma_{increase}$
参数	0.26	7.67×10^{-5}	8.74×10^{-5}	-0.19×10^{-3}	7.6×10^{-7}	0.078	0.91	1.0×10^{-6}	3.86×10^{-8}	5.83×10^{-7}
标准误	0.04	7.66×10^{-5}	4.81×10^{-5}	8.06×10^{-5}	2.1×10^{-7}	0.01	0.01	3.0×10^{-9}	1.41×10^{-7}	1.65×10^{-7}
t 值	7.05	1.002	1.819	-2.390	3.66	7.74	78.2	334.4	0.273	3.54
概率	0.00	0.316	0.0689	0.0169	0.000	0.00	0.00	0.00	0.785	0.00

注：根据 AIC 准则选择 AR（1）-GARCH（1,1）模型进行估计。

作为石油市场的常规事件，OPEC 会议对石油市场的影响体现在收益和波动两个方面，且不同类型的 OPEC 决定对油价收益的影响差异很大。OPEC 增产决定对油价收益有显著的负向影响，而限产决定和稳产决定对油价收益有正向影响，但不显著。实际上，并不是所有的 OPEC 会议决定都会对油价产生影响，这还取决于当时的市场环境（平稳或震荡）、投机程度（活跃或低迷）及其他市场因素。OPEC 会议对油价的影响在一定程度上还依赖于 OPEC 对于产量决定的执行力度及市场对于信息的感知程度。总体而言，OPEC 仍然扮演着平衡石油供应和稳定油价的重要角色。

4.5 本章小结

本章采用事件分析法和 AR-GARCH 模型分析了 4 类石油市场相关事件对市场收益的影响，得出了一些重要的结论。

首先，本章提出了量化分析石油市场事件影响的分析框架。通过引入事件的网络关注度，很好地刻画了事件发生时信息的规模和动态路径。相比虚拟变量仅设置 0 和 1，更具优势。而且，能够更加客观地得到事件的窗口期，避免因为主观选择窗口期的长度而对结果造成影响。通过本章的研究，信息被作为一种新的驱动力用于分析石油市场的内在机制和价格变化，并且事件的信息价值得到了很好的量化。

其次，不同事件引起的市场异常收益变化存在很大的差异，这也体现了不同类型事件引起的信息冲击和市场预期的差异。研究发现，金融危机对石油市场的冲击最大，危机期间累计异常收益下降了 50% 左右。而且，危机的关注度与累计异常收益之间存在很强的相关性，也支撑了行为预期在市场定价中的作用，即事件的信息可以快速在市场中流动和传播，通过影响市场交易者的预期和判断对其操作策略产生影响，进而影响油价收益。另外，OPEC 会议作为常规的石油市场事件，其关于产量决定的公告会对石油市场施加一定程度的影响。这种影响从短期来看也是通过对市场预期的冲击影响价格收益。

最后，本章研究识别了信息在影响市场机制中的作用，特别是发现了市场关注度的规模对于石油市场价格变化有显著的影响。石油市场相关事件的影响都能够通过关注度的变化反映出来，关注度变化与市场收益之间存在密切的关系。两类短期突发事件——利比亚战争和飓风的关注度都对油价收益的波动具有显著的正向影响，即事件的发生会增加市场的波动性。这都说明，当网络对于事件的关注度上升时，往往意味着事件更加恶化，市场交易者的恐慌会引起更大的风险和混乱，这将使得市场处于不稳定状态。本章的研究为分析石油市场的驱动机制提供了新的因素，即互联网信息也会显著地影响市场价格的变化。结果表明，Google 的关注度上升会增加石油相关事件的冲击所产生的波动。这些研究结果非常重要，因为它可以用行为金融理论进行解释，对互联网的关注可以影响市场参与者的心理，并导致意想不到的波动性的来源。通过这种方式，交易决定将更容易受到恐慌导致不合理的行为。扩大当前的市场机制和对交易者行为的研究将是一个热门的研究领域。因此，信息在传递事件对市场的影响中扮演着重要的桥梁作用，这也是未来能源金融理论研究的重要方向。

第5章 | 国际原油市场动态协动性研究

　　20世纪90年代以来，全球石油工业飞速发展，石油定价权经历了欧美石油公司垄断定价和OPEC主导定价后，开始逐步向市场化定价方式转变。然而，在全球石油价格变化的过程中，一些原油市场总是比其他市场扮演更为重要的作用，表现为一些原油市场具有明显的市场影响力和价格领先作用。由于市场份额的降低，OPEC不再具有完全垄断定价的市场地位，非OPEC国家参与市场定价的意愿和积极性更加强烈，其直接结果是导致原油市场的国际秩序发生变化，区域原油市场之间的领先–滞后关系重新排序。本章重点解决以下问题：①国际几大基准油价之间是否已经出现分离，它们之间的领先–滞后关系是怎样的？②不同国家的原油市场之间存在怎样的关系，在世界石油市场体系中，哪些国家的原油市场处于主导地位，哪些处于从属地位？

探析不同区域原油市场价格之间的领先-滞后作用，对于掌握国际原油市场价格运行规律、制定更符合市场规律的石油贸易策略、有效规避市场风险具有实际指导意义。

5.1　国际原油市场体系

随着石油工业的全球化和全球原油期货市场的成功建立和成熟，越来越多的区域石油市场进入世界石油市场体系，不同区域、不同种类的原油品种价格走势经常趋向一致，并且形成了 WTI、Brent 和 Dubai 三大基准原油（Ji and Fan，2015）。这意味着，一个市场的信息变化总是能快速地被传导到其他市场，市场间的溢出效应对于外部信息的扰动变得更加敏感。特别地，这些石油市场在面对同一外生冲击时（如金融危机、战争等），总是倾向于共同繁荣或者崩溃。然而，不同原油价格的波动并不总是一致的，也会受到区域性石油供需、局部地缘冲突、当地能源政策及极端天气等因素的影响。

在三大基准原油中，WTI 是低硫轻质原油，质量要好于 Brent 原油，因而通常情况下 WTI 价格会高于 Brent 原油价格（存在 1~2 美元的价差）。然而，这种情况并不总是存在的。自从 2011 年开始，由于 WTI 原产地库欣地区的供需平衡被打破，库存高企，WTI 价格开始显著低于 Brent 价格，两者之间存在明显的溢价，这种溢价一直持续到现在。除了归因于北美快速增长的石油产量，中东地区地缘政治冲突频发也是扩大两者价差的重要原因。世界原油市场之间的联动关系发生了根本性变化。尽管 WTI 和 Brent 都被视为全球原油定价的基准，但是区域性市场条件的改变也影响了它们之间的协动性。除此之外，国家石油市场正在世界石油体系中发挥着重要的作用。特别是非 OPEC 供应石油工业发展迅速，市场份额不断增加，在市场体系中的地位也在发生变化。

关于石油市场的全球化和区域化的争论一直是研究世界石油市场秩序的焦点问题。随着石油市场和外部环境的发展，新的研究证据也在不断地被提出支持两方的观点（Kleit，2001；AlMadi and Zhang，2011；Candelon et al.，2013）。然而，迄今为止，关于这一争论并没有达成统一的认识。因此，在新的市场环境下，本章试图从国际视角和国家视角两个层面对世界石油市场新秩序进行研究。因此，本章的主要贡献有三个方面：①提出时变的平均距离指标，测度世界主要基准油价之间的动态关系，并采用结构性断点检验识别它们之间关系的结构性变化；②分析世界主要基准油价之间的协整关系是否存在，并构造了有向无环图识别这些价格之间的同期因果关系和领先-滞后关系；③采用图论理论，构造了世界主要原油市场的动态网络，分析世界石油市场的系统演化及各市场在体系中的地位和影响力。本章的研究框架如图 5-1 所示。

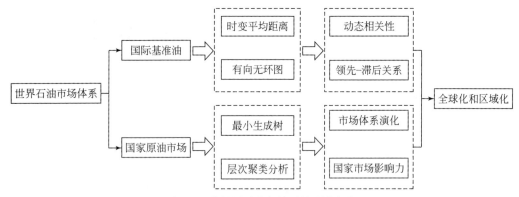

图 5-1　世界原油市场协动性研究框架

5.2　动态网络建模

本节针对国际和国家两个维度，分别构建不同的模型对世界石油市场体系进行研究。针对国际维度，首先提出一个时变的平均距离来捕捉市场之间协动性的亲疏关系及其动态性，在此基础上，识别可能存在的结构性变化；然后整合误差修正模型和有向无环图技术分析市场之间的同期因果关系，识别价格之间的领先–滞后关系。针对国家维度，建立国家石油市场的最小生成树模型，通过构建各种指标分析市场间关系的演化、各国原油市场地位的变化以及在市场体系中的重要性。

5.2.1　时变相关性估计

为了更好地分析不同区域价格之间的动态相关性，本节采用移动窗口的方法构建时变相关系数如下（Ji and Fan，2016b）：

$$C_{ij,\,t} = \frac{\sum\limits_{m=t-l+1}^{t} (p_{i,\,m} - \overline{p_i})(p_{j,\,m} - \overline{p_j})}{\sqrt{\sum\limits_{m=t-l+1}^{t} (p_{i,\,m} - \overline{p_i})^2 \cdot \sum\limits_{m=t-l+1}^{t} (p_{j,\,m} - \overline{p_j})^2}} \qquad (5\text{-}1)$$

式中，$C_{ij,\,t}$ 表示市场 i 和 j 在时期 $t-l+1$ 到 t 间的相关系数；$p_{i,m}$ 和 $p_{j,m}$ 分别表示原油 i 和 j 在第 m 期的价格；$\overline{p}$ 表示价格的均值。关于窗口长度的选择并没有统一的标准，如果太长会导致结果被平滑，如果太短，则结果会很不稳定。根据以往的研究，选择一年的工作日作为窗口长度，约为 250。

为了进一步分析不同油价变化的同步性，这里引入市场异常收益捕捉油价变化的过度行为规律。通过对异常收益的分析，可以挖掘在各种局部因素冲击下，不同市场之间的同步性是否受到影响。本节中，异常收益定义为不可预期的收益，即由非基本面冲击引起的损失或利润，如各种面向市场的信息释放（OPEC 产量决定、美国加息等）。异常收益定义如下：

$$AR_t = R_t - E(R_t) \tag{5-2}$$

式中，AR_t 表示 t 时刻的异常收益；R_t 表示 t 时刻的油价实际对数收益；$E(R_t)$ 表示假设事件没发生时的预期收益。

用来测度异常收益的方法很多，如 Fama-French 三因子模型等。根据 Brown 和 Warner（1980）的研究发现，采用不同的模型度量异常收益并没有显著的差异性。因此，参考 Demirer 和 Kutan（2010），本节采用 ARCH 模型估计异常收益如下：

$$R_t = \mu + \varepsilon_t \tag{5-3}$$

$$h_t = \delta_0 + \sum_{i=1}^{q} \delta_i \varepsilon_{t-i}^2 \tag{5-4}$$

式中，μ 表示常数项；ε_t 表示残差项；δ_i 表示波动方程参数，$i = 0, 1, \cdots, q$；h_t 表示残差项的方差；δ_0 表示波动方程的截距项；q 表示滞后阶数。异常收益 $AR_t = \varepsilon_t$。油价异常收益间的动态相关系数也可以由式（5-1）计算得到。

由于相关系数 $C_{ij,t}$ 不符合欧氏距离的三个标准（Gower，1966）：① $d_{ij} = 0$ 当且仅当 $i = j$；② $d_{ij} = d_{ji}$；③ $d_{ij} \leqslant d_{ik} + d_{kj}$，不能作为距离的度量来分析市场间的紧密程度。因此，通过将相关系数转化为距离 $d_{ij,t} = \sqrt{2(1 - C_{ij,t})}$ 进行测度（Mantegna，1999）。然后，定义平均时变距离 $\bar{d}_t$ 作为衡量全球原油市场协动程度的指标，即

$$\bar{d}_t = \frac{2 \sum\limits_{(i,j)} d_{ij,t}}{N(N-1)} \tag{5-5}$$

式中，N 表示市场的个数；(i, j) 表示所有的市场对，$(i, j) = (j, i)$。显然，$\bar{d}_t$ 越小说明市场间的相关性越大，市场的全球化程度越高。

5.2.2　协整和同期因果建模

为了更好地研究国际原油市场的区域协动关系，采用误差修正模型和有向无环图对市场间的信息传导和同期因果结构进行识别。具体的建模过程参见 3.2.2 节和 3.2.3 节。

5.2.3　市场全球化程度建模

总体而言，世界主要原油市场价格表现出很强的协动性和复杂的关联性。相关性矩阵可以很好地反映这种联动行为，特别是从拓扑的视角构造成图结构。然而，这种方法最困难的地方在于信息量往往是巨大的，因为它包含了所有对的相关系数。因此，本节构建了一个最小生成树来反映世界原油市场的结构，确定区域原油市场之间的紧密-稀疏关系。在这种方法中，石油市场被看作图的顶点，而它们之间的联系则被设置成边。

为了更好地探讨世界原油市场的演化规律和内在属性，决定不同国家在石油市场的地位，这里从三个方面进行研究。首先，构造最小生成树和层次树度量世界原油市场的结构；其次，建立三个重要的指标，确定各国在世界石油市场体系中的核心或边缘情况；最后，采用三个动态指标衡量世界原油市场体系的稳定性和动态变化。

5.2.3.1 最小生成树

在构造最小生成树之前，需要利用式（5-1）计算国家原油市场价格之间的相关系数矩阵，并利用公式 $d_{ij,t} = \sqrt{2(1 - C_{ij,t})}$ 转化为距离矩阵。通过得到的距离矩阵可以构造最小生成树。

最小生成树是图论里一类经典的树结构，它具有唯一的结构，任何两点之间都只存在唯一路径。最小生成树的优势在于通过最简单的方式能够获得最重要的相关性和最大的系统信息，同时能够更直观地反映跨市场之间的关系。这一模型被广泛地应用于金融领域（Mantegna，1999；Onnela et al.，2003）。对于 N 个市场而言，可能的连接个数为 $N(N-1)/2$。然而，最小生成树能够极大地降低复杂度，仅保留 $N-1$ 条关联度最强的边，这些边对应于覆盖图中所有顶点的最短路径。本章采用 Prim（1957）提出的算法构造最小生成树（具体算法略）。

5.2.3.2 层次树结构

根据 Mantegna（1999）的设计，最小生成树以直接的方式给出了亚超度量的层次组织。因此，同样构造原油市场间的层次树结构来揭露市场间的内在聚类关系并且直观地区分市场间的亲疏关系，从而捕捉市场体系的整体结构和系统风险。

根据 Hughes（2004）的研究，最小生成树和超度量空间之间是等价的。超度量空间具有准确定义的拓扑序列，对应于唯一的层次结构。超度量空间满足三个性质：

$$d_{ij}^* \geq 0 \,, \, d_{ij}^* = 0 \Leftrightarrow i = j \tag{5-6}$$

$$d_{ij}^* = d_{ji}^* \tag{5-7}$$

$$d_{ij}^* \leq \max\{d_{ik}^*, \, d_{kj}^*\} \tag{5-8}$$

通过定义亚超度量距离 d_{ij}^* 可以得到超度量矩阵。d_{ij}^* 是点 i 和 j 之间的路径上任意步长为 1 的最大欧式距离。例如，最小生成树中存在一条从 i 到 j 的路径 $V_i \rightarrow V_k \rightarrow V_l \rightarrow V_j$，则亚超度量距离 $d_{ij}^* = \max\{d_{ik}, \, d_{kl}, \, d_{lj}\}$。通过这种方式，世界原油市场体系的层次结构能够被唯一的确定。

5.2.3.3 最小生成树测度指标

为了比较不同原油市场在树结构中的市场影响力，本节构造了一些指标进行综合分析。

1）关联度

市场关联度指每个市场在最小生成树中的连接边数。定义如下：

$$k(i) = \sum_{j=1}^{n} a_{ij} \tag{5-9}$$

式中，$k(i)$ 表示原油市场 i 的关联度，如果市场 i 和 j 在最小生成树中有边，则 $a_{ij} = 1$，否则 $a_{ij} = 0$。n 表示最小生成树中原油市场的个数。

2）中介中心性

中介中心性指在网络中任何两点间的路径通过某个节点的比例，是度量节点在网络中的中心地位的重要指标（Sieczka and Holyst，2009），定义如下：

$$B(i) = \frac{2}{N(N-1)} \sum_{(j,\,l)} \frac{\sigma_{jl(i)}}{\sigma_{jl}} , j \neq i \neq l \qquad (5\text{-}10)$$

式中，$B(i)$ 表示原油市场 i 的中介中心性；$\sigma_{jl(i)}$ 表示通过节点 i 的从节点 j 到节点 l 的最短路径个数；σ_{jl} 则表示从节点 j 到节点 l 的全部最短路径个数。本节利用中介中心性计算构造的最小生成树。由于在最小生成树中，任意两点间的最短路径唯一。因此，对于任意一对节点对 $(j,\,l)$，$\frac{\sigma_{jl(i)}}{\sigma_{jl}}$ 的值只能为 0（节点 i 不在最短路径上）或者 1（节点 i 在最短路径上）。$B(i)$ 能够反映其他节点对节点 i 的依赖程度。显然，$B(i)$ 的值越高说明节点 i 在树中的中心程度越高。

3）距离中心性

距离中心性指节点与其他所有节点的距离之和（Sabidussi，1966）。

$$Farness(i) = \sum_{(i,\,j)} R_{ij} , i \neq j \qquad (5\text{-}11)$$

式中，R_{ij} 表示最小生成树中节点 i 到节点 j 的最短距离。较小的 Farness(i) 意味着节点 i 的中心程度较高，与其他节点的关联性较强。

5.2.3.4 市场体系演化建模

为了进一步分析世界原油市场体系的时变特征和结构的稳定性，本节构建一系列动态指标采用移动窗口方法对最小生成树进行分析。

1）时变相关性特征

相关性矩阵是本章研究的基础，其动态性变化能够反映市场间关系的转移和演化。因此，时变相关性的特征通过下面公式进行检验（Onnela et al.，2003）。

$$均值：\overline{C(t)} = \frac{2}{N(N-1)} \sum_{(i,\,j)} C_{ij}^{T_1}(t) \qquad (5\text{-}12)$$

$$方差：\lambda_2(t) = \frac{2}{N(N-1)} \sum_{(i,\,j)} (C_{ij}^{T_1}(t) - \overline{C^{T_1}(t)})^2 \qquad (5\text{-}13)$$

$$偏度：\lambda_3(t) = \frac{2}{N(N-1)} \sum_{(i,\,j)} (C_{ij}^{T_1}(t) - \overline{C^{T_1}(t)})^3 / \lambda_2^{3/2}(t) \qquad (5\text{-}14)$$

$$峰度：\lambda_4(t) = \frac{2}{N(N-1)} \sum_{(i,\,j)} (C_{ij}^{T_1}(t) - \overline{C^{T_1}(t)})^4 / \lambda_2^2(t) \qquad (5\text{-}15)$$

式中，$\overline{C(t)}$ 表示相关系数的均值；$C_{ij}^{T_1}(t)$ 表示市场 i 和市场 j 在窗口期 $[t, t+T_1]$ 内的相关系数，在实证分析中 $T_1 = 100$。$\lambda_2(t)$、$\lambda_3(t)$、$\lambda_4(t)$ 分别表示相关系数的方差、偏度和峰度。

2）归一化树长度

归一化树长度指最小生成树中所有边的平均长度，能够很好地刻画市场间的紧密程度（Onnela et al.，2003）。

$$L(t) = \frac{1}{N-1} \sum_{e_{ij} \in \mathrm{MST}} e_{ij} \qquad (5\text{-}16)$$

式中，$L(t)$ 表示归一化树长度；$N-1$ 是最小生成树边的个数；e_{ij} 表示最小生成树的边；MST 表示构造的最小生成树。显然，如果 $L(t)$ 的值随着时间不断变小，这意味着世界原油市场结构变得更紧密，市场间的协动性在不断加强。

3) 边的稳定性

除了结构的紧密度之外，还需要对树中边的稳定性进行度量。同时考虑时间尺度和存活率，采用边的稳定性指标进行测度（Coelho et al.，2007）。

$$\sigma(t, k) = \frac{1}{N-1} |E(t) \cap E(t-1) \cdots E(t-k+1) \cap E(t-k)| \qquad (5\text{-}17)$$

式中，$\sigma(t, k)$ 表示 k 步的边的稳定性；$E(t)$ 表示 t 时刻最小生成树边的集合；$\cap$ 表示交集算子；$|\cdots|$ 决定集合的边数。$\sigma(t, k)$ 能够很好地测度市场间关系的稳定性和持续性。较大的 k 和 $\sigma(t, k)$ 意味着市场中边的稳定性很高，整个市场结构很稳定。

5.3 原油市场基本统计

本章主要从国际和国家两个维度对世界石油市场体系进行研究。因此，这里分别从这两个维度对世界原油市场的样本进行基本分析。

5.3.1 国际基准原油分析

根据国际原油市场的区域分布，本节选择 5 个主要的国际原油品种进行分析，其中包括三大基准油 WTI、Brent 和 Dubai 原油。除此之外，塔皮斯原油（Tapis）和博尼原油（Bonny）也纳入分析框架。塔皮斯原油是马来西亚的代表性原油，也是亚洲和澳洲的定价基准原油之一。博尼原油是非洲最大的石油生产国尼日利亚的低硫轻质原油，也是美国和欧洲炼油厂重要的进口源。而且，博尼原油在以往的研究中经常被当作非洲原油价格的代表（Ripple and Wilamoski，1995；Fattouh，2010；Ji and Fan，2015）。因此，根据地理分布、市场的重要性及数据的可获性，本节选择 WTI、Brent、Dubai、Bonny 和 Tapis 作为美洲、欧洲、中东、非洲和亚洲的代表性原油。样本区间为 2000 年 1 月 4 日至 2014 年 3 月 31 日的日数据，数据来源于 Datastream 数据库。

这些原油的基本统计量见表 5-1。可以发现，Dubai 的平均价格最低，而 Tapis 的平均价格最高。从标准差来看，只有 WTI 的标准差低于 30，说明 WTI 价格比其他原油价格更稳定。WTI 的主要产地位于美国俄克拉荷马州的库欣地区，从市场环境来看，WTI 相对其他原油更稳定。所有的原油价格都不服从正态分布，并且非平稳。另外，这 5 个原油价格之间的价差差异很大。在样本区间内，WTI 与 Brent 之间的价差均值为负，这与两者之间的物理属性相反。从标准差来看，WTI 价格与其他原油价格的标准差明显要大，也说明了WTI 与其他价格之间的关系波动很大，价差呈现明显的动态性。相反，其他 4 个原油价差的标准差很小，也说明这 4 个原油之间的关系相对稳定。单位根检验也证实了这一结论，即 WTI 与其他 4 个原油之间的价差存在单位根，而其他 4 个原油之间的价差是平稳的。

表 5-1　世界主要原油的基本统计量

原油	均值	标准差	偏度	峰度	Jarque-Bera	ADF
WTI	63.500	29.054	0.192	1.928	183.334***	-3.029
Brent	65.993	33.620	0.258	1.712	272.147***	-2.651
Dubai	62.824	33.002	0.274	1.695	283.214***	-2.524
Bonny	67.119	34.557	0.257	1.719	269.467***	-2.655
Tapis	69.719	35.716	0.241	1.720	264.357***	-2.524
价差						
WTI-Brent	-2.492	7.435	-1.560	4.386	1648.301***	-2.774
WTI-Dubai	0.677	7.453	-1.165	3.888	879.114***	-2.715
WTI-Bonny	-3.618	8.098	-1.490	4.229	1469.674***	-2.732
WTI-Tapis	-6.218	9.065	-1.334	3.895	1119.974***	-2.518
Brent-Dubai	3.169	2.320	0.731	4.293	538.692***	-6.154***
Brent-Bonny	-1.126	1.363	-0.367	3.138	78.829***	-6.930***
Brent-Tapis	-3.726	2.860	-0.467	3.052	123.784***	-5.643***
Dubai-Bonny	-4.295	2.986	-0.614	2.995	213.537***	-6.216***
Dubai-Tapis	-6.896	3.847	-0.207	2.203	114.059***	-4.141***
Bonny-Tapis	-2.600	2.346	-0.606	3.531	247.614***	-8.244***

＊＊＊表示在1%水平下显著。

5.3.2　国家原油市场分析

当前,世界主要的石油生产国都有自己的现货价格,根据区域的不同和数据的可获性,本节主要选取全球 24 个国家的原油现货价格进行分析,能够有效地捕捉世界原油市场的地域属性和区域差异。这 24 个国家的原油现货市场涵盖了世界六大区域,主要包括北美洲(美国、加拿大和墨西哥)、南美洲(哥伦比亚、厄瓜多尔和委内瑞拉)、欧洲(挪威、俄罗斯和英国)、非洲(阿尔及利亚、安哥拉、利比亚和尼日利亚)、中东(伊朗、伊拉克、科威特、阿曼苏丹国、卡塔尔、沙特阿拉伯、阿布扎比和迪拜)以及亚太(中国、印度尼西亚和马来西亚)。这 24 个国家包括了 OPEC 全部的 12 个成员国及主要的非 OPEC 产油国和石油消费国。根据统计,其中 18 个国家是全球石油产量前 20 的国家,9 个是全球石油消费量前 20 的国家。2014 年,这 24 个国家石油产量占全球石油产量的 86.4%。2012 年,这 24 个国家石油出口量占全球石油出口量的 86.8%(表 5-2)。因此,本节选取的国家原油现货市场基本能够反映全球原油市场价格关系的变化。

表 5-2　主要原油生产国和消费国基本统计　　（单位：千桶/天）

地区	国家	石油消费量 （2013 年）	石油产量 （2014 年）	原油进口 （2012 年）	原油出口 （2012 年）	备注
北美	美国	18 961	11 644	9 812	399	−
	加拿大	2383	4292	736	2470	+
	墨西哥	2020	2784	10	1280	+
南美	哥伦比亚	298	990	0	625	+
	厄瓜多尔	247	556	0	349	+
	委内瑞拉	825	2719	0	1358	+
欧洲	挪威	243	1895	28	1324	+
	俄罗斯	3 179	10 838	24	4 807	+
	英国	1 494	850	1 222	710	−
非洲	阿尔及利亚	390	1 525	5.9	1158	+
	安哥拉	112	1 712	0	1 815	+
	利比亚	242	498	0	1 329	+
	尼日利亚	280	2 361	0	2 411	+
中东	伊朗	2 038	3 614	28	1 402	+
	伊拉克	750	3 285	0	2 428	+
	科威特	505	3 123	0	1 824	+
	阿曼苏丹国	172	943	0	707	+
	卡塔尔	286	1 982	0	1 232	+
	沙特阿拉伯	3 000	11 505	0	7 658	+
	阿联酋	787	3 712	0	2 428	+
亚太	中国	10 664	4 246	5 421	49	−
	印度尼西亚	1 615	852	392	296	−
	马来西亚	800	666	200	245	+
世界		91 243	88 673	46 267	44 105	
占比		56.2%	86. 4%	38.6%	86.8%	

资料来源：《BP 世界能源统计年鉴 2015》和美国能源信息署（EIA）的最新数据。
注：'+'代表净出口国，'−'代表净进口国。

　　根据美国石油协会（American Petroleum Institute，API）对原油品质的分类，本节选取了这 24 个国家轻质原油的现货价与离岸价，所有原油价格数据均来源于 EIA。由于 2012 年以后，EIA 不再公布世界各国原油现货价格，因此数据区间选取 2000 年 1 月 7 日到 2011 年 11 月 11 日的周价格。根据实证结果，区域间原油价格之间的关系和结构相对较稳定。因此，本书尝试基于有限的数据揭示世界原油市场体系的真实规律。图 5-2 是所选国家轻质原油现货品种的 API 值和含硫量分布图。API 值是度量原油液体相对密度的指标，API 值越高，则原油品质越好，价格越高。从图中可以看出，中东原油的含硫量相对较

高，非洲和亚太地区原油的含硫量相对较低，南美轻质原油的 API 值相对较低。而北海
Brent 原油和美国 WTI 原油都属于轻质低硫原油，品质相对较好，这也是国际原油市场作
为定价基准的两种原油。此外，我国的大庆原油也属于低硫原油，品质相对较高。

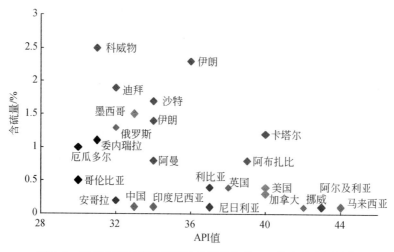

图 5-2　世界主要国家轻质原油现货品种的 API 值和含硫量分布

表 5-3 展示了这 24 个国家原油现货价格的基本统计量。根据表 5-3，由 Jarque-Bera 统
计量知，各国原油现货价格序列均在 1% 的显著性水平下拒绝原假设，即均不服从正态分
布。具体来看，原油现货价格的均值和其品质基本成正比，能够在一定程度上反映不同品
质原油的成本差异。另外，北美原油价格的标准差相对较小，这反映了北美地区原油价格
相对其他地区波动较小。同时，其均值也处于国际较低水平，且北美地区政治局势相对稳
定，在世界石油贸易中具有竞争优势。

表 5-3　世界主要轻质原油价格基本统计

地区	国家	原油品种	含硫量/%	均值	标准差	偏度	峰度	Jarque-Bera
北美	美国	WTI 40°	0.4	51.178	27.356	0.776	2.803	61.606**
	加拿大	Canadian Par 40°	0.3	54.748	27.056	0.786	3.078	62.073**
	墨西哥	Isthmus 33°	1.5	52.885	27.828	0.785	2.841	62.338**
南美	哥伦比亚	Cano Limon 30°	0.5	54.151	29.025	0.743	2.784	56.476**
	厄瓜多尔	Oriente 30°	1.0	48.150	26.054	0.858	2.892	74.047**
	委内瑞拉	Tia Juana Light 31°	1.1	53.013	27.839	0.781	2.836	61.809**
欧洲	挪威	Ekofisk Blend 42°	0.1	55.876	29.433	0.754	2.793	58.056**
	俄罗斯	Urals 32°	1.3	53.117	28.341	0.770	2.743	60.918**
	英国	Brent Blend 38°	0.4	55.547	29.026	0.748	2.761	57.446**

地区	国家	原油品种	含硫量/%	均值	标准差	偏度	峰度	Jarque-Bera
非洲	阿尔及利亚	Saharan Blend 44°	0.1	56.023	29.297	0.731	2.736	55.332**
	安哥拉	Cabinda 32°	0.2	53.698	28.425	0.762	2.757	59.585**
	利比亚	Es Sider 37°	0.4	54.643	28.491	0.743	2.717	57.356**
	尼日利亚	Bonny Light 37°	0.1	56.643	29.878	0.727	2.751	54.465**
中东	伊朗	Light 34°	1.4	53.007	28.432	0.747	2.677	58.507**
	伊拉克	Kirkuk 36°	2.3	52.235	28.515	0.743	2.670	58.109**
	科威特	Kuwait 31°	2.5	51.410	27.568	0.774	2.731	61.886**
	阿曼苏丹国	Oman Blend 34°	0.8	53.026	28.182	0.738	2.721	56.444**
	卡塔尔	Dukhan 40°	1.2	54.748	29.058	0.727	2.753	54.414**
	沙特阿拉伯	Arabian Light 34°	1.7	52.398	28.530	0.783	2.749	62.925**
	阿布扎比	Murban 39°	0.8	55.444	29.118	0.727	2.760	54.604**
	迪拜	Fateh 32°	1.9	52.555	28.092	0.749	2.730	58.307**
亚太	中国	Daqing 33°	0.1	54.521	28.367	0.801	2.883	64.601**
	印度尼西亚	Minas 34°	0.1	56.387	29.946	0.763	2.794	59.317**
	马来西亚	Tapis Blend 44°	0.1	58.726	30.515	0.742	2.815	55.990**

＊＊代表在1%的水平下显著。

注：美国石油协会根据 API 值将原油主要分为 3 类：重质原油（API<22.3°）、中质原油（22.3°≤API≤31.1°）和轻质原油（API >31.1°）。

5.4　国际原油市场分析

5.4.1　市场相关性分析

表5-4 展示了 5 个国际原油价格之间的相关性。可以发现，从长期来看，Brent、Dubai、Bonny 和 Tapis 这 4 个油价的走势趋于一致，它们之间的相关性接近于 1。WTI 与其他 4 个油价之间的相关性相对较小，但是也超过了 0.97，保持在较高的水平。这说明从长期来看，国际原油市场确实是一体化的，不同区域的原油价格往往会朝同一方向移动来反映全球市场基本面的变化。表5-4 也计算了这 5 个原油异常收益之间的相关性。然而，相对于价格的相关性，异常收益之间的相关性显著减小，在 0.15 ~ 0.83 变化。特别地，WTI 与其他 4 个原油异常收益之间的相关性都低于 0.5。这也说明当非市场基本面因素引

起价格波动时，每个市场往往表现出特有的价格行为，因而收益关系出现分离。

表5-4　价格相关性与异常收益相关性

序列	原油	WTI	Brent	Tapis	Dubai	Bonny
价格	WTI	1				
	Brent	0.9824	1			
	Tapis	0.9818	0.9984	1		
	Dubai	0.9792	0.9977	0.9968	1	
	Bonny	0.9824	0.9996	0.9983	0.9972	1
异常收益	WTI	1				
	Brent	0.6646	1			
	Tapis	0.3033	0.5960	1		
	Dubai	0.1528	0.4062	0.6714	1	
	Bonny	0.5869	0.8279	0.5035	0.4711	1

表5-5 和表5-6 展示了 5 个原油价格全样本的协整分析。根据迹检验和最大特征根检验，在 5% 的显著性水平下存在 4 个协整方程。然而，进一步检验每个变量是否包含在协整关系中发现，WTI 在 5% 的水平下被拒绝。这也意味着 WTI 与其他原油价格的长期关系出现分离。因此，需要分区间进一步检验这些价格之间的动态关系。

表5-5　协整检验（全样本）

协整个数（k）	迹统计量	C（5%）	最大特征根统计量	C（5%）	D
$k=0$	499.904***	69.819	281.720***	33.877	R
$k \leqslant 1$	218.184***	47.856	157.438***	27.584	R
$k \leqslant 2$	69.746***	29.797	41.027***	21.132	R
$k \leqslant 3$	19.719**	15.495	18.412**	14.265	R
$k \leqslant 4$	1.307	3.841	1.307	3.841	F

、*分别表示在 5% 和 1% 水平下显著。

注：C（5%）表示 5% 水平下的临界值；D 表示在 5% 的水平下拒绝（R）或者接受（F）原假设。

表5-6　从协整空间（全样本）中排除变量检验

k	WTI	Brent	Dubai	Bonny	Tapis
1	0.260	31.202***	49.713***	1.189	120.731***
2	0.344	145.46***	53.501***	117.575***	176.327***
3	1.628	167.640***	75.245***	140.014***	198.622***
4	1.915	184.746***	92.095***	157.117***	215.723***
D	F	R	R	R	R

注：检验的原假设为某个变量不在协整空间中。该检验通过限制向量误差修正模型中每个变量相应的协整系数 $\beta=0$ 重新估计模型来构造。在原假设下，检验统计量服从自由度为 k 的 Chi-squared 分布。D 表示在 5% 的显著性水平下给出拒绝（R）或不能拒绝（F）原假设的设定。

5.4.2　动态关系检验

本节根据式（5-1）计算了原油价格之间的时变相关性。表 5-7 展示了时变相关性的基本统计量。可以发现，原油价格之间的短期相关性要低于长期，说明在短期更容易出现分离现象。WTI 与其他原油价格之间的平均时变相关性都低于 0.9。而且，WTI 与其他原油价格时变相关性的标准差都相对较大，这也说明由于受到相对独立的地理位置和市场条件的影响，WTI 与其他原油价格走势并不总是一致的。单位根检验也再次证实了这一点。

基于以上分析，本节进一步采用 Bai 和 Perron（1998，2003）的断点检验对时变相关性可能存在的结构性变化进行检验。这里采用 UDmax/WDmax 检验和 Schwarz 准则修正的 LWZ 检验（Liu et al.，1997）对断点进行识别。根据表 5-7，WTI 与其他 4 个原油价格的时变相关性都存在 1 个结构性断点，而且出现断点的时间基本一致，在 2011 年 10 月 5 日左右。根据本节对窗口长度 250 天的选择，2011 年 10 月 5 日的相关性的开始日期为 2010 年 9 月 20 日。

表 5-7　时变相关性的基本统计

相关性	均值	标准差	Jarque-Bera	ADF	断点	F 统计量	LWZ	UDmax/WDmax
WTI-Brent	0.899	0.169	15603.9***	−2.830	2011-10-5	4621.694***	1	1
WTI-Dubai	0.871	0.180	18702.78***	−2.694	2011-10-10	2440.293***	1	1
WTI-Tapis	0.862	0.177	6732.458***	−2.476	2011-10-4	4554.543***	1	1
WTI-Bonny	0.891	0.166	12148.57***	−2.855	2011-10-5	5476.739***	1	1
Brent-Dubai	0.963	0.034	942.468***	−3.980***	—	—	—	—
Brent-Tapis	0.956	0.031	257.679***	−3.262***	—	—	—	—
Brent-Bonny	0.990	0.007	1002.895***	−3.545***	—	—	—	—
Dubai-Tapis	0.941	0.046	241.571***	−4.124***	—	—	—	—
Dubai-Bonny	0.951	0.037	362.708***	−3.962***	—	—	—	—
Tapis-Bonny	0.952	0.033	251.639***	−3.758***	—	—	—	—

*** 表示在 1% 水平下显著。

图 5-3 展示了油价之间的时变相关性和平均距离。值得注意的是 WTI 与其他油价之间的相关性在 2011 年 10 月之前一直保持在较高的水平下低频波动，在这之后，时变相关性明显下降，这意味着油价之间的协动性开始减弱，即自 2010 年 9 月开始，世界原油价格开始出现明显分离。油价之间的平均距离能够很好地支撑这个发现。从图 5-3 中可以发现，5 个原油价格之间的平均距离及 WTI 与其他油价之间的平均距离呈现上升趋势，而除

了 WTI 以外的油价之间的平均距离基本保持在低水平波动。这说明 WTI 已经从国际原油价格中分离出来，而其他油价之间仍然表现出协动特征。

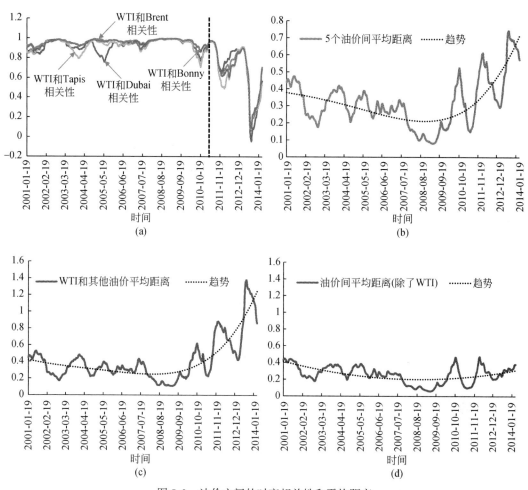

图 5-3　油价之间的时变相关性和平均距离

图 5-4 展示了油价异常收益之间的时变相关性和平均距离。从图中可以看出，WTI 与其他四个原油价格异常收益之间的相关性可以分成两类：高动态相关和低动态相关。其中，WTI 与 Brent 及 Bonny 的相关性在 0.6 附近波动，而 WTI 与 Dubai 和 Tapis 的相关性在 0.2 左右波动。从相关性的趋势来看，只有在石油市场面临全球外部冲击时（如金融危机），才会导致区域原油市场的一致波动，而在大部分时间，区域市场都会受局部市场条件的影响而表现出个体特征。从图 5-4 中也可以发现，除了 WTI 外，其他原油价格异常收益之间的平均距离较为稳定，说明 WTI 是导致区域原油市场间距离上升的主要原因。

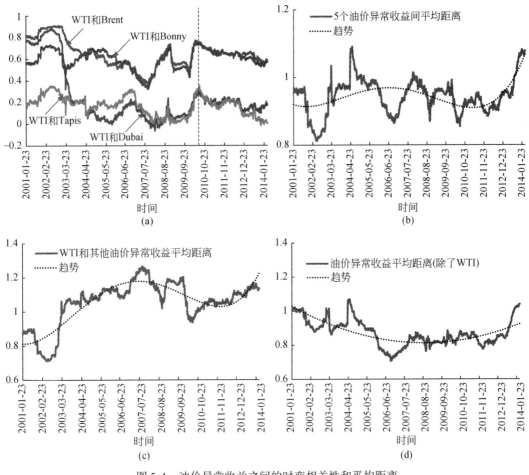

图 5-4　油价异常收益之间的时变相关性和平均距离

5.4.3　长期和短期关系识别

基于 5.4.2 节对时变相关性的分析，本节主要采用误差修正模型和有向无环图对不同时期油价之间的短期和长期关系进行识别。

5.4.3.1　协整分析

5.4.2 节的分析证实了在特别的市场环境和历史条件下，世界原油价格之间存在动态特征。因此，根据表 5-7 得到的结构断点将样本分为两个区间：2000 年 1 月 4 日到 2010 年 9 月 20 日及 2010 年 9 月 21 日到 2014 年 3 月 31 日。

表 5-8 展示了两个区间内的单位根检验结果。在子样本 1，所有的变量都是 1 阶单整的，$I(1)$，而在子样本 2，所有的变量都在 10% 的水平下平稳。因此，本节进一步采用

Johansen 协整检验分析子样本 1 变量间的协整关系。表 5-9 展示了子样本 1 中变量的协整检验，发现在 5% 的显著水平下，变量间存在长期协整关系。因此，本节对子样本 1 构造误差修正模型，而子样本 2 则采用 VAR 模型进行分析。

表 5-8　单位根检验

样本	变量	ADF	PP	KPSS	变量	ADF	PP	KPSS
子样本 1：2000-1-4 ~ 2010-9-20	WTI	−2.310	−2.249	0.278 ***	ΔWTI	−53.198 ***	−53.214 **	0.056
	Brent	−2.088	−2.212	0.300 ***	ΔBrent	−48.381 ***	−48.381 **	0.058
	Dubai	−2.059	−2.145	0.286 ***	ΔDubai	−34.584 ***	53.557 **	0.064
	Bonny	−2.106	−2.067	0.314 ***	ΔBonny	−48.279 ***	−53.085 **	0.066
	Tapis	−2.040	−2.256	0.308 ***	ΔTapis	−53.154 ***	−48.297	0.056
	变量	ADF	PP	KPSS	—	—	—	—
子样本 2：2010-9-21 ~ 2014-3-31	WTI	−3.584 **	−3.593 **	0.070	—	—	—	—
	Brent	−3.310 *	−3.361 *	0.136 *	—	—	—	—
	Dubai	−3.346 *	−3.264 *	0.149 *	—	—	—	—
	Bonny	−3.191 *	−3.384 **	0.127 *	—	—	—	—
	Tapis	−3.487 **	−3.258 *	0.131 *	—	—	—	—

* 、 * * 和 * * * 分别表示在 10% 、5% 和 1% 显著水平下显著。

表 5-9　协整检验（2000-1-4 ~ 2010-9-20）

协整个数（k）	迹统计量	C（5%）	最大特征根统计量	C（5%）	D
$k=0$	257.579 ***	69.819	103.639 ***	33.877	R
$k \leqslant 1$	153.940 ***	47.856	84.504 ***	27.584	R
$k \leqslant 2$	69.436 ***	29.797	52.835 ***	21.132	R
$k \leqslant 3$	16.601 **	15.495	15.272 **	14.265	R
$k \leqslant 4$	1.329	3.841	1.329	3.841	F

* * 和 * * * 分别表示在 5% 和 1% 水平下显著。

注：C（5%）表示 5% 水平下的临界值；D 表示在 5% 的水平下拒绝（R）或者接受（F）原假设。

5.4.3.2　误差修正模型结构识别

本节采用两个检验进一步对表 5-9 中的协整关系进行识别。有必要确定每一个单变量是否计入协整向量中，以及每个变量是否对协整向量的波动做出反应。

（1）对变量是否包含在协整向量中进行检验。如果某个变量不在协整向量里则该变量与其他变量也不存在长期均衡关系。表 5-10 结果显示，子样本 1 内所有变量均在协整向量中，说明这些变量之间存在长期均衡关系。

表 5-10 从协整空间中排除变量检验（χ^2 统计量）

k	WTI	Brent	Dubai	Bonny	Tapis
1	13.285 ***	6.499 **	13.755 ***	0.273	18.766 ***
2	18.859 ***	38.047 ***	13.847 ***	31.655 ***	31.178 ***
3	56.130 ***	73.107 ***	13.946 ***	68.733 ***	64.262 ***
4	69.971 ***	87.024 ***	27.577 ***	82.670 ***	78.185 ***
D	R	R	R	R	R

注：检验的原假设为某个变量不在协整空间中。该检验通过限制向量误差修正模型中每个变量相应的协整系数 $\beta=0$ 重新估计模型来构造。在原假设下，检验统计量服从自由度为 k 的 Chi-squared 分布。D 表示在 5% 的显著性水平下给出拒绝（R）或不能拒绝（F）原假设的决定。

（2）检验变量是否对协整向量的外生冲击没有反应，即检验变量的弱外生性。同步骤（1）类似，这是对每个变量对应的调整速度系数 α 进行检验。表 5-11 结果显示，所有的变量均拒绝原假设，能对冲击做出调整。

表 5-11 变量的弱外生性检验（χ^2 统计量）

k	WTI	Brent	Dubai	Bonny	Tapis
1	0.724	12.781 ***	0.888	4.214 **	8.210 ***
2	1.469	16.426 ***	3.632	11.351 ***	13.480 ***
3	21.374 ***	16.624 ***	9.962 **	11.391 ***	35.519 ***
4	23.039 ***	17.925 ***	13.113 ***	13.185 **	38.094 ***
D	R	R	R	R	R

注：在原假设下，检验统计量服从自由度为 k 的 Chi-squared 分布。D 表示在 5% 的显著性水平下给出拒绝（R）或不能拒绝（F）原假设的决定。

5.4.3.3 同期因果关系

由于区域原油市场之间的紧密关系，市场间的信息传导是有效的。当一个市场出现波动，其他市场会在短期内迅速地反应，市场间存在同期因果关系。本节通过构造有向无环图对两个子样本期内的同期因果结构进行识别。

图 5-5 展示了两个子样本期内的同期因果关系。从有向无环图中的有向边可以看出，不同原油表现出不同的行为。从图中可以看出，并不存在其他原油市场到三大基准油市场的有向边，充分说明 WTI、Brent 和 Dubai 在世界原油市场中的引导作用。然而，两个子样本期内的有向边在三大基准油之间出现了转移。在子样本 1 内，存在从 WTI 和 Dubai 到 Brent 的有向边，而在子样本 2 内，这种关系发生了反转，存在 Brent 到 WTI 和 Dubai 的有向边。

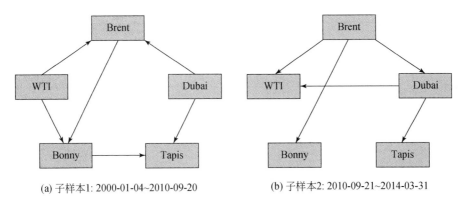

(a) 子样本1: 2000-01-04~2010-09-20　　　　(b) 子样本2: 2010-09-21~2014-03-31

图 5-5　不同时期原油市场之间的有向无环图

无论在子样本 1 还是子样本 2 都存在 2 个稳定的同期因果关系，即 Brent 对 Bonny 有直接影响，Dubai 对 Tapis 存在直接影响。这与区域市场的流动性及基准油定价的覆盖范围有关。总的来说，Brent 被认为是西欧、中西非原油的定价基准，而远东的原油往往参考 Dubai 油定价。另外，Brent 通过有向路对 Tapis 存在间接影响（子样本 1 内：Brent → Bonny → Tapis；子样本 2 内：Brent → Dubai → Tapis）。在所有的原油市场中，不存在从 Tapis 出发的有向边，说明 Tapis 更多的是价格的接受者，主要受其他市场的影响。这也反映了马来西亚原油定价能力的缺失及价格变化的滞后。相反，WTI 和 Brent 分别是子样本 1 和子样本 2 内影响力最大的市场。

5.4.3.4　方差分解

根据有向无环图对同期结构施加的约束，计算预测误差方差分解。这里列出 1 天（同期）、20 天（短期）、40 天（中期）和 60 天（长期）的方差分解结果。

表 5-12 展示了子样本 1 内的方差分解结果。总体来看，WTI 对其他原油价格波动的贡献最大，这也说明 2010 年之前，WTI 是原油市场价格的引领者。具体来看，在长期，WTI 自身可以解释其波动的 72.24%，Brent 和 Dubai 对 WTI 波动的解释能力大约在 10%。Brent 在同期主要受其自身波动的影响，贡献率在 70%，而 WTI 可以解释其剩下的 20%。然而，在长期，Brent 自身的解释能力下降很快，降至 22.18%，WTI 和 Dubai 对 Brent 的长期波动解释能力则上升至 45.72% 和 25.06%。Dubai 作为三大基准油之一，在同期不受其他市场的影响，但是其自身对波动的贡献随着时间下降很快，在长期仅剩下 39.99%，而 WTI 对 Dubai 长期波动的解释能力达到 41.88%。

作为价格的接受者，Tapis 自身对同期波动的解释能力就低于 50%，而 Dubai 贡献了 49.98% 的波动解释力。在长期，Tapis 自身的解释力下降至低于 5%，WTI、Dubai 和 Brent 对 Tapis 波动的解释力分别为 43.65%、25.41% 和 19.58%。另一个价格的接受者 Bonny，自身对同期波动的解释能力就低于 20%，Brent 和 Dubai 分别贡献了 57.29% 和 24.53%。在长期，Bonny 的波动主要由三大基准油解释，WTI、Brent 和 Dubai 分别占 41.47%、23.09% 和 24.93%。

表 5-12　子样本 1 时期的方差分解　　　　　（单位:%）

原油	天数	WTI	Brent	Dubai	Tapis	Bonny
WTI	1	100.00	0.00	0.00	0.00	0.00
	20	91.72	2.71	3.20	0.15	2.22
	40	80.09	7.26	7.99	0.27	4.39
	60	72.24	10.25	11.58	0.27	5.67
Brent	1	20.08	70.02	9.90	0.00	0.00
	20	40.67	29.63	25.82	0.22	3.66
	40	44.86	24.09	24.96	0.17	5.92
	60	45.72	22.18	25.06	0.12	6.92
Dubai	1	0.00	0.00	100.00	0.00	0.00
	20	39.65	6.71	49.04	1.37	3.24
	40	40.98	9.18	42.98	1.72	5.14
	60	41.88	10.42	39.99	1.64	6.06
Tapis	1	0.01	1.57	49.98	47.96	0.49
	20	40.07	16.78	29.05	9.06	5.02
	40	42.34	19.32	26.21	5.08	7.05
	60	43.65	19.58	25.41	3.54	7.84
Bonny	1	0.38	57.29	24.53	0.00	17.79
	20	34.38	29.63	23.98	0.09	11.92
	40	39.32	25.15	24.51	0.08	10.94
	60	41.47	23.09	24.93	0.06	10.45

表 5-13 展示了子样本 2 内的方差分解结果。可以发现，三大基准油对波动的贡献能力发生了变化，Brent 变成最重要的原油市场。Bonny 对其他市场的影响力在提升。在长期，Bonny 对 WTI、Brent、Dubai 和 Tapis 的解释能力分别达到 12.25%、15.97%、12.77% 和 20.48%。

表 5-13　子样本 2 时期的方差分解　　　　　（单位:%）

原油	天数	WTI	Brent	Dubai	Tapis	Bonny
WTI	1	56.54	42.72	0.74	0.00	0.00
	20	58.19	33.64	0.42	0.15	7.59
	40	58.99	28.64	0.33	0.49	11.56
	60	60.43	26.34	0.30	0.67	12.25
Brent	1	0.00	100.00	0.00	0.00	0.00
	20	2.81	87.70	0.03	0.62	8.84
	40	2.17	81.97	0.05	1.44	14.37
	60	1.92	80.03	0.15	1.93	15.97

原油	天数	WTI	Brent	Dubai	Tapis	Bonny
Dubai	1	0.00	31.02	68.98	0.00	0.00
	20	6.42	79.37	7.23	0.69	6.28
	40	5.06	76.73	5.68	1.46	11.07
	60	4.47	75.58	5.23	1.95	12.77
Tapis	1	0.01	12.20	27.15	60.65	0.00
	20	2.67	75.70	1.79	7.35	12.49
	40	1.84	73.42	1.20	4.86	18.68
	60	1.57	72.41	1.03	4.51	20.48
Bonny	1	0.00	91.83	0.00	0.00	8.17
	20	2.09	80.18	0.15	0.43	17.16
	40	1.60	76.04	0.11	1.19	21.06
	60	1.42	74.81	0.16	1.68	21.93

在长期，WTI 对自身波动的解释能力有所增加，达到 60.43%，Brent 对 WTI 价格波动的贡献达到 26.34%。Brent 价格波动主要受自身的影响，在长期仍然高达 80%，另外有 16% 的波动由 Bonny 解释。然而，Dubai 对自身的长期解释能力下降很快，仅剩 5.23%，大部分由 Brent 和 Bonny 解释，分别为 75.58% 和 12.77%。Tapis 与 Dubai 类似，自身的解释能力也下降很快，在长期仅剩下 5%，Brent 与 Bonny 对 Tapis 的长期解释力超过 90%。Bonny 对自身波动的解释能力在长期有所增加，达到 21.93%。Brent 解释了 Bonny 剩下波动的 70%，也说明了 Brent 在原油市场中的主导地位。

5.5 国家原油市场分析

通常，世界不同区域的原油市场价格变化具有很强的协动性和复杂关联。为了可视化原油市场之间的复杂关系，将每个原油市场看作一个点，市场间的复杂关系看作边，通过建立市场间的复杂关联，形成全球原油市场的图结构，更直观地反映市场间的关系变化（Ji and Fan，2016b）。因此，这里利用图论中的最小生成树理论对世界原油市场价格之间的关系进行刻画。通过对原油市场在最小生成树中的位置的确定，分析各国原油市场之间的关系、在市场体系中的地位和影响力及整个原油市场融合程度的演化规律。

5.5.1 世界原油市场树结构

通过计算 24 个国家原油现货价格之间的相关性矩阵，这里可以构造世界原油市场的最小生成树结构，如图 5-6 所示（具体建模过程参考范英等，2013；Ji 和 Fan，2016b）。最小生成树包含了这 24 个原油市场之间最重要的关联，共有 23 条连接边。从图中可以看出，最直观的结论是这些连接边反映了原油市场的地域特征。其中，南北美的原油市场之间是相互关联的，而非洲和欧洲的原油市场分别连成一条直线，体现了这些区域原油市场之间的价格关系非常密切。中东国家的原油市场，除了伊拉克，其余原油价格都聚集在一起。而亚太地区的原油市场则与中东国家的原油市场相连，反映了亚太地区与中东地区原油市场价格之间的紧密关系。这也与亚太地区主要从中东进口原油，并且参考中东原油定价的现实相一致。

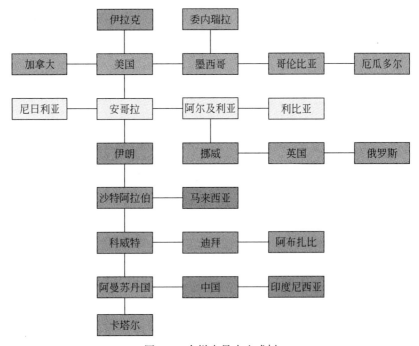

图 5-6　全样本最小生成树

　　这些市场之间的关联模式能够有效地反映国家之间的亲疏关系，如美国原油市场和伊拉克原油市场直接相连。主要原因是，根据 EIA 的统计，2000～2011 年，超过 20% 的伊拉克原油最终流向美国市场，而且，2011 年前伊拉克在一定程度上受美国军事和政治的控制也使得美国对伊拉克原油市场有一定的影响力。非洲的原油市场在整个市场体系中扮演连接南北美市场和中东、欧亚市场的桥梁作用。另外，中国原油市场与中东相连，主要是因为中国超过 40% 的原油进口来自中东，并且参考中东定价造成的。最后，通过计算，中东国家原油市场之间的平均距离最短，这也反映了中东国家作为石油联盟，其价格政策往往共同制定，价格之间的协动性相对更高。

　　为了更直观地反映市场间的结构和局部特征，本节构造了原油市场之间的层次结构。从图 5-7 中能够很明显地看出一些原油市场的聚集关系。从图中可以看出，将距离阈值（图 5-7 中 d^*）设定为大于 0.348 和小于 0.375，主要有 3 个大聚类和 2 个小聚类。这 3

个大聚类分别为中东聚类、非洲聚类及南北美聚类。2个小的聚类则是亚太聚类和欧洲聚类。一个较为明显的发现是,原油市场之间的聚类具有较小的距离。例如,形成中东和非洲聚类的阈值均小于 0.2,这意味着这些原油市场之间的价格相关性超过 0.98。

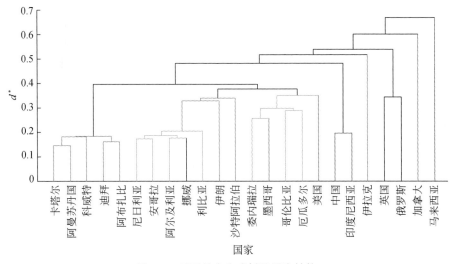

图 5-7 基于最小生成树的层次结构

另外,也可以发现,层次结构和最小生成树的结果并不完全一致。首先,并不是所有的中东原油市场形成一个聚类,伊朗和沙特阿拉伯更倾向于跟非洲市场形成聚类。其次,加拿大与南北美之间的聚类具有一定的距离。可能的原因是尽管在最小生成树中存在加拿大–美国的边,但是其超度量距离很大。因此,这些边很难在较低的距离阈值下形成聚类,如加拿大能够在 0.6 的高阈值下与南北美形成聚类。

5.5.2 原油市场重要性测度

从原油市场的最小生成树和层次结构都可以发现,每个市场在市场体系中处的地位并不相同,有的市场处于核心位置,有的市场则处于边缘位置。本节通过构造度、中介中心性和距离中心性等指标来分析每个市场的影响力(表 5-14)。原油市场的度定义为该市场与其他原油市场连接的边数。显然,一个市场的度越大则说明该市场的位置越核心。通过对比发现,美国和安哥拉具有最大的度 4,而中国,作为世界第二大石油消费国和第五大石油生产国,关联度仅为 2,处于树的边缘。原油市场的中介中心性则能够很好地度量该市场作为中间节点对市场的影响。通过计算发现,安哥拉具有最大的中介中心性,伊朗和美国分别排在第二和第三。距离中心性则反映了一个市场与其他所有市场之间的距离关系。一个市场的距离中心性越小,则说明该市场与所有市场的关系都相对较近。距离中心性的结果与中介中心性基本一致,也说明对市场的结果分析是稳定的。

表 5-14 原油市场的重要性指标

地区	原油市场	关联度	中介中心性	距离中心性	地区	原油市场	关联度	中介中心性	距离中心性
北美	美国	4	0.402	25.602	非洲	阿尔及利亚	3	0.286	24.442
	加拿大	1	0	38.802		安哥拉	4	0.641	21.852
	墨西哥	3	0.217	31.17		利比亚	1	0	28.93
南美	哥伦比亚	2	0.08	37.11		尼日利亚	1	0	25.636
	厄瓜多尔	1	0	43.446	中东	伊朗	2	0.457	23.176
	委内瑞拉	1	0	36.802		伊拉克	1	0	36.954
欧洲	挪威	2	0.152	27.61		科威特	3	0.399	29.15
	俄罗斯	1	0	45.594		阿曼苏丹国	3	0.225	32.046
	英国	2	0.08	38.37		卡塔尔	1	0	35.236
亚太	中国	2	0.08	41.626		沙特阿拉伯	3	0.46	25.21
	印度尼西亚	1	0	45.85		阿布扎比	1	0	36.308
	马来西亚	1	0	39.928		迪拜	2	0.08	32.81

总的来说，综合考虑这三个指标能够发现，美国和安哥拉市场在世界原油市场体系中的作用比较突出。美国是世界最大的经济体，也是最大的石油消费国和石油进口国，同时，以美元作为计价和结算货币的交易模式都确保了美国在原油市场中的核心地位。对于安哥拉而言，作为非洲第二大石油生产国，其轻质低硫原油更适合向美国、中国及其他大的石油进口国出口。因而，安哥拉的油价能够反映不同区域需求引起的基本面变化。相反，中国同时作为世界主要的石油生产国和消费国，其价格变化很难影响其他原油市场的价格。

5.5.3 世界原油市场的演化特征

由于原油市场经常会受到市场供需失衡、地缘政治冲突、经济危机及战争等突发事件的影响，市场间关系并不是一成不变的。2010 年后，WTI 和 Brent 价格走势的明显分离就很好地证实了这一现实。因此，在全球原油市场一体化的大背景下，区域化特征和时变特征能够更好地描述市场结构和其价格变化规律。

本节采用移动窗口的方法，利用 5.2.3.4 节提出的时变指标分析世界原油市场体系的融合程度和其演化规律。这里将移动窗口长度设置为 100，则一共生成了 517 个最小生成树。

相关性矩阵是最小生成树的基础，图 5-8 展示了原油市场之间的时变相关性变化。从图中可以看出，自从 2001 年开始，世界原油市场之间的相关性呈现持续上升的趋势，在

2008 年以后一直维持在较高的水平，接近 0.9。同时，相关性的方差持续下降，直到降至
0.2 附近。另外，作者还发现，相关性的均值和方差、偏度和峰度之间的相关性均显著为
负，分别达到 -0.904 和 -0.918。这种高均值低方差也说明世界原油市场之间的融合程度
在加强，它们之间的关系很稳定。

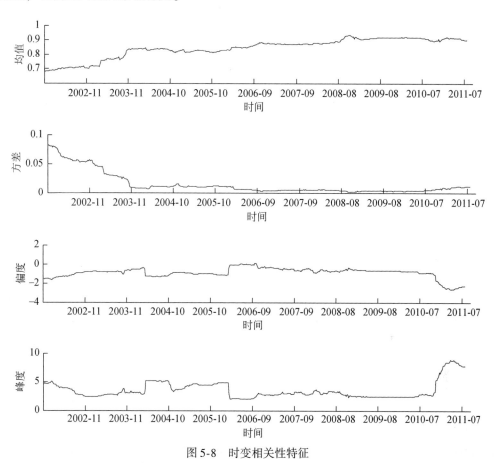

图 5-8　时变相关性特征

　　这里通过计算原油市场最小生成树所有边的平均距离来描述整个市场一体化程度的变
化（图 5-9）。当半均距离（L）变小，则意味着世界原油市场的一体化程度在加强，而平
均距离变大，则意味着市场融合程度降低，区域市场的价格走势出现分离。从图中能够发
现，2000 年以来，世界原油市场的一体化程度在不断加深，特别是在 2008 年以前，区域
市场的融合在不断加速。这主要归功于现代石油工业的高速发展，石油期货市场逐渐成熟
完善，电子化交易平台和互联网技术使得区域石油市场之间的信息流动更加迅速，一个市
场变化向其他市场的传导速度更快，而且市场更易采取同样的方式应对外部冲击。因而，
市场间的信息溢出效应更加明显，市场间价格走势更加趋向一致。另外，2008 年年底，市
场间平均距离处于低位波动，一方面是因为市场间关系已经达到了非常紧密的程度；另一
方面则是由于北美地区石油供应增加而需求减少导致的局部区域供需失衡，加上中东北非
紧张局势造成的以 Brent 为首的油价大幅上涨，北美地区油价与世界油价开始出现明显分

离。因而，世界原油市场的整体融合程度有所降低。但整体而言，原油市场全球化已经是公认的事实，这也是当前原油市场系统性风险加大的主要原因。

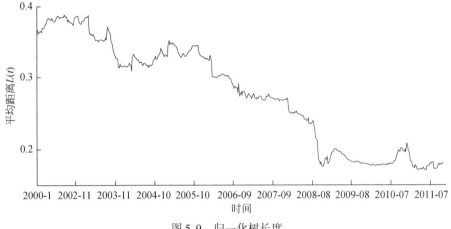

图 5-9　归一化树长度

5.5.4　分区间原油市场结构分析

为了更好地分析世界原油市场体系的结构变化，这里将样本分为两个子样本进行分析。根据图 5-9，世界原油市场间的平均距离在 2008 年出现了突然下降，而且在 2008 年前后的趋势表现完全不一致，在 2008 年前表现为持续下降，而 2008 年后表现为持续波动。因此，这里将样本分为两个时期，子样本 1 是 2000 年 1 月到 2008 年 7 月，子样本 2 是 2008 年 8 月到 2011 年 11 月。

图 5-10 展示了两个阶段的最小生成树。通过对比发现，两个阶段的最小生成树存在一些异同点。①最重要的是原油市场的地理属性总是存在，即原油市场总是倾向于与自己临近区域的市场相连接。这主要是由于相邻市场具有相似的地理条件、区域石油供需情况及相似的能源政策，导致它们的价格往往具有很强的联动性。②南北美原油市场之间的关联性很紧密，在整个样本区间并没有发生变化。这说明南北美市场相对独立的地理条件、充足的石油供应和宽松的市场环境为市场间的稳定关系提供了很好的基础。另外，2012年，美国原油进口超过 18 亿桶来自其他的南北美国家，占美国全部进口的 48.3%。与美国石油进口来源的多元化相比，这一高比例提供了足够的证据表明，南北美市场之间存在着密切的关系。③OPEC 之间的紧密联系在子样本仍然存在。尽管 OPEC 往往被认为很难在行动上达成一致（Bentzen，2007；Bremond et al.，2012），但是 OPEC 仍然在市场体系中发挥着重要的作用，特别是应对油价冲击时。④中国总是连接在市场的边缘，与中心位置距离很远，这表明，中国目前还是高度依赖于中东的资源，自身市场力量还相当薄弱。

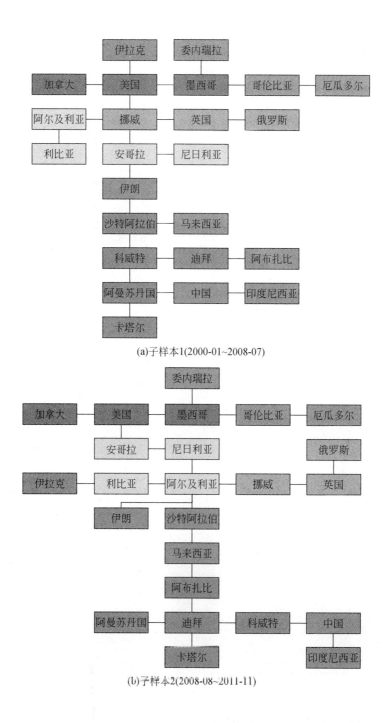

(a)子样本1(2000-01~2008-07)

(b)子样本2(2008-08~2011-11)

图 5-10　子样本最小生成树

表 5-15 展示了两个子样本期，不同原油市场的重要性。首先，与全样本相似的结果是，美国在不同阶段总是在市场中扮演重要的角色，但是美国的中介中心性在 2008 年后

出现下降。其次，非洲市场的影响力在 2008 年后出现上升，整体的度和中介中心性有所上升。最后，在子样本 2，每个国家原油市场的距离中心性都较子样本 1 出现下降，反映了在全球宏观经济的外生冲击下，整个市场间的融合程度有所提升。

表 5-15　分样本期原油市场重要性指标

阶段	区域	原油市场	关联度	中介中心性	距离中心性	区域	原油市场	关联度	中介中心性	距离中心性
子样本 1（2000-01 ~ 2008-07）	北美	美国	4	0.402	28.894	非洲	阿尔及利亚	2	0.08	29.338
		加拿大	1	0	42.666		安哥拉	3	0.514	25.054
		墨西哥	3	0.217	34.590		利比亚	1	0	34.288
	南美	哥伦比亚	2	0.08	41.296		尼日利亚	1	0	29.888
		厄瓜多尔	1	0	47.854	中东	伊朗	2	0.457	26.107
		委内瑞拉	1	0	41.146		伊拉克	1	0	41.104
	欧洲	挪威	4	0.594	25.054		科威特	3	0.399	32.581
		俄罗斯	1	0	46.211		阿曼苏丹国	3	0.225	35.717
		英国	2	0.08	37.838		卡塔尔	1	0	39.083
	亚太	中国	2	0.08	46.617		沙特阿拉伯	3	0.46	28.381
		印度尼西亚	1	0	50.687		阿布扎比	1	0	40.535
		马来西亚	1	0	45.321		迪拜	2	0.08	38.399
子样本 2（2008-08 ~ 2011-11）	北美	美国	3	0.341	22.036	非洲	阿尔及利亚	5	0.565	16.252
		加拿大	1	0	34.422		安哥拉	2	0.37	17.992
		墨西哥	3	0.355	27.444		利比亚	2	0.08	19.192
	南美	哥伦比亚	2	0.08	32.324		尼日利亚	2	0.406	16.252
		厄瓜多尔	1	0	36.856	中东	伊朗	1	0	19.926
		委内瑞拉	1	0	28.412		伊拉克	1	0	21.326
	欧洲	挪威	2	0.152	18.376		科威特	2	0.152	27.752
		俄罗斯	1	0	25.99		阿曼苏丹国	1	0	26.718
		英国	2	0.08	22.316		卡塔尔	1	0	28.126
	亚太	中国	2	0.08	33.908		沙特阿拉伯	2	0.435	17.386
		印度尼西亚	1	0	37.52		阿布扎比	2	0.37	22.99
		马来西亚	2	0.406	19.97		迪拜	4	0.351	24.562

5.5.5　市场关系的稳定性分析

本节采用边的频率和边的稳定性两个指标对市场关系的稳定性进行了分析。

首先，本节计算了全样本最小生成树中所有的边在时变最小生成树中仍然存在的频率。根据 5.5.3 节，2000～2011 年共构造了 517 个最小生成树。24 个原油市场一共可能出现（24×23）/2=276 个市场对，但实证结果发现，这 517 个最小生成树实际仅出现了111 条不同的边。本节对图 5-6 全样本最小生成树中出现的边在这 517 个最小生成树中出现的频率进行统计来测度这些边的稳定性（图 5-11）。显然，并不是所有的边出现的概率都是 100%，说明一些市场之间的价格关系是动态变化的。但是，整体来看，市场之间的价格关系较为稳定，有 12 条边出现的频率都超过了 50%。这种市场价格间的稳定性可能受到政治因素、定价基准、经济因素和技术进步等多种因素的影响。具体来看，中国–印度尼西亚及俄罗斯–英国原油价格之间的关系最为稳定，始终出现在最小生成树中，频率为 1，这也与定价基准有关。自从 1998 年，印度尼西亚的米纳斯一直作为中国大庆原油的参考定价基准之一，因而两个市场之间的价格关系相关很稳定（Li and Leung，2011）。另外，俄罗斯的乌拉尔原油价格主要受 Brent 价格及与 Brent 之间的价差影响（Stewart，2002）。Brent 报价确定俄罗斯乌拉尔原油的销售价格，这加强了俄罗斯和英国原油市场之间的联系。南北美内部及非洲内部的原油市场之间的关联比较稳定，而中东内部一些市场之间的关联性的频率很低。

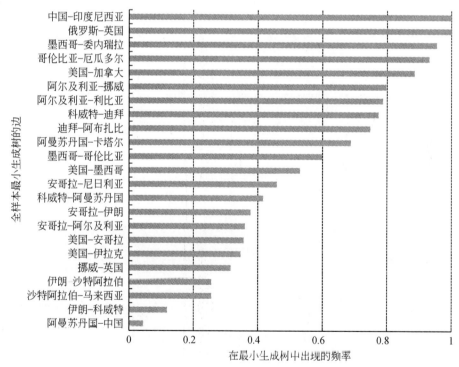

图 5-11　全样本最小生成树的边出现的频率

其次，本节计算了最小生成树的多步边的稳定性。显然，根据式（5-17），计算中步长越长，越能检验最小生成树的稳定性。在本节实证研究中，作者分别选择了步长 1、4、12、24 和 48，对应于 1 周、1 个月、3 个月、6 个月和 1 年。图 5-12 展示了不同步长下的最小生成树的稳定性。可以看出，平均的稳定性随着步长的增长而减弱。当选择步长为 1

周时，平均的稳定性高达 0.963，说明市场间的连续性很好。而且，即使是在 1 年的步长条件下，平均的稳定性仍然高达 0.640，说明世界原油市场随着时间变化稳定性仍然保持在高水平，全球化的市场结构得到验证。另外，作者发现，2010 年 8 月左右，不同步长下的市场稳定性都出现了明显的下降。这是因为 2010 年 2 月欧洲主权债务危机爆发，在全球经济放缓时，宏观经济冲击已成为影响原油市场稳定的主要因素。

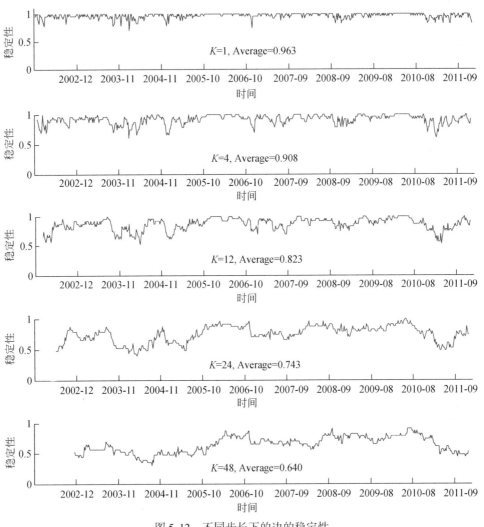

图 5-12　不同步长下的边的稳定性

K 代表步长；Average 代表稳定性

5.6　本 章 小 结

本章主要从国际和国家两个视角，通过将计量经济学模型与图论模型相结合，对世界原油市场体系的结构和演化特征及区域市场之间的关系进行综合分析。本章试图为世界原油市场是分离还是融合的争论提供新的证据，主要结论如下。

从国际视角来看，在 2000～2010 年，世界主要原油价格间存在稳定的长期均衡关系，这也验证了 2000 年后大部分研究认为世界原油市场是统一的结论。然而，全球原油市场的融合程度并不总是保持在较高的水平，在某些特定的时间，如当地能源市场条件发生变化时，区域市场会表现出短暂的分离特征。一个明显的现象是，全球原油市场自 2010 年 9 月开始出现分离，WTI 从世界原油市场体系中分离出来，更多地反映局部的市场供需条件。然而，除了 WTI，其他原油市场仍然保持很高的协动性，这主要归因于频发的地缘政治冲突，如 2010 年年底在北非和西亚地区蔓延的"阿拉伯之春"革命和 2011 年的利比亚战争。进一步根据有向无环图和方差分解理论，作者发现，目前世界三大基准油在原油定价系统发挥着价格引领的作用。在 2010 年前，WTI 价格领先于其他原油价格，而在 2010 年后，Brent 价格则成为市场的主导。另外，2010 年后，非洲原油价格的影响力在提升，而亚太原油价格始终受其他市场价格的影响。

从国家视角来看，世界原油市场表现出一定的地域性和组织性。国家原油市场间也存在明显的联动关系，同样证实了世界原油市场全球化的结论。本章的研究结论认为，全球化和地理特征是描述世界原油市场两个不同层面的重要属性。这意味着世界原油市场的系统风险不能被忽略，因为外部冲击可以很容易而且更迅速地在世界范围内传播，而区域原油市场则在面临特殊的地理约束时经常表现出区域差异性。特别地，目前南北美市场、非洲市场及中东市场的聚类性比较明显。整体来看，世界原油市场的融合程度随着时间推移在不断增强，主要是由于市场信息的快速释放和传播及全球石油贸易的高流动性，以及石油勘探和其他石油活动在地区间的广泛合作。具体来看，美国依然处于市场的核心位置，对世界原油市场的影响力最大，而非洲由于不断增加的原油产量及相对中东更稳定的政治局势，原油市场的影响力也在提升。中国作为世界重要的石油生产国和消费国，影响力还很微弱，更多的是价格的接受者，而且对中东的依赖性很强。

本章研究的政策启示之一是世界原油市场一体化程度对经济和能源决策具有重要影响。例如，战略石油储备和 IEA 的应急响应机制能否扩展至其他地区将在很大程度上依赖于世界原油市场的整合程度。与此同时，石油进口国的多元化贸易战略也将根据区域原油价格的价差变化进行调整。第二个启示主要是针对石油公司的风险管理。这是因为区域原油价格之间的价差表现出动态特征，不再存在无风险的套利机会。相应地，炼油厂和其他相关的石油公司应该建立一套快速调整机制来应对世界原油市场秩序变化对风险/套利策略的影响。

总而言之，世界原油市场的一体化程度增加了市场的系统性风险，任何国家都无法通过限制市场对区域的覆盖范围来确保石油市场的稳定性，这也促进了石油生产国与石油消费国、OPEC 国家和非 OPEC 国家之间的世界性合作。应该借鉴现有的能源市场管理体系建立一个新的全球治理模式，维护石油市场的稳定和重建世界石油市场秩序。而对于亚太国家而言，需要基于共同的经济利益和政治文化形成联盟，有效地提高定价议价能力，共同应对多极化引起的新风险。

|第6章| 国际原油市场与天然气市场动态关系研究

　　自20世纪70年代以来，全球能源安全的挑战和气候变化的压力推动全球天然气迅速发展。加上近年来"页岩气革命"使北美天然气供应充足，对石油需求的替代性正在逐渐发挥作用。这场"页岩气革命"不仅使美国几十年来持续追求的"能源独立"成为现实可能，而且对世界能源供需格局造成了巨大冲击。其中，一个典型的现象就是美国天然气价格与原油价格出现分离趋势，并引发欧洲与亚太地区天然气定价机制和进口策略的调整。在这一进程中，由于石油和天然气之间存在较强的替代关系，两者将出现此消彼长的局面，因此二者的价格关系很难保持不变，并且会越来越复杂。本章重点解决以下问题：①国际油气关系是否已经出现了分离？②不同区域天然气价格与国际石油价格关系是否一致？

准确把握油气价格之间的动态作用机制对于政策制定者更好地了解市场机制，对于能源企业制定正确的油气发展策略具有重要的指导意义。

6.1　天然气定价机制的演化

目前，由于天然气运输方式的限制（管道运输与LNG[①]两种运输方式），世界天然气市场还没有形成像原油市场那样统一的国际市场，还具有明显的区域特征，主要分为北美、欧洲和亚太三大天然气市场。其中，北美天然气有市场竞争制度，其天然气价格主要受到市场供需影响，并且通过现货和衍生产品市场控制风险，同时北美地区天然气价格具有很明显的季节性变化，冬季的天然气价格明显高于其他季节天然气价格，这主要是因为冬季取暖使得天然气需求增加导致天然气价格大幅上涨；在欧洲市场，其价格主要基于相竞争的能源，如石油，近年来也逐渐向市场供需定价机制转变；亚洲采用国际原油价格作为其天然气价格的基准（Neumann，2009）。

三大区域天然气市场定价机制的形成既有共同之处也有不同特点。由于石油与天然气之间存在很强的替代关系，在早期三大区域市场的天然气价格都是参照国际原油定价的，其后不同区域天然气市场得到不同程度的发展。北美市场最早形成了亨利港（Henry Hub）天然气交易枢纽，使得北美天然气市场从以国际原油价格为基准的定价方式逐渐转变到现在完全依靠市场供需定价的定价机制；英国滞后于美国数十年后打破了英国天然气公司的垄断地位，开始实施天然气价格由市场供需决定的定价机制，1994年NBP[②]成为英国天然气交易中心，随后欧洲大陆在2003年也颁布了开放天然气市场的相关法规，陆续形成了比利时泽布鲁日港枢纽（Zeebrugge Hub，1999年形成）和荷兰所有权转移设施（Title Transfer Facility，TTF，2003年形成）天然气交易中心。目前欧洲天然气现货与长期合同价格虽然主要参照国际原油定价（Asche et al.，2013），但欧洲的天然气定价正在逐渐向市场化定价机制转变；在亚洲市场，由于区域市场发展的不成熟及天然气交易中心的缺乏，天然气长期合同价格完全参照国际原油价格，因此使得亚洲天然气价格明显高于北美天然气价格，而且直接受到国际原油价格波动的影响。

我国天然气出厂价定价机制在经历了政府统一定价阶段（1956～1993年）、政府定价与指导价并存阶段（1993·2005年）、国家指导定价阶段（2005～2011年），目前进入国家指导定价向市场化定价过渡阶段（2011～2015）年。2011年起，通过在"两广"地区开展试点，我国逐步引入和推广"市场净回值"定价方法，将天然气价格与其替代能源价格挂钩。2015年4月1日政府发布的《理顺非居民用天然气价格的通知》实现了存量气与增量气的价格并轨，成为市场化改革的关键一步。然而，目前我国天然气定价还存在一系列问题，特别是当前我国天然气进口价格采取与油价指数挂钩的定价模式，造成了天然气价格与替代能源比价不合理、天然气价格调整不能及时与替代能源价格变化保持同步、

---

① LNG即liquefied natural gas，液化天然气。
② NBP即Natural Balancing Point，国家平衡点。

不能反映市场供求关系等一系列问题。而油气联动的定价模式也必然将在我国天然气放开市场化定价后受到挑战（席雯雯等，2016）。

因此，量化分析国际油气价格的动态协动关系能够更好地掌握国际价格规律，特别是由于不同区域天然气市场的资源禀赋、需求情况及定价基准差异性的存在，原油价格对三大区域市场的天然气价格的影响也会有所差异。本章的主要贡献：①运用状态空间模型量化估计油气价格之间的动态关系，并通过建立马尔科夫机制转换模型，有效估计客观识别油气价格关系的状态转移机制。同时，将投机、天气、库存等外生影响因素引入模型，综合考虑不同机制下各因素对天然气价格的作用机理。②采用面板协整模型分析了世界经济与国际原油价格对三大区域市场主要天然气进口价格的影响程度及差异性，理清了不同区域天然气进口价格的宏观影响因素。③采用向量自回归模型、脉冲响应函数及方差分解方法考察了国际原油价格波动对区域天然气进口价格的冲击作用及国际原油价格上涨及下跌对不同区域天然气进口价格的不对称影响，为不同区域天然气进口、储备及投资提供了决策参考信息。本章的研究框架如图 6-1 所示。

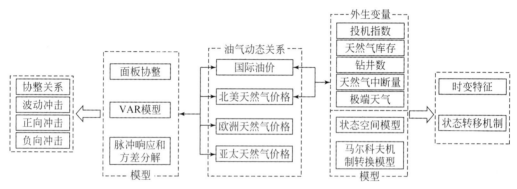

图 6-1　油气动态关系研究框架

6.2　油价与气价关系建模

在本节中，首先采用状态空间模型刻画二者的动态关系演变；其次利用马尔科夫机制转换模型探究二者关系发生的结构性变化，确定结构突变的时间，并得出不同机制下的差异化关系。最后，建立面板模型和 VAR 模型分析油价对不同区域天然气价格的冲击。

6.2.1　状态空间模型

油气价格关系往往因为受到众多外部因素的干扰而表现出时变特征，这种关系变化无法用固定参数模型表现出来。为了探究石油与天然气价格关系的变化，本节引入含外生控制变量的状态空间模型，建立可变参数模型的状态空间表示如下：

量测方程为

$$\ln P_{Gas,\,t} = \alpha_1 + \beta_t \ln P_{Oil,\,t} + \alpha_2\,PNL_t + \alpha_3\,Sto_t + \alpha_4\,Rig_t + \alpha_5\,Sh_t + \alpha_6\,CDDDev_t + \alpha_7\,HDDDev_t + \varepsilon_t \tag{6-1}$$

状态方程为

$$\beta_t = \alpha_8 \beta_{t-1} + \mu_t \tag{6-2}$$

式中，PNL_t 表示天然气期货的投机压力；Sto_t 表示天然气的库存水平；Sh_t 表示飓风引起的天然气供应中断量；Rig_t 为气井数量；$CDDDev_t$ 和 $HDDDev_t$ 分别表示制冷日度数与取暖日度数偏离历史平均值的水平；β_t 用于刻画天然气对原油的价格弹性，弹性系数越大，原油价格变化对天然气价格的作用越明显，通过 β_t 的变化趋势可以得到不同时期油价对气价的动态关系；ε_t 和 μ_t 分别是量测方程和状态方程的扰动项，它们分别服从均值为 0、方差为 δ^2 和 θ^2 的正态分布，另外假设二者不存在相关性。

6.2.2 马尔科夫机制转换模型

在了解油气价格动态关系的基础之上，作者希望进一步探究，二者是否发生了结构上、机制上的变化。当天然气价格与原油价格的关系受到金融危机、技术变化等突发事件的直接冲击或者间接影响时，可能会发生结构性改变，传统的线性方程无法刻画结构变化，需要通过其他方法来判断结构突变的时间节点。Hamilton（1989）提出了状态概率的马尔科夫模型，它的优势在于，自动从样本数据中捕获过去的状态信息，而不需人为划分时间段或设定断点，从而避免了主观认定产生的偏误。机制上的变化是不可观测的，它服从一阶马尔科夫过程，由价格数据的生成过程内生地确定。

Brigida（2014）将机制转换内生地并入协整方程，提出了马尔科夫机制转换协整方程。当系统存在机制转换时，协整方程中的参数具有时变性，这个过程包含不可观测的状态变量 s_t，它表示 t 时刻系统所处的状态。设 M 为状态个数，则 $s_t \in \{1, \cdots, M\}$。因此被观测到的时间序列向量 y_t 的条件概率密度为

$$p(y_t \mid Y_{t-1},\, s_t) = \begin{cases} f(y_t \mid Y_{t-1},\, \theta_1),\ \text{if}\ s_t = 1 \\ \qquad\qquad \cdots \\ f(y_t \mid Y_{t-1},\, \theta_M),\ \text{if}\ s_t = M \end{cases} \tag{6-3}$$

式中，θ_i 表示模型中的参数向量，$i = 1, 2, \cdots, M$；s_t 表示具有离散值随机变量的马尔科夫链；Y_{t-1} 表示观测值的滞后一期值。假定 s_t 服从一阶马尔科夫链：

$$\Pr(s_t = j \mid s_{t-1} = i,\ s_{t-2} = k,\ \cdots) = \Pr(s_t = j \mid s_{t-1} = i) = P_{ij} \tag{6-4}$$

这个过程称作转换概率为 $\{P_{ij}\}_{i,\,j=1}$ 的马尔科夫链，同时：

$$P_{i1} + P_{i2} + \cdots + P_{iM} = 1 \tag{6-5}$$

转换概率常常列为一个称为转移矩阵的 $(M \times M)$ 矩阵 P：

$$P = \begin{bmatrix} P_{11} & P_{21} & \cdots & P_{M1} \\ P_{12} & P_{22} & \cdots & P_{M2} \\ \vdots & \vdots & \ddots & \vdots \\ P_{1M} & P_{2M} & \cdots & P_{MM} \end{bmatrix} \tag{6-6}$$

模型中回归系数应当随机制不同而变化，这里将模型设定如下：

$$\ln P_{\text{Gas}, t} = v(s_t) + \theta(s_t)\ln P_{\text{Oil}, t} + B_t(s_t)X + u_t \qquad (6\text{-}7)$$

式中，$t = 1, 2, \cdots, T$，$u_t \sim \text{NID}(0, \sigma^2)$，即设定误差项方差不是机制独立的，而截距项和回归系数为机制独立的；X 表示外生控制变量矩阵；s_t 表示 t 期所处的状态；$\theta(s_t)$ 表示 s_t 状态下油价的系数；$B(s_t)$ 表示 s_t 状态下控制变量人的系数；u_t 表示残差项。油气价格在长期中存在几种不同的协整关系，而在短期中的协整关系是唯一的、稳定的，二者的关系在几种机制之间进行转换。本章采用 Hamilton 给出的马尔科夫机制转移模型的极大似然估计（ML）算法（Hamilton，1989），即期望最大化算法对模型进行估计，再通过估计状态变量 s_t 来划分机制的状态，最终得到包含外生变量的油气状态转移机制。

6.2.3　天然气进口价格影响因素面板模型

本节主要考察了世界经济活动和国际原油价格对不同区域天然气进口价格的影响。在分析国际原油价格对各区域天然气进口价格的影响时，考虑到区域特征，根据不同地区采用不同的国际原油价格。其中，北美地区采用 WTI 原油现货价格，欧洲和亚洲地区采用 Brent 原油现货价格。本节采用 Kilian 指数代表世界经济活动，构造的天然气进口价格影响因素面板模型如下：

$$\ln\text{GASP}_{it} = \alpha_{0i} + \alpha_{1i}\ln\text{OILP}_{it} + \alpha_{2i}\text{KILIAN}_t + \varepsilon_{it} \qquad (6\text{-}8)$$

式中，GASP 表示天然气月度平均进口价格，根据数据的可获性，主要选取以下 6 种天然气价格作为研究对象：北美地区的 Henry Hub 天然气月度现货价格（HRYHB）、美国管道运输天然气月度平均进口价格（PipeUS）、美国 LNG 月度平均进口价格（LNGUS），欧洲管道运输天然气月度平均进口价格（PipeEU）、欧洲 LNG 月度平均进口价格（LNGEU），亚洲地区的日本 LNG 月度平均进口价格（LNGJP）；OILP 表示各地区选取的国际原油现货月度价格；KILIAN 表示 Kilian 指数；α_{0i} 表示面板个体固定效应，$i(i = 1, 2, \cdots, 6)$ 表示不同的地区或者国家；α_i 表示第 i 种原油价格的系数；σ_{2i} 表示 kilian 指数对第 i 种天然气价格影响的系数；ε_{it} 表示残差项。

6.2.4　油价冲击对气价的影响建模

由于国际原油价格波动频繁及国际原油价格的上涨和下跌对于天然气进口价格的影响程度可能不同。为了深入分析国际原油价格对天然气进口价格的影响，本节采用 VAR 模型及脉冲响应函数和方差分解方法分析国际原油价格波动及国际原油价格上升和下降对天然气进口价格的影响。

VAR 模型的优点是能够有效地分析经济变量之间的动态传导关系，已经被广泛地用于研究油价与股票收益之间的关系（Cong et al.，2008；Park and Ratti，2008）。已有的文献研究发现油价的上涨和下跌通常会产生不同的影响（Mork，1989；Hamilton and Herrera，2004），本节分别考察了油价上涨和下跌对天然气进口价格收益率的不对称影响。参考

Mork（1989），国际原油价格上涨及下跌分别用正和负的油价收益率表示，即

$$ROILP_t = \ln(OILP_t / OILP_{t-1}) \tag{6-9}$$

$$ROILP_t^+ = \max(0, ROILP_t)$$
$$ROILP_t^- = \min(0, ROILP_t) \tag{6-10}$$

式中，ROILP 表示国际原油价格月度收益率；$OILP_t$ 表示月度的国际原油价格；$ROILP_t^+$ 和 $ROILP_t^-$ 分别表示正和负的月度国际油价收益率。

本节分别考察了油价波动、油价上涨和油价下跌三种模式对天然气进口价格收益率的不同影响。考虑滞后期为 k 的 VAR 模型如下：

$$\begin{bmatrix} RGASP_t \\ OilMode_t^i \end{bmatrix} = c + \sum_{k=1}^p \Phi_k \begin{bmatrix} RGASP_{t-k} \\ OilMode_{t-k}^i \end{bmatrix} + \varepsilon_t \tag{6-11}$$

式中，$RGASP_t$ 表示天然气进口价格的月度收益率；$OilMode_t^i$（$i=1$，2，3）分别表示月度国际原油价格的波动率 $OILVOL_t$、正的月度国际原油价格收益率 $ROILP_t^+$、负的月度国际原油价格收益率 $ROILP_t^-$；Φ_k 是 2×2 系数矩阵；$\varepsilon_t = (\varepsilon_{1t}, \varepsilon_{2t})'$ 是 2×1 的白噪声过程的向量。

参考 Chen 和 Hsu（2012），国际原油价格月度波动率（$OILVOL_t$）计算如下：

$$OILVOL_t = \sqrt{\frac{1}{N-1} \sum_{t=1}^N \left(r_t - \frac{1}{N} \sum_{t=1}^N r_t \right)^2} \tag{6-12}$$

$$r_t = \ln(op_t^d) - \ln(op_{t-1}^d) \tag{6-13}$$

式中，op_t^d 表示第 d 月的第 t 天的国际原油现货价格；N 表示第 d 月的交易天数。为了区分各地区的油价基准，北美地区油价波动采用 WTI 原油现货价格计算，而欧洲和亚洲油价波动则根据 Brent 原油现货价格计算得到。

6.3　数据来源

根据研究目的的不同，本章选择不同频度的油气价格数据进行研究。在分析油气动态关系时，本章选取的样本是 1997 年 1 月到 2014 年 8 月期间的周度数据。价格数据采用美国能源信息署（EIA）公布的 Henry Hub 天然气期货价格和 WTI 的近月期货价格。天然气价格驱动因素包括投机压力指数、天然气库存水平、钻井数、飓风引起的天然气供应中断量及天气情况。利用非商业净头寸在总投机交易量中的占比构造投机压力 PNL，代表期货市场中的投机力量（Ji，2012），数据来自美国商品期货交易委员会（CFTC）。由于天然气的消费是季节性的，一部分天然气在夏天被存储起来以供冬天使用，这会导致天然气的冬季价格高十夏季价格，天然气库存水平和制冷/取暖日度数都能够侧面反映出这种差异。天然气库存水平数据来自 EIA，计算原始数据与过去三年平均水平的差值，体现参考历史水平后的库存变动情况（Brown and Yücel，2008）。制冷日度数（cooling degree days，CDD）和取暖日度数（heating degree days，HDD）可以反映气温变化，数据从美国国家气候资料中心（National Climatic Data Center，NCDC）获得。根据 $HDDDev_t = HDD_t - HDDAvg_t$ 和 $CDDDev_t = CDD_t - CDDAvg_t$，计算出制冷/取暖日度数偏离历史均值的水平，历史均值由

1971~2000 年的气温数据计算得到。天然气钻井数量的数据来源于贝克休斯公司。随着天然气价格下降到低于边际成本价格水平，天然气价格对钻井数量变得更为敏感，当气价上涨时，钻井平台进行联机，反之平台被闲置，因而天然气钻井数量也被看作影响气价的因素之一（Ji et al.，2014）。飓风引起的天然气供应中断也会在一定程度上影响价格，采用墨西哥湾地区的天然气供应中断量作为代表，数据来源于美国海洋能源管理局（Bureau of Ocean Energy Management，BOEM）和美国安全和环境执法局（Bureau of Safety and Environmental Enforcement，BSEE）。

在分析油价对区域天然气的影响时，本章采用的数据为月度数据，数据区间为 1997 年 1 月到 2011 年 8 月共 176 个数据。天然气进口价格分别采用美国 Henry Hub 天然气月度现货价格（HRYHB）、美国管道运输天然气月度平均进口价格（PipeUS）、美国 LNG 月度平均进口价格（LNGUS）、欧洲管道运输天然气月度平均进口价格（PipeEU）、欧洲 LNG 月度平均进口价格（LNGEU）和日本 LNG 月度平均进口价格（LNGJP）。各地区和国家管道运输天然气及 LNG 月度平均进口价格来自 IEA 的 Energy Prices and Taxes Statistics 数据库，Henry Hub 天然气月度现货价格、国际原油价格来自 EIA 网站，Kilian 指数来自 Kilian 个人主页。

由于不同区域市场各自内部的天然气进口价格走势和波动特征基本相同，本章分别选取三大天然气区域市场中的一种天然气进口价格作为代表进行三大区域市场天然气价格趋势分析。图 6-2 为 WTI 原油价格与世界三大区域市场天然气进口价格走势图。各地区及国家天然气进口价格总体趋势是一致的。其中，日本 LNG 月度平均进口价格总体高于北美

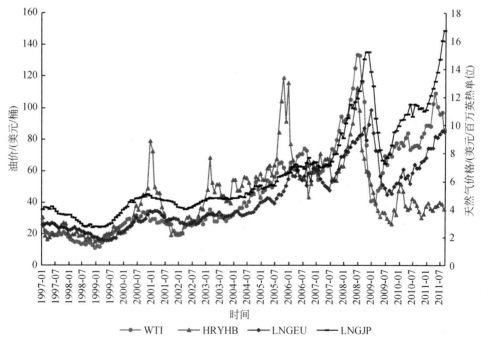

图 6-2　WTI 原油价格与世界三大区域市场天然气进口价格

和欧洲天然气进口价格。这是因为日本天然气贸易定价机制完全依据油价指数定价，而北美主要以市场供需机制定价，同时北美地区天然气产量供应充足，欧洲市场主要从俄罗斯进口天然气，供应来源相对稳定。此外，北美地区天然气价格的季节性变化更加明显，冬季的天然气进口价格明显高于其他季节天然气价格，这主要是冬季取暖使得天然气需求增加导致天然气价格大幅上涨。特别是 2005 年 8 月的"卡特里娜"飓风、2008 年 9 月的"古斯塔夫"飓风及"艾克"飓风等几次大的飓风造成当地天然气产量急剧下降，局部时段天然气价格出现异常波动。此外，从图 6-2 可以看出，日本和欧洲的天然气进口价格与国际原油价格走势基本一致，这主要是由亚洲和欧洲与油价挂钩的天然气定价机制决定的。北美地区的 Henry Hub 天然气现货价格与国际原油价格在 2009 年后出现分离。主要是由于 2009 年以来美国页岩气产量出现大幅增加，同时由于美国之前一直为天然气进口大国，天然气出口基础设施建设相对滞后，新增加的天然气产量主要用于国内消费，造成国内天然气供过于求，对天然气价格形成压制（Loungani and Matsumoto, 2012）。

6.4 油气时变协动性分析

表 6-1 展示了气、油价格对数及气价短期影响因素的初步统计结果，统计量包括均值、标准差、偏度、峰度、Jarque-Bera 统计量及 p 值。PNL、Sto、Sh 的峰度大于 3，说明这三组序列呈尖峰状态。Jarque-Bera 统计量均在 1% 显著性水平下显著，说明所有变量均不服从正态分布。PNL 的均值为负，表明投机者的做空倾向大于做多倾向，即对价格整体走势的预期为下降趋势。HDDDev 的标准差大于 CDDDev 的标准差，可见每日最高温度比最低温度的波动程度剧烈。

表 6-1 数据的描述统计

变量	均值	标准差	偏度	峰度	Jarque-Bera 统计量	p 值
$\ln P_{Gas}$	1.455	0.468	0.140	2.388	14.350	0.000
$\ln P_{Oil}$	3.841	0.651	−0.305	1.823	67.245	0.000
PNL	−5.904	16.639	0.826	4.304	169.478	0.000
Sto	80.806	331.557	−0.658	4.257	126.837	0.000
Rig	860.537	347.068	0.408	2.176	51.509	0.000
Sh	17.364	69.728	5.706	40.439	58595.1	0.000
CDDDev	−2.491	2.910	−0.655	2.060	99.359	0.000
HDDDev	5.149	4.859	0.787	2.701	98.250	0.000

对数据进行单位根检验，结果见表 6-2，根据带趋势和截距项的 ADF 和 PP 检验，可见天然气和原油价格的自然对数、库存、钻井数是一阶单整的，其他变量是平稳的。接下来，首先检验油气价格的协整关系，其次加入天然气价格的短期影响因素建立二者的动态关系，最后建立马尔科夫机制转换模型得出二者关系的机制变化。

表 6-2　单位根检验

变量	ADF		PP		单整阶数
	水平序列	一阶差分	水平序列	一阶差分	
$\ln P_{\text{Gas}}$	−2.444	−25.352***	−2.386	−25.260***	1
$\ln P_{\text{Oil}}$	−3.152	−26.040***	−3.090	−26.040***	1
PNL	−7.766***	—	−6.123***	—	0
Sto	−2.725	−19.266***	−2.963	−19.649***	1
Rig	−1.389	−6.407***	−0.961	−33.381***	1
Sh	−7.153***	—	−10.628***	—	0
CDDDev	−10.922***	—	−7.582***	—	0
HDDDev	−6.843***	—	−11.536***	—	0

＊＊＊表示在 10%、5% 和 1% 水平下显著。

6.4.1　协整检验

运用 EG 和 AEG 方法检验天然气价格和原油价格之间是否存在稳定的长期均衡关系，表 6-3 展示了协整检验结果。按照 EG 和 AEG 检验的临界值表，四项检验的 t 值绝对值均小于 5% 显著性水平临界值的绝对值，因而认为稳定的协整关系不存在。由于时间跨度较长，天然气价格与原油价格之间的关系不够稳定，因而考虑用可变参数模型捕捉二者之间的动态关系。

表 6-3　基于残差的协整检验结果

项目	EG 检验		AEG 检验	
	方程含截距项	方程含趋势项和截距项	方程含截距项	方程含截距项和趋势项
t 值	−2.422	−2.462	−2.543	−2.653

6.4.2　油气动态相关关系分析

在检验天然气价格与原油价格的动态关系时，引入天然气价格的短期影响因素作为外生控制变量。根据建立的动态模型，利用卡尔曼滤波算法得到结果如下。

表 6-4 中的回归结果显示，投机压力、库存水平、制冷日度数和制暖日度数与其历史水平的差异对天然气价格的变化有显著影响，投机压力增加、气温异常使得天然气价格上升，而库存水平增加则导致天然气价格下降。状态方程的系数估计结果也是显著的。图 6-3 显示了气价对油价的时变弹性系数动态值，实线是 β_t 的估计值，虚线是对 β_t 进行二次函数拟合的曲线。

表 6-4 状态空间模型估计结果

系数	对应变量	回归值	p 值
α_1	—	0.272	0.1064
α_2	PNL	0.00148	0.0000***
α_3	Sto	−0.00276	0.0000***
α_4	Rig	-4.37×10^{-6}	0.9699
α_5	Sh	-1.58×10^{-5}	0.6973
α_6	CDDDev	0.00416	0.0181**
α_7	HDDDev	0.00374	0.0000***
α_8	β 滞后	0.999	0.0000***

、*分别表示在5%和1%水平下显著。

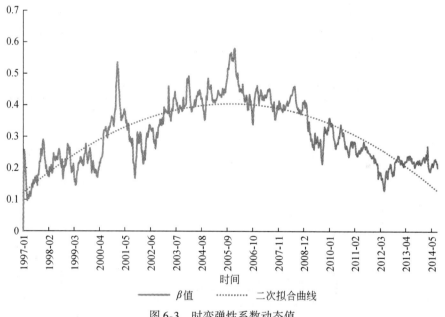

图 6-3 时变弹性系数动态值

样本期内,时变弹性系数呈现先上升后下降趋势,在 2006 年达到峰值。如图 6-3 所示,1997～2006 年,原油价格对天然气价格的影响作用逐渐增大。这一时期,页岩气开采技术仍未得到推广,北美地区天然气供应紧张,一定程度上依赖于进口,油气之间的替代关系对气价变化有较强的主导作用。作为新兴能源,天然气在取暖、发电、交通等领域的应用越来越广泛,石油与天然气的替代关系也随之增强,使气价对油价的弹性系数表现出上升趋势。2000 年夏,加利福尼亚州爆发了供电危机,持续到 2001 年上半年,各种综合因素的作用带动了天然气价格上涨。2003 年伊拉克战争前夕,供应短缺导致油价慢慢爬升,由于天然气用于汽油的开采和炼化,天然气价格也随之上升。在之后相当长一段时期内,油气价格关系相对稳定。大概在 2006 年左右,天然气对原油的价格弹性系数出现了转变，由上升趋势转变为下降趋势，这是由于美国迎来"页岩气"时代，水平井钻井和水力压裂技术的结合使用增加了非常规气特别是页岩气的产量，并降低了生产成本，供应增加与成本减少的双重作用打压气价下行，天然气市场的内部因素成为主导天然气价格走势的主因，油气关系开始分离。

6.4.3 油气价格的状态转移机制

通过作者的验证，天然气对原油的价格弹性系数发生了变化，据此推测油气价格关系可能出现了结构上的变化，通过马尔科夫机制转换协整方程可以描述非线性状态变化情况，同时将线性协整方程作为对比。结果见表6-5。对比线性协整方程和两状态协整方程的对数似然值和AIC值，可见两状态方程能够更好地描述这一过程，这意味着样本期内的油气价格的关系在机制上确实发生了转变。在MS协整方程中，可以看出除原油价格外，其他变量都不同程度地影响天然气价格。在两个状态中，原油价格、库存水平、天然气钻井数对气价的影响始终在1%水平下显著，而投机压力、飓风引起的供应中断在状态2的影响比在状态1更显著，制冷、制暖日度数冲击在状态2的影响不如在状态1显著。

表6-5 单一状态及两状态协整方程估计结果

机制状态	线性协整方程	MS 协整方程	
	1	1	2
V	0.5507 ***	−0.0054	0.3927 ***
$\ln P_{Oil}$	0.2788 ***	0.2165 ***	0.3893 ***
PNL	−0.0002	0.0009 **	0.0071 ***
Sto	−0.0003 ***	−0.0004 ***	−0.0003 ***
Rig	−0.0004 ***	0.0005 ***	−0.0001 ***
Sh	0.0014 ***	0.0004 **	0.0009 ***
CDDDev	0.0026	−0.0089 ***	0.0062 *
HDDDev	0.0111 ***	0.0055 ***	0.0052 **
ln-likelihood	−288.0433	364.7108	
AIC	0.6472	−0.7532	

、 *、* * *分别代表在10%、5%和1%水平下显著。

特别值得关注的是，页岩气产量的陡增成为油气价格关系机制转换的关键。定向钻井技术广泛应用于页岩油气的开采，近年来美国的定向钻井数量迅速增加，现已远远超过主要用于开采传统油气的直井的数量，体现了页岩气产业的繁荣。图6-4反映了美国的定向井（含水平井和斜井）与直井的钻井数变化，可以看出，由于钻井技术的成熟和推广，定向井数量从2005年开始呈现稳定快速增长，尽管2008年年底受金融危机影响出现阶段性下滑，但整体向上的走势并没有发生改变，特别是在2009年年初领先于经济复苏也揭示了能源行业对页岩气产业投资前景看好的预期，这一阶段页岩气产量的增加成为气价走低的主导因素。

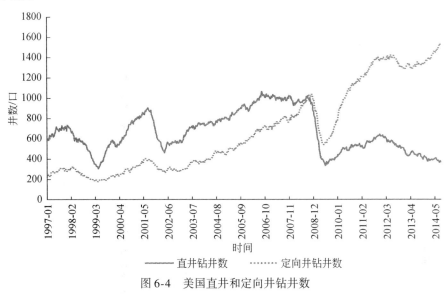

图 6-4　美国直井和定向井钻井数

　　图 6-5 为马尔科夫机制转换模型概率图。结果表明油气价格关系存在两个显著不同的状态，油价对数的系数估计值分别为 0.2165 和 0.3893，分别代表原油价格对天然气价格"弱影响"和"强影响"两种机制。由表 6-6 可知，状态 1 和状态 2 的稳定性都很强，相互转换的概率均接近于 0。同一状态持续期较长的时段为：1997 年第 1 周至 2000 年第 38 周（状态 1）、2002 年第 41 周至 2009 年第 10 周（状态 2）、2010 年第 10 周至 2014 年第 34 周（状态 1）。而 2000 年年末到 2002 年年末、2009 年年初到 2010 年年初为机制转换的过渡时期。第一次机制转换发生在 2000~2001 年，这一时期爆发了加利福尼亚州供电危机，导致气价暴增，油气价格关系随之发生变化。第二次机制转换发生在 2009~2010 年年初，主要是 2008 年北美遭遇的金融危机引起的，危机导致了美国经济增速放缓，能源需求下降，伴随页岩气产量的大幅上升，一并拉低了天然气价格。

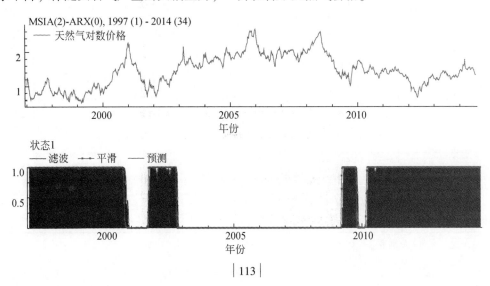

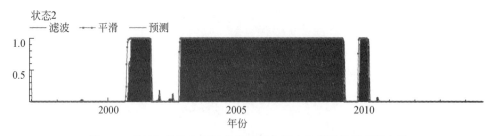

图6-5 天然气价格与原油价格的马尔科夫机制转换模型概率图

表6-6 状态转移概率矩阵

	状态1	状态2
状态1	0.9941	0.0059
状态2	0.0075	0.9925

6.5 油价对区域天然气价格的影响

6.5.1 面板协整检验分析

首先采用面板单位根检验方法对各时间序列进行检验。主要采用 LLC 检验（Levin et al.，2002）、IPS W-stat（Im et al.，2003）、ADF-Fisher Chi-square（Fisher，1932）和PP-Fisher Chi-square（Maddala and Wu，1999）4 种面板单位根检验方法进行检验，检验结果见表6-7。所有变量的一阶差分项都是平稳的。因此，所有变量都是 1 阶单整的。

表6-7 面板单位根检验结果

变量	LLC 检验		IPS W-stat		ADF-Fisher Chi-square		PP-Fisher Chi-square	
	常数项	常数项和 趋势项	常数项	常数项和 趋势项	常数项	常数项和 趋势项	常数项	常数项和 趋势项
lnGASP	1.94	0.48	1.32	−1.85**	7.47	19.92*	8.26	17.88
ΔlnGASP	−20.54***	−23.20***	−23.37***	−23.94***	383.16***	360.16***	516.58***	496.22***
lnOILP	0.68	−0.53	1.51	−4.06***	3.52	36.90***	2.84	36.36***
ΔlnOILP	−30.53***	−36.83***	−25.85***	−26.55***	446.67***	419.80***	445.45***	418.55***
KILIAN	0.001	1.93	−1.81**	−0.71	17.98	11.44	17.80	10.74
ΔKILIAN	−24.23***	−27.84***	−22.17***	−22.52***	375.52***	347.15***	294.65***	263.92***

＊＊＊、＊＊和＊分别表示在1%、5%和10%的水平下显著。

为了分析变量之间长期协整关系的存在性，本节采用 Pedroni（2004）、Kao（1999）和 Johansen（Maddala and Wu，1999）3 种面板协整检验方法对天然气进口价格、国际原油价格和世界经济活动之间的关系进行检验，结果见表6-8～表6-10。Pedroni（2004）面板协整检验结果表明：Panel v-stat、Panel r-stat、Panel PP-stat、Panel ADF-stat、Group r-stat、Group PP-stat 和 Group ADF-stat 在1%显著水平上均拒绝原假设，说明变量之间存在长期协整关系。此外，Kao 协整检验和 Johansen 面板协整检验结果也表明，在1%的显著水平下3个变量之间存在协整关系。因此，在长期来看，天然气进口价格、国际原油价格和世界经济活动之间的关系比较稳定，国际原油价格和世界经济活动对天然气进口价格具有长期影响。

表 6-8　Pedroni 协整检验结果

变量	常数项	常数项和趋势项
	t 值	t 值
Panel v-stat	6.216***	3.648***
Panel r-stat	−5.707***	−3.622***
Panel PP-stat	−3.989***	−3.084***
Panel ADF-stat	−4.018***	−3.587***
Group r-stat	−5.029***	−2.361***
Group PP-stat	−4.204***	−2.494***
Group ADF-stat	−4.307***	−3.347***

＊＊＊分别表示在1%水平下显著。

注：Pedroni 协整检验原假设是变量之间不存在协整关系。

表 6-9　Kao 协整检验结果

变量	常数项	常数项和趋势项
	t 值	Prob.
ADF	−5.690***	0.000

＊＊＊分别表示在1%水平下显著。

注：Kao 协整检验原假设是变量之间不存在协整关系，包含截距项。

表 6-10　Johansen 协整检验结果

变量	常数项		常数项和趋势项	
协整个数（k）	Fisher statistic (trace test)	Prob.	Fisher statistic (max-eigen test)	Prob.
$k=0$	116.8***	0.000	123.7***	0.000
$k\leq1$	10.47	0.575	10.21	0.598
$k\leq2$	13.30	0.347	13.30	0.347

＊＊＊分别表示在1%水平下显著。

注：Johansen 协整检验原假设是变量之间不存在协整关系，包含截距项，不包括趋势项。

6.5.2　国际油价与世界经济长期影响分析

为了避免回归中存在的内生性偏差及考虑结果的稳定性，本节采用完全修正最小二乘（FMOLS）方法估计天然气进口价格、国际原油价格和世界经济活动这 3 个变量之间的长期关系。表 6-11 为面板协整及各地区及国家参数估计结果。

表 6-11　面板协整及各地区及国家参数估计结果

区域市场	天然气价格	lnOILP	Kilian
北美市场	HRYHB	0. 3882 * * *	0. 0092 * * *
	PipeUS	0. 3754 * * *	0. 0096 * * *
	LNGUS	0. 4031 * * *	0. 0072 * * *
欧洲市场	PipeEU	0. 4189 * * *	0. 0063 * * *
	LNGEU	0. 4067 * * *	0. 0042 * * *
亚洲市场	LNGJP	0. 4935 * * *	0. 0013 * * *
	面板估计	0. 4139 * * *	0. 0063 * * *

* * * 表示在 1% 水平下显著。

从表 6-11 可以得出，世界经济及国际原油价格对天然气进口价格都有显著的正向影响，说明国际油价上涨和世界经济活跃都能在一定程度上拉高天然气进口价格。总体来看，油价对天然气价格的影响要大于世界经济活动的影响，这与石油与天然气之间的强替代关系有关。但是，世界经济及国际原油价格对不同区域天然气进口价格的影响并不完全一致。

首先，国际油价对日本天然气进口价格的影响最大，影响程度达到 0. 4935，即国际原油价格变化 1%，将使得日本天然气进口价格变化 0. 4935%。其次是欧洲，而对北美的天然气进口价格影响则相对较小。这主要与三大区域市场成熟程度及天然气定价机制有关。北美是世界三大区域市场中最为成熟的市场，北美的天然气现货市场快速发展，价格设定主要由供需的力量决定，合同制天然气的价格条款也主要参照现货市场。而欧洲天然气市场发展晚于美国天然气市场。现在欧洲国家几乎一半的天然气从俄罗斯和北非通过管道进口，LNG 也是欧洲天然气进口的一部分，其天然气价格定价主要依据能源相关价格。而亚洲通过与油价挂钩的长期合约的形式来制定 LNG 的价格，亚洲国家主要依靠从东南亚、澳大利亚和中东进口 LNG。这种依赖造成了高额的进口费用，并且长期依赖以石油为基准的高价合约（MIT，2011）。

其次，世界经济与国际原油价格对不同区域天然气进口价格的影响存在明显差异。Kilian 经济指数能够很好地反映全球经济活动的活跃程度，世界经济对三个区域市场天然气进口价格都有正向作用，说明当世界经济形势较好时，对天然气需求旺盛从而使得天然气价格上涨；当世界经济形势萧条时，对天然气需求减少从而使得天然气价格下跌。然而由于不同地区资源禀赋、天然气进口方式及天然气定价方式的不同，世界经济对各地区天然气进口价格的影响程度呈现很大不同。其中，世界经济对北美市场的天然气进口价格影响相对较大，平均影响程度达到 0.0087，即世界经济活动变化 1%，北美天然气进口价格变化 0.0087%。而世界经济对日本天然气进口价格的影响程度只有 0.0013。主要是因为北美地区，天然气价格主要受到供需因素的影响，因而对全球经济活动的反应更加敏感。而欧洲和亚洲作为世界天然气的主要消费区域，其天然气进口量很大并且主要为刚性需求，因此，这两大天然气区域市场的进口价格受到世界经济活动的影响相对较弱。

图 6-6 为北美市场、欧洲市场和亚洲市场 2005～2010 年天然气贸易量依据不同定价机制的贸易份额。北美几乎所有的天然气贸易都是依据市场竞争的定价机制完成的。而欧洲正处于向市场定价机制转型的过程，2005～2010 年，参照国际原油价格定价的比例正在逐渐减少，2010 年已经下降至 67%。亚洲地区是基于国际原油价格定价比例最高的地区，其中在 2010 年，88% 的天然气贸易是参照油价指数作为基准进行天然气定价的（IEA，2013），这也是亚洲地区天然气进口价格往往高于其他地区，而且受国际原油价格影响最大的主要原因。

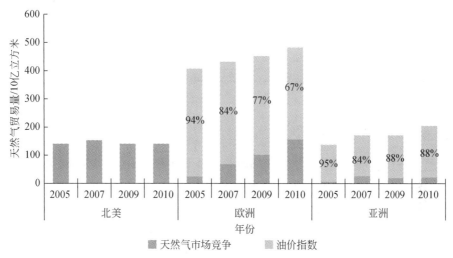

图 6-6　北美、欧洲和亚洲地区天然气贸易中的定价机制（IEA，2013）

6.5.3　油价冲击对天然气价格的影响

考虑到国际原油价格与天然气价格之间的长期稳定关系，本节进一步考察了国际原油价格波动、国际原油价格上涨和下跌三种不同冲击模式对天然气进口价格收益造成的影响，以及各地区和国家天然气进口价格收益的不同响应机制。本节通过估计不同油价冲击模式与天然气进口价格收益之间的 VAR 模型进行分析。

6.5.3.1　单位根检验

在进行 VAR 建模分析之前，需要保证 VAR 模型中包含的内生变量是平稳的时间序列，采用 ADF 和 Phillips-Perron（PP）检验进行分析。两种单位根检验结果见表 6-12。从中可以看出，三个 VAR 模型中所包含的内生变量均为平稳时间序列。

表6-12 时间序列单位根检验结果

序列	ADF		PP	
	C	C&T	C	C&T
HRYHB	−12.838***	−12.832***	−12.838***	−12.832***
PipeUS	−11.465***	−11.450***	−11.406***	−11.389***
LNGUS	−14.238***	−14.192***	−14.244***	−14.197***
PipeEU	−6.856***	−6.855***	−12.090***	−12.114***
LNGEU	−7.276***	−7.302***	−12.802***	−12.805***
LNGJP	−5.866***	−6.010***	−9.199***	−9.328***
WTI OILVOL	−4.584***	−4.592***	−7.354***	−7.349***
Brent OILVOL	−3.921***	−4.969***	−8.811***	−8.871***
WTI OILP+	−12.541***	−12.529***	−12.563***	−12.551***
WTI OILP−	−8.983***	−8.951***	−8.983***	−8.951***
Brent OILP+	−13.362***	−13.327***	−13.365***	−13.327***
Brent OILP−	−9.497***	−9.480***	−9.497***	−9.480***

＊＊＊表示在1%水平下显著。

6.5.3.2 国际原油价格波动冲击影响分析

国际原油价格波动对天然气进口价格收益冲击的动态影响分析结果如图6-7所示。总体而言，国际原油价格波动对三大区域市场天然气进口价格收益均存在负向的冲击作用。主要原因在于国际油价大幅度波动会增加市场对未来油价走势的不确定性，推迟资源投资需求和居民对耗油消费品（如汽车）的消费，对经济产生负面影响，甚至引发经济衰退。而全球经济活动的低迷必然拖累各国对天然气等资源的需求相应减少，从而导致天然气价格有所下降。但是，国际原油价格波动对北美市场、欧洲市场与亚洲市场的天然气进口价格变化的冲击作用有所差异。

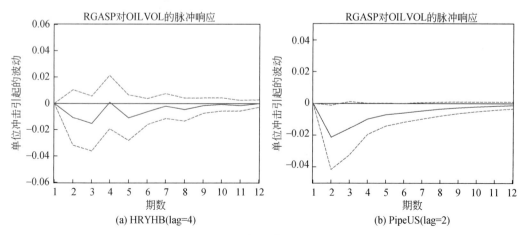

(a) HRYHB(lag=4)　　　　　　　　　　(b) PipeUS(lag=2)

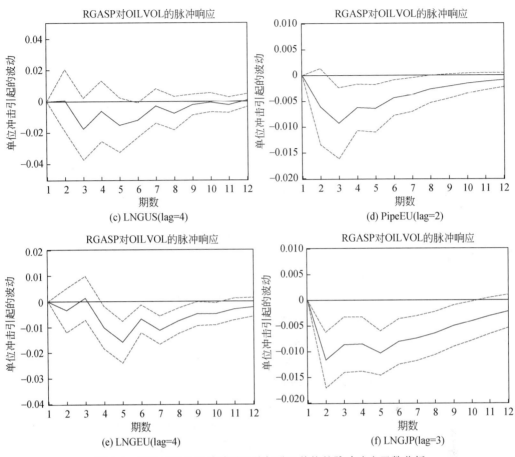

图6-7   国际原油价格波动对天然气进口价格的脉冲响应函数分析

一个标准差冲击，滞后期通过 AIC 准则判定。

（1）对于北美市场，国际原油价格波动对天然气价格收益的负向影响并不显著。当在本期给国际原油价格波动一个标准差的正向冲击后，天然气进口价格呈现下降态势，说明国际原油价格波动对天然气价格有负向的作用，但是其作用在 12 个月内都不显著，说明在北美市场，国际原油价格波动对天然气进口价格影响很弱。这是因为北美天然气市场主要通过衍生产品来控制风险，天然气价格影响因素更加复杂，除了受油价影响外，还受北美地区天然气供需形势、库存水平及极端天气等因素的影响，油价波动造成的影响还很小。

（2）对于欧洲市场，国际原油价格波动对天然气价格存在一定滞后期的负向作用，油价波动冲击在 3～4 个月后对天然气价格收益的影响开始显著。这主要是因为欧洲市场天然气贸易仍然主要以国际原油价格作为定价基准，国际原油价格波动势必对欧洲市场天然气进口价格变化产生影响；同时，欧洲市场正在逐步改善天然气市场化定价机制，而且俄罗斯作为欧洲主要的天然气供应源，其天然气生产活动比较稳定，都会推迟油价波动对欧洲市场天然气进口价格带来的冲击。

（3）对于亚洲市场，国际原油价格波动对天然气价格的负向影响最为显著，而且影响幅度大，持续时间长。其天然气价格对油价波动的冲击响应最为迅速，从第 1 个月开始就是统计显著的，同时在第 2 个月负向作用达到最大，并且持续时间很长。主要是因为日本天然气进口价格完全参照国际原油定价，当国际原油价格出现波动，这种波动必然会完全传导到天然气市场，造成天然气进口收益的损失。同时因为日本原油对外依存度在 90% 以上，国际原油价格波动会给日本经济带来重大损失，使得其对天然气的需求也相应减少，从而使得天然气进口价格下降。

6.5.3.3 国际原油价格不对称冲击影响分析

为了考察国际原油价格对各地区天然气进口价格的非线性作用，将国际原油价格上涨和下跌分开来分析其对天然气进口价格的影响，考察两者作用程度的差异性。国际原油价格上涨及下跌对天然气进口价格冲击的动态影响分析结果分别如图 6-8 及图 6-9 所示。从中可以得出以下结论：①对于北美市场，国际原油价格的上涨对 HRYHB 及 LNGUS 天然气进口价格收益冲击作用不显著，但是对 PipeUS 在第 1 期存在显著的正向作用；国际原油价格下跌对 HRYHB 及 PipeUS 冲击作用不显著，但是对 LNGUS 存在滞后 4 期的负向冲击作用。说明在主要由市场供需决定天然气价格的北美天然气市场，国际原油价格上涨和下跌冲击对北美天然气进口价格收益的影响总体较弱。②对于欧洲市场，国际原油价格下跌对 PipeEU 与 LNGEU 均存在显著滞后 4 期的负向冲击作用，但是国际原油价格上涨只对 PipeEU 存在滞后 4 期的正向冲击作用。③对于亚洲市场，国际原油价格上涨和下跌对 LNGJP 分别存在显著的正向和负向的作用，同时 LNGJP 受到油价上涨及下跌冲击后的反应最为迅速。主要是因为日本 LNG 进口贸易完全依据国际原油价格进行定价，使得日本 LNG 进口价格变化特征与国际原油价格变化特征非常一致。

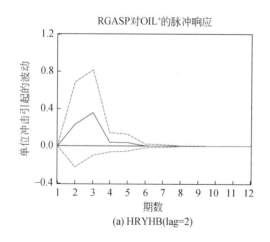

(a) HRYHB(lag=2)

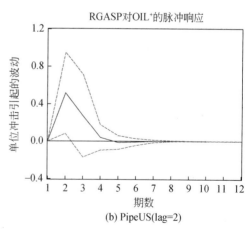

(b) PipeUS(lag=2)

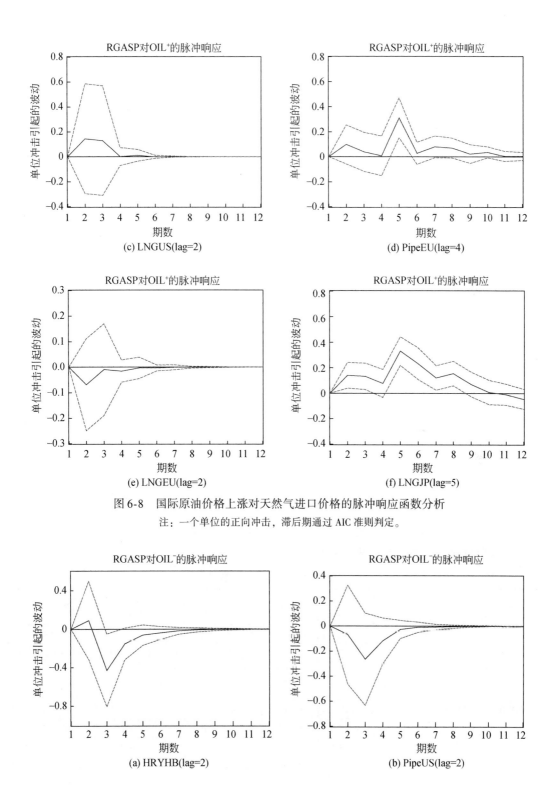

图 6-8　国际原油价格上涨对天然气进口价格的脉冲响应函数分析

注：一个单位的正向冲击，滞后期通过 AIC 准则判定。

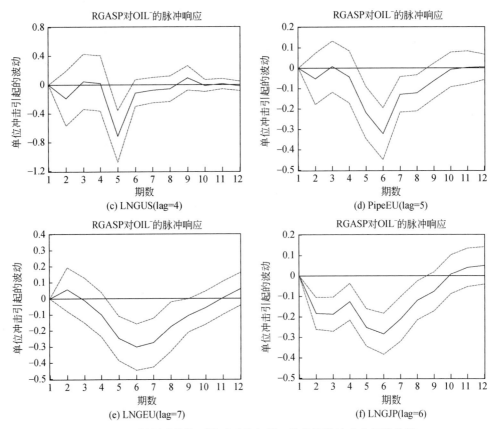

图 6-9　国际原油价格下跌对天然气进口价格的脉冲响应函数分析

注：一个单位的负向冲击，滞后期通过 AIC 准则判定。

6.5.3.4　国际原油价格三种冲击模式的方差分解分析

本节采用方差分解方法主要分析国际原油价格波动及国际原油价格上涨和下跌冲击对天然气价格变化的贡献率，结果见表 6-13。

表 6-13　方差分解结果

模式		时期	油价冲击（OILMode$_i$）	RGASP		时期	油价冲击（OILMode$_i$）	RGASP
OILVOL	HRYHB	1	0.952	99.048	PipeUS	1	2.732	97.268
		6	3.624	96.376		6	6.933	93.067
		12	3.777	96.223		12	7.164	92.836
	LNGUS	1	0.262	99.738	PipeEU	1	0.032	99.968
		6	4.172	95.828		6	7.921	92.079
		12	4.554	95.446		12	8.898	91.102
	LNGEU	1	0.0002	99.9998	LNGJP	1	0.301	99.699
		6	11.805	88.195		6	26.529	73.471
		12	17.533	82.467		12	31.920	68.080

续表

模式		时期	油价冲击 （OILMode$_i$）	RGASP		时期	油价冲击 （OILMode$_i$）	RGASP
OIL⁺	HRYHB	1	5.074	94.926	PipeUS	1	1.009	98.991
		6	6.971	93.029		6	5.078	94.922
		12	6.971	93.029		12	5.078	94.922
	LNGUS	1	0.001	99.999	PipeEU	1	0.820	99.180
		6	0.457	99.543		6	1.086	98.914
		12	0.457	99.543		12	9.978	90.022
	LNGEU	1	0.820	99.180	LNGJP	1	0.022	99.978
		6	1.086	98.914		6	29.252	70.748
		12	1.086	98.914		12	31.744	68.256
OIL⁻	HRYHB	1	3.097	96.903	PipeUS	1	0.707	99.293
		6	6.010	93.990		6	1.866	98.134
		12	6.016	93.984		12	1.867	98.133
	LNGUS	1	0.041	99.959	PipeEU	1	1.243	98.757
		6	8.605	91.395		6	20.190	79.810
		12	8.839	91.161		12	23.541	76.459
	LNGEU	1	0.084	99.916	LNGJP	1	0.122	99.878
		6	17.880	82.120		6	45.830	54.170
		12	26.635	73.365		12	51.166	48.834

在 12 个月内，对于北美市场，国际原油价格波动对 HRYHB、LNGUS、PipeUS 天然气进口价格变化的贡献率均较小，分别为 3.777%、4.554%、7.164%；对于欧洲市场，国际原油价格波动对 PipeEU 天然气价格变化的贡献率较小，为 8.898%，但是对 LNGEU 价格变化的贡献率较大，为 17.533%；对于亚洲市场，国际原油价格波动对日本 LNG 进口价格变化的贡献率高达 31.920%。

在 12 个月内，对于北美市场，国际原油价格上涨和下跌对 HRYHB、LNGUS、PipeUS 天然气进口价格变化的贡献率均较小，低于 10%。主要是因为在北美市场，天然气市场已经形成了成熟的供需市场，天然气价格更多受到市场供需因素如天然气库存、天然气产量、气温及季节等因素的影响，天然气定价并不与国际原油价格进行挂钩；对于欧洲市场，国际原油价格上涨对 LNGEU 及 PipeEU 天然气价格变化的贡献率均较小，分别为 1.086% 和 9.978%。然而，国际原油价格下跌对 PipeEU 和 LNGEU 价格变化贡献率均较大，分别为 23.541% 和 26.635%；对于亚洲市场，国际原油价格上涨和下跌对日本 LNG 进口价格变化的贡献率均很大，分别为 31.744% 和 51.166%。从以上也可以看出，国际原油价格下跌对欧洲和亚洲地区天然气进口价格的冲击相对于国际原油价格上涨冲击作用要大一些。主要原因如下，虽然欧洲和亚洲市场的天然气价格定价与国际原油价格联系紧密，油价的上涨会导致天然气价格一定程度的上涨，但是油价上涨也对欧洲和亚洲的经济造成巨大损失使得这些地区对天然气的需求减少，从而对天然气价格上涨形成一定的抑制作用。因此，天然气价格收益对油价上涨和下跌冲击的响应程度并不对称。

6.6 本章小结

本章综合运用状态空间模型、马尔科夫机制转换协整方程、面板模型及 VAR 模型等，系统地探究了油气价格之间的动态协动关系及油价冲击对不同区域天然气价格的影响。主要结论如下：

天然气价格与原油价格并不存在长期稳定的均衡关系。通过协整检验发现，油气价格关系并不稳定。这与天然气市场的定价机制有关，市场化的天然气定价容易受到许多内在动因变化与外在冲击的影响，使得油气价格关系呈现出动态变化。油气价格的相关性在样本期内经历了先上升后下降的趋势，二者关系呈现逐步"分离"的态势。油气价格关系在机制上发生了变化，关联程度经历了"弱—强—弱"三个阶段。"强影响"机制下，气价变化与油价波动紧密相关，价格的协动关系明显；"弱影响"机制下，供需关系主导气价，油价对气价影响相对低。虽然在天然气产出的强劲势头下，油气价格的联动性有所减弱，但二者的协动关系并不会消失，而将保持一种动态平衡。

世界经济与国际原油价格对天然气进口价格均存在显著的长期的正向影响，国际原油价格对天然气进口价格的影响程度要大于世界经济活动的影响。目前区域间 LNG 贸易量的不断增加会促进世界统一天然气市场的形成，未来以油价指数为主要定价机制的欧洲与亚洲区域的天然气价格将更趋向于受世界经济活动的影响。特别是随着北美页岩气革命的爆发及美国在短期内陆续批准了其国内 LNG 液化站项目，北美地区必然向天然气进口量大的亚洲区域寻求市场，这将使得世界经济活动及国际原油价格对亚洲天然气进口价格的影响机制趋于复杂化。

国际原油价格波动对三大区域市场天然气进口价格均存在负向的冲击作用。在北美市场，国际原油价格的波动对其天然气进口价格冲击作用很弱。对于欧洲天然气市场，由于其天然气交易中心的发展和成熟，其定价机制正在逐渐向天然气市场化定价转变，另外欧洲主要从俄罗斯、挪威等国进口天然气，天然气进口来源相对稳定，从而使得欧洲天然气价格对国际原油价格波动冲击的反应产生一定的滞后期，而且影响程度较小、持续时间也较短。对于日本天然气市场，其天然气进口价格完全参照原油定价，国际原油价格的波动会造成其天然气进口价格的波动，对日本天然气生产活动的平稳运行造成重大损失。

三大区域市场天然气进口价格对油价上涨和下跌冲击呈现不对称响应机制，油价下跌的冲击作用相对更强一些。在这一过程中，国际原油价格上涨和下跌对北美天然气进口价格冲击作用总体来说较弱。然而，欧洲及亚洲天然气进口价格对油价上涨和下跌冲击的反应则比较显著。这主要体现了市场供需平衡关系下（北美市场）和市场价格管制下（欧洲和亚洲市场），两种不同市场环境对天然气价格与油价关系的影响。通过识别天然气进口价格面对国际原油价格冲击时的不对称特征和不同响应机制，能够给相关能源政策制定者和天然气进口企业传递有价值的市场信息，帮助进口国和相关企业根据市场变化及时调整贸易和生产策略，采取有效的措施降低天然气进口的风险和成本，保障天然气进口供应安全。

第7章 | 国际原油市场对非能源商品市场的影响研究

近年来，由于生物燃料的快速发展，石油市场与玉米、大豆等农产品市场之间的关联更加紧密，而原油又通过炼化过程及供需产业链等影响着包括铝、橡胶等其他商品的价格变化。因此，原油市场与农产品市场、金属市场之间的关系在不断加强，市场价格走势也更加趋向一致。这也反映了随着商品市场金融属性的增强，商品市场间的传染效应也在增强，整个商品市场价格体系的系统性风险已经成为不可忽略的挑战。本章重点解决以下问题：①原油价格与非能源商品价格之间是否存在溢出效应？②原油价格与非能源商品价格之间的动态关系如何？

本章主要从市场间波动溢出的角度，分析原油市场与金属市场、农产品市场等的交互关系，考察原油市场在整个商品市场中的地位。

7.1　原油市场与非能源商品市场的交互影响

随着全球市场一体化的加速，市场交易技术和信息化载体得到快速发展，交易者往往采取在全球范围内的投资优化组合策略，达到降低市场风险的目的。然而，随着资本在不同商品市场间的流动更加便捷，各市场间的信息传递也更加迅速，大宗商品价格往往会因为受到同样的冲击而表现出相同的波动趋势。Pindyck 和 Rotemberg（1990）选取了包括原油在内的 7 个尽可能"不相关"的大宗商品（商品间不存在替代和补充，不存在共同生产，也不存在投入和产出的关系），发现它们的价格走势仍然存在过度协动性。

尤其是在美国金融危机引发的全球经济危机暴发后，受经济衰退影响，全球主要大宗商品价格同时表现出大幅下跌的趋势。2008 年下半年，国际原油 WTI 价格从历史最高的 147.27 美元/桶下跌至 30 美元/桶，6 个月跌幅超过 70%。与此同时，伦敦金属交易所（LME）期铜价格从 8600 美元/吨下跌至 2800 美元/吨；芝加哥商业交易所（CME）大豆期货价格从 1650 美分/蒲式耳下跌至 950 美分/蒲式耳，玉米期货价格从 750 美分/蒲式耳下跌至 400 美分/蒲式耳，下跌幅度均超过 40%。2008 年的经济危机使得金融衍生品的传染性已经扩大到商品市场，在全球经济不稳定的大背景下，商品市场间的信息溢出效应被放大，来自某个商品市场的信息冲击对其他商品市场具有明显的波动传导效应。因此，分析商品市场间的波动溢出行为，特别是在 2008 年经济危机爆发前后的变化，对于挖掘新时期商品市场的价格波动特征及在全球范围内进行跨商品市场的套期保值决策都有重要的意义。

随着原油市场与其他大宗商品市场间的交互作用日益明显，许多学者开始关注原油市场与其他商品市场间的相互关系，也证实了长期关系的存在。但是，关于原油市场与其他商品市场间的波动溢出效应研究还很有限。

本章考察了原油市场与金属市场、农产品市场及非能源商品市场间的波动溢出效应，并估计了市场间的动态条件相关性。考虑到国际上多数大宗商品由美元定价，商品价格普遍受美元汇率的影响（Akram，2008），这里将美元汇率作为外生冲击引入原油市场与商品市场的波动溢出模型，构造了具有外生冲击的原油市场与各商品市场的双变量 EGARCH 模型。本章的主要贡献有 3 个方面：①将反映商品市场价格变化的权威指数 CRB 分类指数作为各类商品市场整体的价格变动指标引入双变量 EGARCH 模型，并将美元汇率作为原油市场和各商品市场的外生冲击引入模型。②综合分析了 2008 年全球经济危机前后，原油市场与各类商品市场间波动溢出效应的不同特征，对比分析了原油市场价格波动对各类非能源商品市场价格影响的不同。③在考察市场间波动溢出效应的同时，给出了动态条件相关系数，分析了不同时期原油市场与各类商品市场间相关关系的动态变化。本章的研究框架如图 7-1 所示。

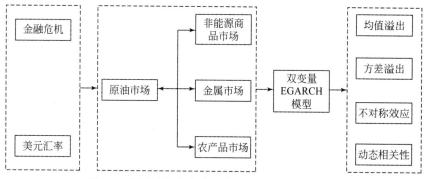

图 7-1 原油市场与各商品市场溢出效应研究框架

7.2 跨市场波动溢出模型

大量的实证研究已经证实了资本市场价格的不对称性，即前期的负新息与正新息对资本市场价格波动的影响是不对称的（Booth et al.，1997；Reyes，2001；Canarella et al.，2007），但是商品市场潜在的不对称效应还需要进一步的验证。本章采用 Nelson（1991）提出的 EGARCH 模型进行研究。本章中的 EGARCH 模型允许均值溢出和方差溢出，不仅能够捕捉波动溢出效应的不对称性，也避免了一般 GARCH 模型中参数非负的限制。

7.2.1 均值方程

这里将美元指数作为外生冲击，假设商品市场收益不仅受其自身滞后项的影响，还受其他商品市场收益滞后项和美元指数滞后项的影响，建立原油市场与各类商品市场的均值方程如下：

$$
\begin{pmatrix} R_{\mathrm{CO},\,t} \\ R_{i,\,t} \end{pmatrix} = \begin{pmatrix} \alpha_{\mathrm{CO}} \\ \alpha_{i,\,0} \end{pmatrix} + \begin{pmatrix} \sum\limits_{j=1}^{m}\alpha_{\mathrm{CO1},\,j} & \sum\limits_{j=1}^{m}\alpha_{\mathrm{CO2},\,j} \\ \sum\limits_{j=1}^{m}\alpha_{i1,\,j} & \sum\limits_{j=1}^{m}\alpha_{i2,\,j} \end{pmatrix} \begin{pmatrix} R_{\mathrm{CO},\,t-j} \\ R_{i,\,t-j} \end{pmatrix} + \begin{pmatrix} \sum\limits_{j=1}^{m}\beta_{\mathrm{CO},\,j}R_{\mathrm{DI},\,t-j} \\ \sum\limits_{j=1}^{m}\beta_{i,\,j}R_{\mathrm{DI},\,t-j} \end{pmatrix} + \begin{pmatrix} \varepsilon_{\mathrm{CO},\,t} \\ \varepsilon_{i,\,t} \end{pmatrix}
$$

$$(7\text{-}1)$$

$$
\varepsilon_t \Big|_{\psi_{t-1}} = \begin{pmatrix} \varepsilon_{\mathrm{CO},\,t} \\ \varepsilon_{i,\,t} \end{pmatrix} \sim N(0,\,H_t),\quad i = N\text{-CRB},\quad M\text{-CRB},\quad C\text{-CRB}
$$

式中，R_{CO}、R_{DI} 分别表示原油和美元指数的日对数收益；R_i 表示非能源 CRB 指数（N-CRB）、金属类 CRB 指数（M-CRB）和农产品类 CRB 指数（C-CRB）的日对数收益；ψ_{t-1} 表示 $t-1$ 时刻可获得的信息集；$\varepsilon_{\mathrm{CO},t}$ 和 $\varepsilon_{i,t}$ 表示在 ψ_{t-1} 条件下得到的误差项；H_t 表示条件

方差-协方差矩阵 $Ht = \begin{pmatrix} \sigma^2_{CO,i}, & \sigma_{COi,t} \\ \sigma_{iCO,t}, & \sigma^2_{i,t} \end{pmatrix}$，其中 $\sigma^2_{CO,t}$、$\sigma^2_{i,t}$、$\sigma_{COi,t}$ 分别表示原油和各类 CRB 指数的方差以及它们之间的协方差。

$\alpha_{CO2,j}$ 表示各类 CRB 指数收益对原油收益的影响；而 $\alpha_{i1,j}$ 则表示原油收益对各类 CRB 指数收益的影响，即原油市场与各类商品市场间的均值溢出效应；$\beta_{CO,j}$ 和 $\beta_{i,j}$ 分别表示美元指数收益对原油收益和各类 CRB 指数收益的影响，即外生冲击美元指数的均值溢出效应；$\alpha_{CO1,j}$ 和 $\alpha_{i2,j}$ 分别表示原油和各类 CRB 指数收益滞后期对各自当期收益的影响。

7.2.2 方差方程

为了考察原油市场与各类商品市场间的方差溢出效应，并估计可能存在的不对称性现象，将各类商品市场方差的滞后项及不对称项引入原油市场的方差方程，同样将原油市场方差的滞后项及不对称项引入各类商品市场的方差方程，同时为了考察美元指数波动对各商品市场方差的影响，将美元指数收益的平方项（保证非负性）作为美元指数波动的近似引入方程，建立原油市场和各类商品市场方差方程如下：

$$
\begin{cases}
\ln\sigma^2_{CO,t} = \gamma_{CO} + \gamma_{CO1}\ln\sigma^2_{CO,t-1} + \gamma_{CO2}\ln\sigma^2_{i,t-1} + \gamma_{CO3}g_{CO}(Z_{CO,t-1}) \\
\qquad\quad + \gamma_{CO4}g_i(Z_{i,t-1}) + \phi_{CO}\ln R^2_{DI,t-1} \\
\ln\sigma^2_{i,t} = \gamma_{i0} + \gamma_{i1}\ln\sigma^2_{i,t-1} + \gamma_{i2}\ln\sigma^2_{CO,t-1} + \gamma_{i3}g_i(Z_{i,t-1}) + \gamma_{i4}g_{CO}(Z_{CO,t-1}) + \phi_i\ln R^2_{DI,t-1}
\end{cases}
$$
$$g_j(Z_{j,t-1}) = |Z_{j,t-1}| - E(|Z_{j,t-1}|) + \delta_j Z_{j,t-1} \tag{7-2}$$

式中，$j = i$，CO，$i = N\text{-}CRB$，$M\text{-}CRB$，$C\text{-}CRB$，$Z_{j,t-1} = \varepsilon_{j,t-1}/\sigma_{j,t-1}$ 表示标准化残差；γ_{CO1} 和 γ_{i1} 分别表示原油和各类 CRB 指数的波动持续程度，越接近于 1，波动的持续性和聚集性越强，即较大的波动通常会伴随着同方向的较大的波动；$\gamma_{CO2}(\gamma_{i2})$ 表示各类 CRB 指数（原油）对原油（各类 CRB 指数）的方差溢出效应；ϕ_{CO} 和 ϕ_i 分别表示美元指数波动对原油和各类 CRB 指数方差的影响。

式（7-2）反映了波动的不对称性。如果 δ_j 不显著为 0，则存在不对称效应。用函数 $g(Z_{j,t})$ 对 $Z_{j,t}$ 求偏导数得

$$\partial g(Z_{j,t})/\partial Z_{j,t} = \begin{cases} 1 + \delta_j, & Z_j > 0 \\ -1 + \delta_j, & Z_j < 0 \end{cases} \tag{7-3}$$

用 $|Z_{j,t}| - E(|Z_{j,t}|)$ 项来衡量新息的规模效应，$\delta_j Z_{j,t}$ 衡量新息的不对称效应。如果 δ_j 为负，则负的新息加强了规模效应，而正的新息则部分抵消了规模效应，说明负新息相对于正新息对波动的影响更大。Koutmos 和 Booth（1995）用 $|-1 + \delta_j|/(1 + \delta_j)$ 来衡量负新息对于正新息的相对重要性。

为了保证条件相关系数 $\rho_{COi,t}$ 落在 [-1，1]，这里参照 Darber 和 Deb（2002）的方法，引入函数 $\xi_{COi,t} \in (-\infty，\infty)$，假设 $\xi_{COi,t}$ 可表示成跨市场的标准化残差项和其本身滞后项的函数，则将时变的条件相关表示成 $\xi_{COi,t}$ 的指数变换：

$$\xi_{COi,t} = c_{i0} + c_{i1}Z_{i,t-1}Z_{CRB,t-1} + c_{i2}\xi_{COi,t-1} \tag{7-4}$$

$$\rho_{\text{CO}i,\ t} = 2\left(\frac{1}{1 + \exp(-\xi_{\text{CO}i,\ t})}\right) - 1 \tag{7-5}$$

$$\sigma_{\text{CO}i,\ t} = \rho_{\text{CO}i,\ t}\sigma_{\text{CO},\ t}\sigma_{i,\ t} \tag{7-6}$$

最后，采用极大对数似然估计函数的方法对式（7-1）～式（7-6）进行参数估计：

$$L(\theta) = -T\ln 2\pi - \frac{1}{2}\sum_{t=1}^{T}\ln|H_t(\theta)| - \frac{1}{2}\sum_{t=1}^{T}\varepsilon'_t(\theta)H_t^{-1}(\theta)\varepsilon_t(\theta) \tag{7-7}$$

式中，θ 表示模型中待估计的参数向量；T 为观测值个数。

7.3 各市场基本分析

原油市场作为世界上贸易量最大的大宗商品市场，其价格波动与许多大宗商品市场价格变化有密切的关系。首先，随着生物燃料的快速发展，生物乙醇和生物柴油在汽油和柴油燃料中占有一定的比重。在美国，生物乙醇主要由淀粉类原料特别是玉米生产，而生物柴油主要从豆油中提炼。因此，原油价格上涨和下跌均会对玉米、大豆等农产品市场价格造成影响。其次，原油价格上涨会伴随着通货膨胀的压力，而贵金属的避险保值作用开始显现，因而贵金属的价格会随之上涨。考虑到原油价格对众多非能源商品市场价格均有不同程度的影响，因而本节选择期货市场比较活跃的农产品市场和金属市场作为整体进行研究，代替罗列所有的个体商品市场。

基于这种考虑，本节选取了代表商品市场价格波动的 CRB 指数。CRB 指数是目前反映商品市场价格变动最权威的指标，在 2005 年进行第 10 次修订后，指数覆盖品种由 17 种增加至 19 种。CRB 指数主要分为能源类（原油、取暖油、汽油、天然气）、农产品（大豆、小麦、玉米、棉花、糖、橙汁、可可、咖啡、活牛、瘦肉猪）和金属类（黄金、白银、铜、铝、镍），所占比重分别为 39%、41%、20%，单一产品中原油所占比重最大，为 23%。根据 CRB 指数的分类，我们选择了非能源 CRB 指数（N-CRB，即由 CRB 指标中除能源产品以外的所有产品构成的指数）、金属类 CRB 指数（M-CRB）和农产品 CRB 指数（C-CRB）作为非能源商品市场的三个代表。国际原油价格选择 WTI 期货价格（CO），美元汇率选择美元指数（DI）。

所有数据选取日对数收益数据，根据数据的可获取性（N-CRB 指数仅可获得 2006 年 7 月 7 日之后的数据），数据区间为 2006 年 7 月 7 日到 2010 年 6 月 30 日。CRB 各类指数、美元指数来源于 Wind 数据库，WTI 期货价格来源于 EIA。为了考察在 2008 年全球金融危机这个全球冲击的大背景下，原油市场与各商品市场间的波动溢出效应在危机前后表现出的不同特征，这里将数据分为 2 个区间。由于 2007 年 7 月，美国金融危机在金融市场首先爆发，但真正蔓延到商品市场是在 2008 年 7 月左右。因此，这里将数据区间分为金融危机前 2006 年 7 月 7 日到 2008 年 7 月 31 日和金融危机后 2008 年 8 月 1 日到 2010 年 6 月 30 日，两个区间的数据长度接近，可以忽略因样本长度不同对估计结果产生的差异。

图 7-2 是原油市场、各非能源商品市场及美元指数的走势图。为了更清晰地比较各商品市场价格的变化趋势，在图 7-2 中将原油价格、非能源 CRB 指数及农产品 CRB 指数进

行了一定比例的放大。从图中能够看出，原油价格与各类商品市场价格走势基本一致，呈现出在危机前持续上升，危机后先下降再上升的"N形"走势，而美元指数则在大部分时期呈现出与油价相反的走势。原油市场与其他商品市场及美元指数的这种趋势变化也可以通过它们之间的相关系数得到验证。通过计算，原油市场与非能源商品市场、金属市场及农产品市场之间的相关系数分别为 0.883、0.612 和 0.867，而原油市场与美元指数的相关系数为–0.784。

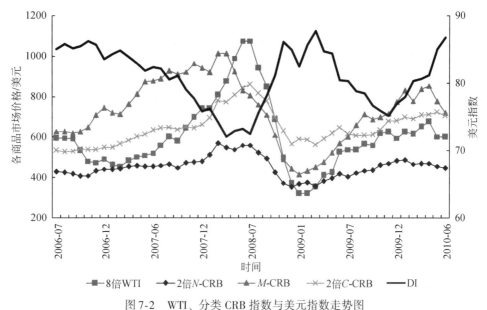

图 7-2　WTI、分类 CRB 指数与美元指数走势图

数据来源：WTI 价格来源于 EIA，CRB 指数和美元指数来源于 Wind 数据库

表 7-1 给出了 2008 年金融危机前后各商品市场及美元指数收益的基本统计量，从这些基本统计量中可以看出商品市场具有的共同点与汇率市场的不同。从 Jarque- Bera 统计量来看，所有商品市场均在 1% 的水平下拒绝服从正态分布的原假设，分布具有尖峰厚尾的特征。从均值来看，金融危机对商品市场收益具有很大的负向影响。在金融危机前，各商品市场收益的均值为正，而在金融危机后所有商品市场的收益均值为负。美元指数与商品市场呈现出相反的变化，危机前美元指数收益为负，而危机后美元指数收益为正。通常变量的标准差大小反映了变量的波动情况。从标准差来看，一方面，原油市场的波动性相对最强，也反映了近年来原油市场的风险加大，而美元指数的波动性较所有商品市场的波动性都弱；另一方面，金融危机后所有市场的波动性都较危机前有所上升，也反映了金融危机破坏了市场原有的作用机制，增加了市场的不确定性。由 Q（10）和 Q^2（10）统计量知，所有市场均存在显著的条件异方差性，即相对较大的收益变化会伴随着同方向的相对较大的变化。因此，选用 GARCH 类模型能够很好地捕捉这一市场现象（Bollerslev，1990）。

表7-1　各市场日对数收益序列的统计量（2006-7～2010-6）

时段	序列	Mean	Std. Dev.	Skewness	Kurtosis	Q (10)	Q² (10)	Jarque-Bera
金融危机前（2006-7～2008-7）	CO	0.108	2.085	0.278	3.551	12.557	26.851 * *	12.151 * *
	N-CRB	0.050	1.082	−0.344	13.731	10.130	79.129 * *	2288.6 * *
	M-CRB	0.048	1.174	−1.077	16.080	17.141	41.750 * *	3478.1 * *
	C-CRB	0.095	0.756	−0.173	5.199	2.848	17.144 *	98.064 * *
	DI	−0.033	0.416	−0.558	7.369	3.751	44.846 * *	402.43 * *
金融危机后（2008-7～2010-6）	CO	−0.103	3.680	0.221	5.660	20.339 *	229.52 * *	146.05 * *
	N-CRB	−0.037	1.378	−0.176	4.652	3.992	103.32 * *	57.200 * *
	M-CRB	−0.020	1.691	−0.609	8.143	13.279	37.901 * *	559.76 * *
	C-CRB	−0.033	1.003	−0.452	5.123	11.062	45.971 * *	106.68 * *
	DI	0.033	0.728	−0.375	4.454	18.83	39.213 * *	53.645 * *

＊＊、＊分别表示在1%、5%的水平下显著。

注：对数收益由100 ∗ ln（price_t / price_{t−1}）计算得到。

表7-2给出了危机前后各商品市场间的Granger因果检验。从检验结果来看，金融危机前，非能源商品市场、金属市场及农产品市场均通过5%的显著性水平，是原油市场的Granger原因，而原油市场仅是金属市场的Granger原因；金融危机后，非能源商品市场和金属市场与原油市场存在双向的Granger因果关系，而农产品市场与原油市场不存在Granger因果关系。通过比较可以发现，原油市场与金属市场的关系最为密切，无论危机前后，原油价格和金属市场价格均存在互相影响。而危机后，原油市场对整个非能源商品市场的价格指数存在显著的Granger因果关系，则说明国际原油价格的大幅下跌引领整个商品市场的价格下跌。此外，危机前后原油市场对农产品市场的Granger原因均不显著，说明尽管原油价格对个别农产品，如玉米、大豆等价格变化有很强的影响，但由于农产品市场覆盖的品种范围比较广泛，原油市场还不足以影响整个农产品市场的价格变化。

表7-2　Granger因果检验

原假设	2006-7～2008-7	2008-8～2010-6
	F-Stat	F-Stat
CO/→ N-CRB	0.062	6.684 *
N-CRB /→ CO	5.995 *	11.027 * *
CO/→ M-CRB	5.730 *	3.957 *
M-CRB /→ CO	5.287 *	8.985 * *
CO/→ C-CRB	0.285	0.204
C-CRB/→ CO	9.674 * *	0.844

＊＊、＊分别表示在1%、5%的水平下显著。

注：/→表示左边变量到右边变量的Granger因果关系不存在。

7.4　原油市场与各商品市场间波动溢出效应分析

通过 7.3 节对基本统计量的分析，可以看出原油市场与各类商品市场之间的关系并不完全一致。为了进一步探索原油市场与各商品市场价格波动的传导机制，本节对构造的原油市场与各商品市场双变量 EGARCH 模型进行估计，并对各市场动态条件相关系数的特征进行分析。

7.4.1　波动溢出效应

表 7-3 给出了金融危机前后原油市场与各商品市场双变量 EGARCH 模型的参数估计。根据 AIC 准则，均值方程（7-1）的滞后项长度为 1。从表 7-3 的估计结果可以看出，原油市场与非能源商品市场，金属市场和农产品市场间的波动溢出效应具有各自的特点。

表 7-3　双变量 EGARCH 模型的参数估计

模型估计		危机前 2006-7 ~ 2008-7			危机后 2008-8 ~ 2010-6		
		CO, N-CRB	CO, M-CRB	CO, C-CRB	CO, N-CRB	CO, M-CRB	CO, C-CRB
均值溢出	α_{CO2}	0.010 *	0.002 * *	0.010 * *	0.016 *	0.004 * *	0.003
	α_{i1}	−0.008	−0.211 * *	0.140 *	0.106 *	0.736 * *	0.015
方差溢出	γ_{CO2}	−0.007	−0.073	0.117	0.127 *	0.134 *	0.046
	γ_{i2}	0.180 *	−0.556 * *	4.548 * *	0.161 *	0.188 *	−0.058
自身效应	α_{CO1}	0.989 * *	0.993 * *	0.977 * *	0.963 * *	0.962 * *	0.983 * *
	α_{i2}	0.988 * *	0.367 * *	1.007 * *	0.972 * *	0.806 * *	0.676 * *
	γ_{CO3}	0.072	0.111	0.125 *	0.086	0.349 *	−0.111 * *
	γ_{i3}	0.305 * *	−0.065	−0.903 *	−0.057	0.552 * *	−0.771 * *
美元效应	β_{CO}	−0.019 *	−0.009 *	−0.017 * *	−0.010	0.003	0.003
	β_i	−0.069 *	−1.191 * *	−1.012 * *	−0.103	−0.138 * *	0.008
	ϕ_{CO}	−0.381	−3.955 *	−1.135 *	−0.261	−1.161 * *	−0.138 *
	ϕ_i	−1.877 * *	−7.199 * *	−12.599 *	−0.497	−0.634	−0.915
波动持续性	γ_{CO1}	0.960 * *	0.946 * *	0.968 * *	0.932 * *	0.955 * *	0.955 * *
	γ_{i1}	0.724 *	0.703 * *	0.733 * *	0.719 * *	0.769 * *	0.500 * *
方差方程 CO 的非对称性	δ_{CO}	−1.117 *	−1.451 *	−0.915 *	−0.276	−1.257 * *	−0.063
	δ_i	−0.349 *	−0.155 *	0.282	0.406	−0.114 * *	0.472
方差方程 i 的非对称性	δ_{CO}	0.344	−0.934 *	−2.674 *	0.083	−0.983 *	0.245
	δ_i	−0.452 * *	−1.046 * *	−0.263	−2.642 *	−0.027	−1.416 * *
相关性参数	c_{i2}	0.990 * *	0.986 * *	0.982 * *	0.991 * *	0.982 * *	0.992 * *
	c_{i1}	0.012 * *	0.016 * *	0.016 * *	0.011 * *	0.016 * *	0.013 * *

* * 、 * 分别表示在 1%、5% 的水平下显著。

7.4.1.1　原油市场与非能源商品市场的波动溢出效应

非能源商品市场 CRB 指数反映了除能源产品以外的各商品市场主要产品的整体价格变化。根据表 7-3 的估计结果，从自身效应来看，非能源商品市场同原油市场一样，其收益依赖于自身的滞后值，由参数 α_{i2} 来衡量，在危机前后分别为 0.988 和 0.972。从溢出效应来看，非能源商品市场在危机前后均对原油市场存在显著的价格溢出，而原油市场仅在危机后对非能源商品市场存在显著的价格溢出效应。而在方差溢出方面，原油市场对非能源商品市场的方差溢出在危机前后均显著。通过价格溢出和方差溢出的变化可以看出，危机前，受全球经济增长和需求旺盛等因素影响，大多数大宗商品价格呈现出快速上涨趋势，而商品市场的整体价格上涨会增加原油市场投资者对市场继续向好的信心，因而非能源商品市场存在对原油市场的价格溢出效应，这也与 Granger 因果检验的结果相一致。同时在这轮商品价格的上涨中，油价的上升幅度最大，收益最高（表 7-1），这会导致其他商品市场的投机资金流入原油市场，原油市场对其他市场的投资替代效应明显，因而原油市场对非能源商品市场的方差溢出效应显著。然而，2008 年全球金融危机爆发，经济进入衰退期，全球商品需求萎缩，大多数商品价格出现大幅度下跌，特别是原油价格跌回 2004 年水平。金融危机破坏了商品市场原有的作用机制，商品市场价格反应过度敏感，各商品市场之间的信息传递被放大，原油市场的价格下跌会引发其他商品市场投资者的担忧，带动整个商品市场的价格波动。因而危机后原油市场与非能源商品市场之间的价格溢出和波动溢出均很显著。

从市场的波动持续性来看，参数 γ_{co1} 和 γ_{i1} 均显著，表明原油市场和非能源商品市场具有显著的波动持续性。原油市场在危机前后的波动持续性分别为 0.96 和 0.932，非能源商品市场在危机前后的波动持续性分别为 0.724 和 0.719。显然原油市场的波动持续性更强一些。此外，本节还考察了原油市场与非能源商品市场波动的非对称性。原油市场的非对称效应仅在危机前显著，来自自身冲击及非能源商品市场冲击的非对称参数均通过 5% 的显著性水平，表明负新息对波动的影响要比正新息大。负新息相对于正新息对波动的增加程度通过杠杆效应指标 $|-1+\delta_j|/(1+\delta_j)$ 来计算，来自原油市场和非能源商品市场的负新息对原油市场的非对称影响分别是正新息影响的 18.09 倍和 2.07 倍。而非能源商品市场其自身的非对称效应在危机前后均显著，杠杆效应分别为 2.65 和 2.22。

本节还将美元指数作为外生冲击引入模型，考察了美元汇率变动对商品市场收益及波动的影响。根据参数估计，美元指数对非能源商品市场的价格溢出和方差溢出效应在危机前均显著，在危机后均不显著。这是由于金融危机后，美国为了刺激经济复苏，实施宽松的货币政策，美元汇率持续走弱，而商品市场受经济衰退影响价格持续下跌，商品价格与美元汇率之间的反向关系出现背离，美元汇率对商品价格原有的溢出效应暂时消失。

7.4.1.2　原油市场与金属市场的波动溢出效应

金属市场特别是贵金属市场由于其避险保值的特性在商品市场中占有重要的地位。近几年，金属市场交易非常活跃，金属价格特别是铜价同原油价格一样，其涨跌幅度均领跑于其他商品价格。而金属市场与原油市场之间的关联性也越来越受到关注，许多投资者开始尝试同时在金属市场和原油市场进行组合投资，以获得更高的利润。

根据模型的估计结果，危机前后，原油市场与金属市场均存在显著的双向价格溢出效应，说明两个市场的价格走势对于彼此的未来价格变动有很大的影响。从波动溢出效应来看，原油市场对金属市场的方差溢出效应在危机前后均存在，金属市场对原油市场的方差溢出效应在危机后也变得显著，这说明金融危机后，为了分散风险，市场投资者在原油市场与金属市场间的跨市场交易更加联动，两个市场波动的交互影响也更加明显。

从金属市场的自身效应来看，其自身的滞后值对未来收益的影响显著，并且这种影响程度在危机后增大，α_{i2} 在危机前后分别为 0.367 和 0.806。同样，金属市场的波动持续性仍然很强，参数 γ_{i1} 在危机前后分别为 0.703 和 0.769，说明金属市场的波动积聚效应显著。从原油市场与金属市场间的非对称性来看，原油市场在危机前后对金属市场均存在显著的非对称效应，其负冲击的杠杆效应分别为 29.3 和 116.7。而金属市场对原油市场的非对称效应在危机后显著，其杠杆效应为 1.26。

考察外生冲击美元指数对金属市场的影响，β_i 在危机前后分别为 -1.191 和 -0.138，美元指数对金属市场的价格溢出效应在危机前后均显著，即美元指数变化会对未来金属市场的整体价格产生影响，但这种影响在危机后明显下降。从美元指数对金属市场的方差溢出效应在危机前显著而危机后并不显著也可以看出，金融危机的爆发打破了以美元定价的金属市场价格与美元汇率之间的作用机制。

7.4.1.3 原油市场与农产品市场的波动溢出效应

由于使用粮食生产生物燃料替代传统的化石燃料，大豆、玉米等粮食价格也随之出现大幅度波动。尽管生物燃料由于成本很高而受到限制，但是生物燃料对化石能源的替代从技术前景已经得到广泛认可，加上各国对生物燃料补贴政策的实施，生物燃料在化石燃料中的比重有逐步增加的趋势。当化石能源价格特别是国际原油价格出现大幅度上涨时，出于经济考虑，生物燃料的替代效应开始显现，生物乙醇和生物柴油的需求会随之增加，从而推高玉米等生物燃料原材料的价格，而由于玉米、大豆等属于高流通性商品，在农产品市场中占有较大的比重，因此会带动整个农产品市场的价格走势。因此，由表 7-3 知，在金融危机前，油价处于高涨期，原油市场对农产品市场的正的价格溢出和波动溢出效应均显著，分别为 0.14 和 4.548。而在危机后由于原油价格快速下跌，生物燃料的替代效应减弱，因而原油市场对农产品市场的影响有限 [这与 Chang 和 Su（2010）的结论一致]。

同其他商品市场一样，农产品市场收益滞后值对收益的影响显著，α_{i2} 在危机前后分别为 1.007 和 0.676，均通过 1% 的显著性水平检验。而农产品市场的波动仍然保持了较强的持续性，其持续性参数在危机前后分别为 0.733 和 0.5。从原油市场与农产品市场波动的非对称性来看，仅危机前原油市场对农产品市场的非对称性参数显著，为 -2.674，其杠杆效应为 2.19。

关于美元指数对农产品市场的影响，从表 7-3 中可以看出，美元指数在危机前对农产品市场的价格溢出和波动溢出效应均显著，估计参数分别为 -1.012 和 -12.599。然而，危机后美元指数对农产品市场的溢出效应并不显著，说明金融危机减弱了美元汇率对农产品市场价格的控制能力。

7.4.1.4　原油市场与各商品市场间波动溢出效应比较

通过 7.4.1.3 节的分析，可以看出各类商品市场与原油市场的波动溢出效应具有以下特征：

（1）相对于各商品市场的价格溢出和美元汇率的外生冲击，原油市场自身收益滞后值对未来收益的影响最大，即在参数 α_{CO1}、α_{CO2}、β_{CO} 中 α_{CO1} 绝对值最大。而金属市场和农产品市场收益在金融危机前受美元指数冲击的影响最大。危机后，美元指数对商品市场的冲击减弱，各商品市场收益主要受自身滞后值的影响。

（2）危机前，原油市场对金属市场和农产品市场的价格溢出效应显著，而危机后，原油市场对非能源商品市场及金属市场的价格溢出效应显著。反之，危机前，各市场均存在对原油市场的价格溢出效应，而危机后，农产品市场对原油市场的价格溢出效应消失。说明原油市场与金属市场价格之间的联动比较牢固，而原油市场与农产品市场价格之间的关系还不稳定。

（3）危机前，原油市场对非能源商品市场、金属市场及农产品市场均存在显著的方差溢出效应；危机后，原油市场仅对非能源商品市场和金属市场存在显著的方差溢出效应，并且这种波动溢出程度较金融危机前均有不同程度的减弱。这说明高油价波动对其他商品市场的影响要大于低油价时的影响。

（4）原油市场、金属市场、农产品市场及整个非能源商品市场均存在显著的波动持续性，即较大幅度的波动通常会伴随着同向的较大波动。其中，原油市场的波动持续性最强，也反映了原油市场的交易相对更加活跃，对油价波动具有很强的维持作用。

（5）危机前，非能源商品市场、金属市场对原油市场波动均存在显著的非对称效应，而危机后，仅金属市场对原油市场波动的非对称效应显著。反之，原油市场对金属市场波动的非对称效应在危机前后均显著。

（6）危机前，美元指数对原油市场、金属市场、农产品市场及整个非能源商品市场的价格溢出和波动溢出效应均很显著，反映了美元汇率市场与商品市场之间的反向作用机制。而金融危机后，美元指数对各商品市场的冲击大部分并不显著，这是因为美国为了刺激经济复苏继续采用弱势美元的宽松货币政策，而各商品市场价格受危机影响大幅度下跌，两者之间的反向作用机制被抑制，因而美元指数对各商品市场的溢出效应减弱。

7.4.2　动态条件相关性

本节在考察原油市场与各商品市场之间波动溢出效应的同时，为了进一步分析原油市场与各商品市场间关联随时间变化的特性及对金融危机前后相关性的变化进行对比，本节对时变条件相关系数进行了估计。根据表 7-3，参数 c_{i2} 均显著且接近于 1，说明原油市场与各商品市场间的时变相关表现出很强的持续性，这与各商品市场自身的波动持续特性相一致。

图 7-3（a）给出了原油市场与非能源商品市场间的动态条件相关系数。从图中可以发现，原油市场与非能源商品市场间的相关系数在金融危机前后表现出明显不同的特征。金融危机前，条件相关系数先降后升，呈现出明显的"V形"走势，拐点出现在2007年8月附近。而金融危机后，原油市场和非能源商品市场相关性增强，条件相关系数超过危机前的最高点，并维持在较高水平小幅度波动。

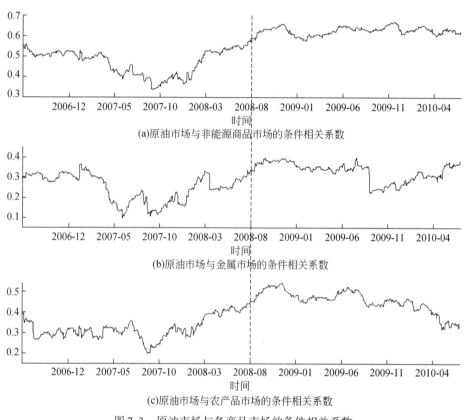

(a)原油市场与非能源商品市场的条件相关系数

(b)原油市场与金属市场的条件相关系数

(c)原油市场与农产品市场的条件相关系数

图 7-3　原油市场与各商品市场的条件相关系数

结合图 7-2 中原油价格和非能源商品 CRB 指数走势可以对条件相关系数的这种变化趋势给出合理的解释。自 2004 年开始，受全球经济快速增长和需求旺盛影响，原油价格出现一轮快速上涨，各类非能源商品价格也陆续开始上涨。然而，在这一全球商品价格普遍上涨过程中，原油市场与其他商品市场价格的上涨并不完全同步，原油作为一种战略资源被国际投资者所看好。因此，大量的投机资金流入原油市场，并进一步助推油价的高涨。由于原油市场的高收益，其他市场资本向原油市场转移，投资替代效应明显。因此，在2007 年 8 月之前，非能源商品价格走势相对于油价走势较为平稳，两者的相关性随油价的持续上涨而出现下降。而在 2007 年 8 月之后，美国金融危机的影响开始显现，金融股票市场开始出现大幅度下跌，但还没有波及商品市场。为了规避风险，市场的"羊群效应"使得大量的投机资金从金融市场转向商品市场。这个阶段，以原油市场为首的商品市场价

格均出现大幅度上涨，因而原油市场与非能源商品市场间的相关性开始持续增强。2008 年
8 月开始，美国金融危机从金融市场波及到商品市场，从美国波及到其他国家，全球金融
危机全面爆发。受经济持续衰退和需求疲软影响，各大宗商品市场呈现出一致的下跌趋
势，因而原油市场与非能源商品市场的相关性在 2008 年下半年持续上升。随后，2009 年
各商品市场出现不同程度的恢复，价格开始缓慢上升，因而原油市场与非能源商品市场的
相关性呈现出高位波动走势。

具体到原油市场与金属市场及农产品市场的动态条件相关系数，由于受市场自身影响
因素的制约，其变化略有不同 ［如图 7-3 的 （b） 和 （c） 所示］。但从整体来看，危机
前，原油市场与金属市场、农产品市场的条件相关性仍然表现出前低后高的趋势，并且在
2008 年下半年原油市场与各商品市场的相关性持续增长是一致的。此外，危机后原油市场
与金属市场及农产品市场的相关性较危机前整体上均有所上升，也反映了金融危机破坏了
各商品市场原有的作用机制，危机后整个商品市场价格变化主要受全球经济的影响。

7.5　本 章 小 结

本章研究了原油市场与非能源商品市场、金属市场和农产品市场 3 种不同类型的商品
市场之间的动态关系。从价格溢出、波动溢出效应及动态的条件相关性等方面考察了金融
危机前后，原油市场价格对其他商品市场价格的波动传导机制，分析了原油市场在整个商
品市场中的重要地位。通过本章的分析，可以发现原油市场与其他非能源商品市场间的波
动关系呈现出一些重要的特点，这些特点在金融危机前后发生了显著的变化。

首先，原油市场价格波动对各商品市场均有不同程度的影响，原油市场在整个商品市
场中的影响力显著。金融危机前，在国际原油价格的高涨期，原油市场对各类非能源商品
市场存在显著的波动溢出效应；金融危机后，尽管原油市场对非能源商品市场和金属市场
的波动溢出效应仍然显著，但是影响程度比危机前有较大程度的减弱。这反映了当国际油
价处于高位时，原油市场在商品市场中的影响要远大于低油价时的影响。而原油市场对各
商品市场的波动溢出效应要大于各商品市场对原油市场的波动溢出效应，也反映了原油市
场在整个商品市场中的核心地位。此外，在原油市场冲击对各商品市场波动的非对称性
中，仅对金属市场波动的非对称性影响在危机前后均显著，即来自原油市场的负面冲击对
金属市场的价格波动影响程度比正面冲击更强烈。

其次，美元指数作为外生冲击对各商品市场价格的影响在金融危机后有所减弱。根据
本章的估计结果，金融危机前，美元指数对各商品市场的价格溢出和波动溢出效应均显
著，其中美元指数收益变化对金属市场和农产品市场的影响比商品市场本身滞后值及原油
市场价格冲击的影响都要大。这也反映了在全球经济稳定的前提下，美元汇率对商品市场
的价格变化具有重要影响。金融危机后，受美国政府量化宽松货币政策的干预，美元汇率
持续走低，美元指数对除原油市场外的其他商品市场的波动溢出效应均不显著。尽管金融
危机减弱了美元汇率对原油市场的影响，但是美元指数对原油市场的波动溢出效应仍然显
著，说明美元与原油价格之间的关联十分紧密。

　　最后，原油市场与各类非能源商品市场间的动态条件相关性在金融危机前后表现出明显的不同。金融危机前，受商品市场间的投资替代效应及各商品市场自身影响因素，如供需因素等的制约，原油市场与非能源商品市场间的相关性呈现出先降后升的走势。金融危机的爆发，使得原油市场与非能源商品市场之间的信息传递更加敏感（存在双向的波动溢出效应），原油市场波动的影响会被放大并迅速传递到其他商品市场，经济衰退导致各商品市场价格作用机制暂时失效，各商品市场价格走势趋于一致，因而原油市场与各商品市场间的相关性增强。

　　综上所述，通过本章的分析可以发现，原油作为一种重要的战略资源，其在整个商品市场中始终处于核心的地位。不论是商品市场繁荣期（2006-07～2008-07）还是低迷期（2008-08～2010-06），原油市场价格波动幅度始终领先于其他商品市场，原油市场对其他商品市场具有显著的波动溢出效应。但是显然，高油价时期，原油市场对其他商品市场的影响更加显著。而市场交易同样活跃的金属市场，其与原油市场间的信息传递相对于农产品市场更加有效，原油市场与金属市场在金融危机前后均存在双向的价格溢出效应。此外，受全球经济衰退的影响，原油市场与其他商品市场间的相关性在危机后有所增强。

第8章 | 国际油气价格与汇率动态相依关系研究

自油气市场建立以来，以美元定价的交易模式使得油气价格与美元汇率之间的关系非常紧密。油价冲击通过改变石油贸易国货币（尤其是美元）的供求关系影响国际外汇市场，从而在不同程度上影响了各国实体经济。因而，国际能源价格与汇率之间的动态关系研究一直是能源金融风险管理的核心内容，也是能源市场交易者预测能源价格波动、动态调整交易策略需要关注的焦点。2008年金融危机后，市场对信息流入变得更加敏感，跨市场风险溢出效应已经成为市场系统性风险研究的焦点。本章重点解决以下问题：①油气价格与汇率之间的关系是否是动态的、不对称的？②油气价格与汇率之间的关系是否一致？汇率对油价和气价的影响哪个更大？

在当前国际市场环境和宏观经济形势仍然面临很大不确定性的背景下，如何准确刻画油气市场与汇率市场间的动态相依关系，特别是极端事件下的相依结构已经成为风险管理的重要研究内容。

8.1 能源价格与汇率关系的经济学分析

一般地，作为大宗商品交易最主要的计价和结算货币，美元与油气价格之间的关系最直接，对油气价格的影响也远远高于其他货币。理论上，当美元升值，以欧元或日元计价的油气价格就会上升，油气的需求量会下降；反之，美元贬值，其他货币的相对购买力会增加，对油气的需求量会上升。在实际油气交易中，油气进口国需要将本国货币换成美元进行交易，而油气出口国则需要将出口能源获得的美元通过与世界其他货币进行兑换以购买其他商品和服务。例如，当油价不断上涨，石油出口国出口石油会获利更多的美元，刺激石油出口国的消费，更多地购买其他国家的商品或服务，这对欧元、日元等多国货币会形成提振，促进美元的贬值，而美元贬值又会部分抵消固定汇率制的石油出口国的石油出口收入。因此，国际油气价格与美元汇率之间存在动态的复杂的联动关系。

近年来，无论是国际油气市场还是国际汇率市场都发生了剧烈的震荡。国际原油价格自 2014 年 7 月份以来开始大幅跳水，从 110 美元/桶暴跌至 40 美元/桶，成为世界石油市场新秩序重塑的直接体现。与此同时，2014 年年底，美国彻底退出量化宽松货币政策，美元汇率开始步入上升通道。另外，在原油主要生产国及一些新兴经济体国家中，俄罗斯、巴西、南非等国货币均出现腰斩，而加拿大、伊朗、尼日利亚、印度等国的货币出现了 30% 以上的跌幅，美元受到国际资金的青睐，美元价值得到进一步提振。油气价格与美元汇率变化新规律成为金融资本市场关注的焦点。

因此，本章提出一种新的时变最优 Copula 模型，能够有效度量在市场极端风险下的跨市场动态相依关系。主要贡献如下：①构造半旋转 Gumbel Copula 函数，对油气市场与美元汇率市场间非线性、非对称的反向协同运动进行刻画。②引入独立性的无分布检验，提出了数据驱动的时变最优 Copula 识别方法，准确识别每个时间点上的最优匹配的 Copula 模型，为油气价格与汇率的关系研究提供新的理论方法和新的实证发现。本章的研究框架如图 8-1 所示。

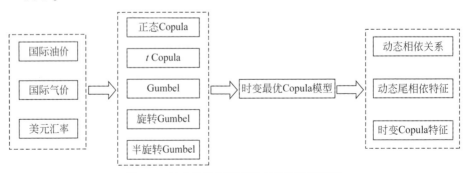

图 8-1 油价价格与汇率动态相依研究框架

8.2　时变最优 Copula 建模

市场价格由于受到市场基本面、突发事件和外部信息流入等多维因素的交互影响，不同市场价格之间的相依结构是随时间动态变化的，其较高的复杂性意味着采用单一、固定的 Copula 函数很难准确并完整地刻画这一动态特性。因此，本节提出数据驱动的时变最优 Copula 识别方法，对不同市场间的时变相依结构进行准确刻画。

8.2.1　Copula 函数建模

Copula 是一个多元分布函数，其边缘分布是 $[0, 1]$ 区间的均匀分布。二元 Copula 的严格定义为：若随机变量 $U, V \sim \text{Uniform}(0, 1)$，则二维随机向量 (U, V) 的联合分布为一个 Copula 函数，记为 $(U, V) \sim C$。根据 Sklar（1959），二元随机向量 (x, y) 的联合分布函数 F 可表示为

$$F(x, y) = C[F_X(x), F_Y(y)] \tag{8-1}$$

式中 F_X，F_Y 表示 (x, y) 的边缘分布；C 表示描述 (x, y) 间相依结构的 Copula 函数。若所有的累积分布函数可微，则 (x, y) 的联合密度 f 可表示为

$$f(x, y) = c(u, v) \cdot f_X(x) \cdot f_Y(y) \tag{8-2}$$

式中，$u = F_X(x)$，$v = F_Y(y)$，Copula 密度函数 $c(u, v) = \dfrac{\partial^2 C(u, v)}{\partial u \partial v}$。

跨市场相依关系分为正向相依和负向相依。由于市场外部冲击影响，市场相依关系往往具有高度复杂性及非线性等特点，因而采用 Kendall's τ 秩相关系数来刻画市场相依关系的强度和方向。同样，跨市场极端相依具有正向极端相依和负向极端相依两种不同的情况。根据 Joe（1997），这里采用 Copula 捕捉下尾和上尾相依函数以度量市场正向极端协同运动，即对于随机变量 X、Y，其累积分布函数分别为 F_X、F_Y，对应的 Copula 函数为 $C(u, v)$，则对于较小的 α（如 0.05），

$$\tau^{LL}(\alpha) = \Pr[X < F_X^{-1}(\alpha) \mid Y < F_Y^{-1}(\alpha)] = \frac{C(\alpha, \alpha)}{\alpha} \tag{8-3}$$

$$\tau^{UU}(\alpha) = \Pr[X > F_X^{-1}(1-\alpha) \mid Y > F_Y^{-1}(1-\alpha)] = \frac{C(1-\alpha, 1-\alpha) + 2\alpha - 1}{\alpha} \tag{8-4}$$

另外，参照下尾和上尾相依形式，本节提出左上尾和右下尾相依函数以度量市场反向极端协同运动如下：

$$\tau^{LU}(\alpha) = \Pr[X < F_X^{-1}(\alpha) \mid Y > F_Y^{-1}(1-\alpha)] \tag{8-5}$$

$$\tau^{UL}(\alpha) = \Pr[X > F_X^{-1}(1-\alpha) \mid Y < F_Y^{-1}(\alpha)] \tag{8-6}$$

式中，$\tau^{LL}(\alpha)$、$\tau^{UU}(\alpha)$、$\tau^{LU}(\alpha)$ 和 $\tau^{UL}(\alpha)$ 分别表示下尾相依、上尾相依、左上尾相依及右下尾相依。显然，下尾相依 $\tau^{LL}(\alpha)$ 和上尾相依 $\tau^{UU}(\alpha)$ 仅能刻画市场间同向极端协同运动，而左上尾相依 $\tau^{LU}(\alpha)$ 和右下尾相依 $\tau^{UL}(\alpha)$ 则能度量市场间反向极端协同

运动。为了捕捉跨市场间非对称的左上尾相依 τ^{LU}（α）和右下尾相依 τ^{UL}（α），8.2 节对 Gumbel Copula 函数进行了扩展。

8.2.1.1　Copula 半旋转变换及其相依性质

一般地，常用的 Copula 函数有 Normal、t、Gumbel、Rotated Gumbel 等。其中，Normal Copula 和 t Copula 可以描述对称的正负相依性，但 Normal Copula 不具有尾部相依，而 t Copula 具有对称的尾部相依。Gumbel 及旋转 Gumbel 都可以描述非对称的正相依性，但旋转 Gumbel 仅具有下尾相依，而 Gumbel Copula 仅具有上尾相依。Patton（2012）指出，对于常用的 Gumbel Copula 来讲，如果仅仅翻转第一个变量或第二个变量，则可以拟合负相依，并且尾相依将处于二或四象限，并称相应的变换过程为半旋转过程。因此，为捕捉跨市场间非对称的左上尾相依 τ^{LU}（α）和右下尾相依 τ^{UL}（α）等极端相依，本节构造了半旋转 Gumbel Copula 函数。

可以证明，当 $U \sim$ Uniform（0，1）时，$1-U \sim$ Uniform（0，1）。为捕捉各种类型的跨市场相依关系，这里给出定理 1 ～定理 3 的严格证明。其中，定理 1 给出了半旋转 Gumbel Copula 分布的具体形式，定理 2 探讨了 Gumbel 类 Copula 与 Kendall's τ 秩相关系数的关系，定理 3 给出了左上尾、右下尾相依与 Copula 函数之间的关系表达。

定理 1：对于 Gumbel Copula 分布 C_{OG}（θ），如果二元随机向量（U，V）满足 U，$V \sim$ Uniform（0，1）且（U，V）$\sim C_{OG}$（θ），令 c_{iG}（u，v；θ）为 Copula C_{iG}（u，v；θ）的密度函数（$i \in \{O, R_1, R_2\}$），则

$$(1-U,V) \sim C_{R1G}(\theta)$$

$$C_{R1G}(u,v;\theta)=v-C_{OG}(1-u,v;\theta),\ c_{R1G}(u,v;\theta)=c_{OG}(1-u,v;\theta),\ \theta\in\Theta_G \quad (8-7)$$

$$(U,1-V) \sim C_{R2G}(\theta)$$

$$C_{R2G}(u,v;\theta)=u-C_{OG}(u,1-v;\theta),\ c_{R2G}(u,v;\theta)=c_{OG}(u,1-v;\theta),\ \theta\in\Theta_G \quad (8-8)$$

式中，Θ_G =（1，∞）；C_{R1G} 和 C_{R2G} 表示半旋转 Gumbel；C_{OG} 表示原始 Gumbel。半旋转 Gumbel Copula（C_{R1G}、C_{R2G}）与旋转 Gumbel Copula（C_{RG}）的主要区别在于，R_1 表示原始 Gumbel Copula 的密度函数以 $u=0.5$ 为对称平面作镜像变换，R_2 表示以 $v=0.5$ 为对称平面作镜像变换，而 R 表示原始 Gumbel Copula 的密度函数以 $\begin{cases} u=0.5 \\ v=0.5 \end{cases}$ 为对称轴作 180°旋转变换。以上变换过程中，Copula 参数 θ（形状参数）保持不变。

证明：记（U，V）$\sim C_{OG}$（θ），则 C_{OG}（u，v；θ）= Pr（$U\leqslant u$，$V\leqslant v$）。令 $U'=1-U$，$V'=V$，由 Copula 定义，有（U'，V'）$\sim C_{R1G}$（θ），则

$$\begin{aligned} C_{R1G}(u,v;\theta) &= \Pr(U'\leqslant u,V'\leqslant v)=\Pr(1-U\leqslant u,V\leqslant v) \\ &= \Pr(V\leqslant v)-\Pr(U<1-u,V\leqslant v) \\ &= v-C_{OG}(1-u,v;\theta) \end{aligned}$$

同理，

$$C_{R2G}(u,v;\theta)=u-C_{OG}(u,1-v;\theta)$$

因此，对 $\forall i \in \{O, R_1, R_2\}$，令 c_{iG}（u，v；θ）$= \dfrac{\partial^2 C_{iG}(u,\ v;\ \theta)}{\partial u \partial v}$，那么 Copula

C_{iG} （u，v；θ） 的密度函数为

$$c_{R1G}(u,v;\theta)=c_{OG}(1-u,v;\theta)，\theta\in\Theta_G$$

$$c_{R2G}(u,v;\theta)=c_{OG}(u,1-v;\theta)，\theta\in\Theta_G$$

引理 1 （Nelsen，1999）：若 X 和 Y 是连续的随机变量，其 Copula 相依结构为 C（u，v；θ），则 X 和 Y 之间的 Kendall's τ 为 τ（θ）$=4\int_0^1\int_0^1 C(u，v；\theta)\mathrm{d}C(u，v；\theta)-1$。如果 C（u，v；θ） 的二阶混合偏导数 c（u，v；θ） 存在，则 τ（θ）$=4\int_0^1\int_0^1 C(u，v；\theta)c(u，v；\theta)\mathrm{d}u\mathrm{d}v-1$。如果 Copula 相依结构为 Gumbel Copula，则 τ（θ）$=\dfrac{\theta-1}{\theta}$，$\theta\in$（$1，\infty$）。

定理 2：Copula C_{iG}（θ）（$i\in\{O，R\}$） 只能拟合具有正相依关系的随机向量，而 Copula C_{iG}（θ）（$i\in\{R_1，R_2\}$） 只能拟合具有负相依关系的随机向量。

证明：根据引理 1，

$$\tau_{R1G}（\theta）=4\int_0^1\int_0^1 C_{R1G}(u，v；\theta)c_{R1G}(u，v；\theta)\mathrm{d}u\mathrm{d}v-1$$

$$=4\int_0^1\int_0^1[v-C_{OG}(1-u，v；\theta)]c_{OG}(1-u，v；\theta)\mathrm{d}u\mathrm{d}v-1$$

$$=-4\int_0^1\int_0^1 C_{OG}(1-u，v；\theta)c_{OG}(1-u，v；\theta)\mathrm{d}u\mathrm{d}v+1$$

令 $\begin{cases}u=1-s\\v=t\end{cases}$，则 $|J(s,t)|=\left|\dfrac{\partial(u，v)}{\partial(s，t)}\right|=\left|\begin{matrix}-1&0\\0&1\end{matrix}\right|=|-1|=1$，那么

$$\tau_{R1G}（\theta）=-4\int_0^1\int_0^1 C_{OG}(1-u，v；\theta)c_{OG}(1-u，v；\theta)\mathrm{d}u\mathrm{d}v+1$$

$$=-4\int_0^1\int_0^1 C_{OG}(s，t；\theta)c_{OG}(s，t；\theta)|J(s，t)|\mathrm{d}s\mathrm{d}t+1$$

$$=-4\int_0^1\int_0^1 C_{OG}(s，t；\theta)c_{OG}(s，t；\theta)\mathrm{d}s\mathrm{d}t+1$$

因此，τ_{R1G}（θ）$=-\tau_{OG}$（θ）$=-\dfrac{\theta-1}{\theta}$，$\theta\in\Theta_G$

同理，

$$\tau_{RG}（\theta）=\tau_{OG}（\theta）=\frac{\theta-1}{\theta}，\theta\in\Theta_G；$$

$$\tau_{R2G}（\theta）=-\tau_{OG}（\theta）=-\frac{\theta-1}{\theta}，\theta\in\Theta_G$$

定理 3：对于任一 C_{ij}，$i\in\{O，R_1，R，R_2\}$，$j\in\{N，t，G\}$（当 $i=O$ 时，$j\in\{N，t，G\}$；当 $i\in\{R_1，R，R_2\}$ 时，$j=G$），对于较小的 α（如 0.05），其尾相依函数可表示为

$$\tau_{ij}^{LU}（\alpha；\theta）=\frac{\alpha-C_{ij}（\alpha，1-\alpha；\theta）}{\alpha}，\theta\in\Theta_j \tag{8-9}$$

$$\tau_{ij}^{UL}（\alpha；\theta）=\frac{\alpha-C_{ij}（1-\alpha，\alpha；\theta）}{\alpha}，\theta\in\Theta_j \tag{8-10}$$

证明：由 Copula，可以得到相应的随机变量 X 和 Y 均不超过给定的分位数的概率，即 $C(u, v) = \Pr[X \leqslant F_X^{-1}(u), Y \leqslant F_Y^{-1}(v)]$，因此，对任意给定的 $C_{ij}(u, v; \theta)$，$i \in \{O, R_1, R, R_2\}$，$j \in \{N, t, G\}$，其左上尾相依函数为

$$\tau_{ij}^{LU}(\alpha; \theta) = \Pr[X < F_X^{-1}(\alpha) \mid Y > F_Y^{-1}(1-\alpha)] = \frac{\Pr[X < F_X^{-1}(\alpha), Y > F_Y^{-1}(1-\alpha)]}{\Pr[Y > F_Y^{-1}(1-\alpha)]}$$

$$= \frac{\Pr[X < F_X^{-1}(\alpha)] - \Pr[X < F_X^{-1}(\alpha), Y \leqslant F_Y^{-1}(1-\alpha)]}{\Pr[Y > F_Y^{-1}(1-\alpha)]}$$

$$= \frac{\alpha - C_{ij}(\alpha, 1-\alpha; \theta)}{\alpha}$$

同理，

$$\tau_{ij}^{UL}(\alpha; \theta) = \frac{\alpha - C_{ij}(1-\alpha, \alpha; \theta)}{\alpha}$$

8.2.1.2　Copula 性质总结

本节通过 Copula 密度函数图（图 8-2、图 8-3）对各种 Copula 函数的适用范围给出更直观的描述，并总结各 Copula 函数的性质（详见表 8-1）。Normal、t、R_1 Gumbel、R_2 Gumbel Copula 函数可以刻画跨市场反向协同运动；而 Normal、t、Gumbel、R Gumbel Copula 可以刻画市场正向协同运动。其中，Normal Copula 没有尾相依性，t Copula 有对称的尾相依性，R_1 Gumbel、R_2 Gumbel、Gumbel 和 R Gumbel 分别具有非对称的左上尾、右下尾、上尾和下尾相依。总之，本节 Copula 集合可以捕捉各种类型的跨市场相依结构。

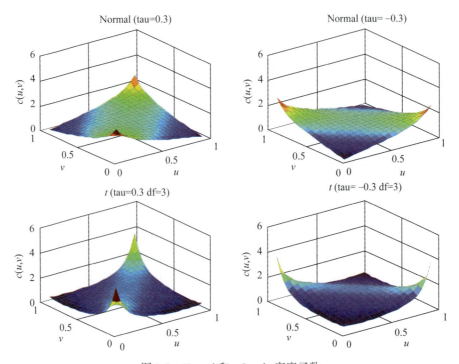

图 8-2　Normal 和 t Copula 密度函数

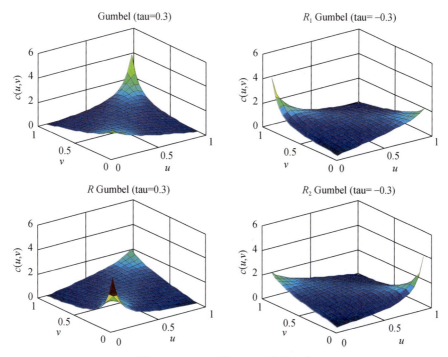

图 8-3　Gumbel-类 Copula 密度函数

表 8-1　Copula 性质总结

类型	参数	分布	相依关系	尾相依
Normal	$(-1, 1)$	对称	正、负相依	无
t	$(-1, 1)$, $(2, \infty)$	对称	正、负相依	全部尾相依
Gumbel	$(1, \infty)$	非对称	正相依	上尾相依
R_1 Gumbel	$(1, \infty)$	非对称	负相依	左上尾相依
R Gumbel	$(1, \infty)$	非对称	正相依	下尾相依
R_2 Gumbel	$(1, \infty)$	非对称	负相依	右下尾相依

8.2.1.3　Copula 参数估计及其拟合优度检验

在本书中，采用半参数两步法估计 Copula 参数，即 CML 方法（Cherubini et al., 2004）。由于金融资产收益往往具有波动聚集性，这里采用 GARCH (1,1) 模型拟合市场收益得到近似独立同分布的标准化残差，通过标准化残差的分布导出收益的条件分布，即给定 t 时刻的历史信息集 Ω_{t-1} 条件下，收益的条件分布 $F_{r_{i,t}}(r \mid \Omega_{t-1}) = \Pr(r_{i,t} \leqslant r \mid \Omega_{t-1}) = \Pr\left(\varepsilon_{i,t} \leqslant \dfrac{r - \mu_i}{\sqrt{h_{i,t}}} \mid \Omega_{t-1} \right) = F_{\varepsilon_i}\left(\dfrac{r - \mu_i}{\sqrt{h_{i,t}}} \right)$，从而 $F_{r_{i,t}}(r_{i,t} \mid \Omega_{t-1}) = F_{\varepsilon_i}(\varepsilon_{i,t})$。Fermanian 和 Scaillet（2004）通过 Monte Carlo 方法研究表明，错误识别边缘分布将对 Copula 参数的估

计产生较大的偏差，并提出如果不清楚边缘分布的具体形式，应该选择半参数方法。因此，这里采用经验累积分布函数（ECDF）估计标准化残差 $\{\hat{\varepsilon}_{i,t}\}_{t=1}^{T}$ 的分布，即

$$\hat{F}_{\varepsilon_i}(\varepsilon) = \frac{1}{T+1}\sum_{t=1}^{T} I_{(\hat{\varepsilon}_{i,t}\leqslant\varepsilon)} \tag{8-11}$$

式中，$I_{(.)}$ 表示示性函数，当 $\hat{\varepsilon}_{i,t} \leqslant \varepsilon$ 时取值为1，否则为0。通过收益的条件分布，可以将收益序列 $\{r_{i,t}\}_{t=1}^{T}$ 转化为 $[0,1]$ 区间的均匀分布序列 $\{\hat{F}_{\varepsilon_i}(\hat{\varepsilon}_{i,t})\}_{t=1}^{T}$，进而通过伪极大似然方法估计 Copula 参数 θ 如下：

$$\hat{\theta}_{ij} = \underset{\theta}{\mathrm{argmax}}\sum_{t=1}^{T}\ln c_{ij}[\hat{F}_{\varepsilon X}(\hat{\varepsilon}_{X,t}), \hat{F}_{\varepsilon Y}(\hat{\varepsilon}_{Y,t}); \theta] \tag{8-12}$$

对于 Copula 建模而言，除了参数估计外，另外一个重要的问题是检验真实的未知 Copula 是否为已选的 Copula 类型，从而有如下检验：

$$T_1: H_0: C \in \mathscr{C}=\{C_\theta: \theta \in \mathcal{Q}\} \text{ vs. } H_1: C \notin \mathscr{C}$$

式中，Q 表示 R 上的开子集。如果真实的未知 Copula 属于 $\mathscr{C}$，则存在唯一的 $\theta \in Q$，使得 $C \in \mathscr{C}$。进行 T_1 检验需要基于如下函数，

$$\mathbb{C}(u, v) = \sqrt{n}\{C_n(u, v) - C_{\hat{\theta}}(u, v)\} \tag{8-13}$$

其中经验 Copula 函数 $C_n(u, v)$ 为真实未知的 Copula 的一致估计（不论 H_0 是否为真），而 $C_{\hat{\theta}}(u, v)$ 为在 H_0 为真的前提下 $C(u, v)$ 的估计，显然当二者具有显著差异时作者倾向于接受 H_1 假设。考虑到程序的计算速度，本节根据 Kojadinovic 等（2011）提出的基于乘数中心极限定理的拟合优度检验验证某个 Copula 能否准确刻画跨市场间相依结构。

8.2.2 时变最优 Copula 建模

目前，常用的时变 Copula 模型大多是对单一 Copula 的相依参数建模，如 Patton（2006）提出的时变 Copula 模型假设相依参数服从 ARMA-type 过程；与之类似，Creal 等（2008）假设相依参数服从 GAS（p, q）过程；Giacomini 等（2009）通过局部参数的自适应方法估计时变 Copula 参数；Hafner 和 Reznikova（2010）采用半参数方法对 Copula 相依参数进行动态建模等。这些时变 Copula 模型均为固定 Copula 函数类型不变，而仅仅允许 Copula 相依参数随时间动态变化。允许 Copula 相依类型随时间变化的大多是机制转移 Copula 模型，通过引入状态变量，描述不同机制下的相依结构类型（Okimoto, 2008; Garcia and Tsafack, 2011）。在机制转移模型中，增加状态将使得待估参数数目迅速增多，因而描述多变的跨市场协同运动困难增大。本节提出数据驱动的时变最优 Copula 识别方法，能够很好地刻画市场间相依结构的动态性，其建模过程分为最优 Copula 建模和时变建模两步。时变最优 Copula 建模过程如下：

8.2.2.1 最优 Copula 建模过程

在最优 Copula 建模过程中，要明确两点：第一，样本序列正、负相依关系的显著性。

第二，对应于正、负相依关系的可选 Copula 集。因此，首先需要根据样本对 (X, Y) 的相依关系进行统计推断。对于序列长度为 n 的随机向量 (X, Y)，建立如下两个检验：

$$T_2 : H_0 : \tau = 0 \text{ vs. } H_1 : \tau < 0 \qquad (8\text{-}14)$$

$$T_3 : H_0 : \tau = 0 \text{ vs. } H_1 : \tau > 0 \qquad (8\text{-}15)$$

检验统计量 $K^* = \dfrac{K - E_0(K)}{\sqrt{\mathrm{var}_0(K)}} = \dfrac{K}{\sqrt{\mathrm{var}_0(K)}} = \dfrac{\left(\dfrac{n}{2}\right) \cdot \hat{\tau}}{[n(n-1)(2n+5)/18]^{1/2}} \xrightarrow{d} N(0, 1)$

（Hollander and Wolfe，1973）。因此，给定显著性水平 α，当 $K^* < -u_\alpha$（u_α 是标准正态分布的上侧 α 分位数），即 $\hat{\tau} < -u_\alpha \dfrac{[n(n-1)(2n+5)/18]^{1/2}}{\left(\dfrac{n}{2}\right)}$ 时，两序列显著负相依；当 K^*

$> u_\alpha$，即 $\hat{\tau} > u_\alpha \cdot \dfrac{(n(n-1)(2n+5)/18)^{1/2}}{\left(\dfrac{n}{2}\right)}$ 时，两序列显著正相依。

因此，最优 Copula 的求解算法如下：

第一步：采用 GARCH $(1, 1)$ 模型拟合 t 时刻子样本（时间 t 为子样本最后一个点），进而得到 $[0, 1]$ 区间的均匀分布序列。

第二步：计算 t 时刻子样本的 Kendall's τ，记为 $\hat{\tau}_t$。

第三步：如果 $\hat{\tau}_t < -u_\alpha \dfrac{[n(n-1)(2n+5)/18]^{1/2}}{\left(\dfrac{n}{2}\right)}$，则从 $\{N, t, R_1G, R_2G\}$ 中通过

比较对数极大似然值选择 t 时刻最优的 Copula；否则，转第四步。

第四步：如果 $\hat{\tau}_t > u_\alpha \dfrac{[n(n-1)(2n+5)/18]^{1/2}}{\left(\dfrac{n}{2}\right)}$，则从 $\{N, t, G, RG\}$ 中通过比较

对数极大似然值选择 t 时刻最优的 Copula；否则，转第五步。

第五步：从 $\{N, t\}$ 中选择 t 时刻最优的 Copula。

8.2.2.2　时变建模过程

滚动窗口分析是时间序列分析的常用方法，大量文献采用滚动窗口方法对经济现象或市场特征进行动态分析（Swanson，1998；Fan and Gu，2003；Hill，2007；Aloui et al.，2013a）。同样，本节采用滚动窗口分析完成时变最优 Copula 模型的时变建模过程。参考 Fan 和 Gu（2003）及 Aloui 等（2013a），将窗口长度固定为 250 天，近似一年的交易期。从实证结果来看，将窗宽选取为 250 天的简化处理并不妨碍我们得出　般化结论。另外，对于各时间窗口内最优拟合的 Copula 是否能够准确刻画二元序列间相依关系，本节进行了拟合优度检验。

8.3　油气价格与汇率相依关系实证研究

本节采用时变最优 Copula 模型对国际原油市场、天然气市场与美元汇率市场协同运动

进行实证分析。采用 Copula 模型进行能源市场与外汇市场间相依关系的研究还十分有限（Reboredo，2012；Wu et al.，2012；Aloui et al.，2013b）。本章中，能源市场选取 Brent原油价格（OIL）和 Henry Hub 天然气价格（GAS），数据来源于美国能源信息署；外汇市场选取美元指数（USDX），数据来源于美国联邦储备银行。样本期从 2000 年 1 月 4 日 ~2014 年 8 月 22 日。

8.3.1　数据与描述性统计

表 8-2 展示了石油、天然气及美元指数日收益序列的描述性统计。在整个样本期，这些序列均为偏态（非对称）分布，且具有明显的波动聚集现象，Jarque-Bera 统计量均显著地拒绝了序列分布的正态性假设。各收益序列及收益平方序列的 Ljung-Box 统计量表明各收益序列存在显著的条件异方差，LM 检验统计量也表明各收益序列存在明显的 ARCH效应。以上检验结果表明，本节对各收益序列构建 GARCH（1，1）模型是合理的。

表 8-2　各市场收益序列的描述性统计及 ARCH 效应检验

统计量	OIL	GAS	USDX
Mean	0.0392	0.0161	−0.0054
Median	0.0722	0.0000	−0.0001
Max.	18.1297	57.6663	2.1553
Min.	−19.8907	−56.8175	−4.1073
Std. Dev.	2.2608	4.6566	0.4648
Skew.	−0.3063	0.6557	−0.2398
Kurt.	8.9431	24.7312	6.7913
Jarque-Bera	5421.3**	71826**	2217.9**
Q（9）	13.27	220.00**	9.56
Q^2（9）	345.50**	1745.28**	410.38**
ARCH（9）	199.13**	1025.10**	252.21**

＊＊表示在 1% 的水平下显著。

注：Q、Q^2 分别表示收益序列、收益平方序列的 Ljung-Box 检验统计量；ARCH 表示 ARCH 效应的 Lagrange Multiplier 检验统计量。

8.3.2　跨市场协同运动

整体来看，美元与原油呈强反向协动关系，美元与天然气呈弱反向协动关系，而原油与天然气市场呈正向协动关系（图 8-4 ~ 图 8-6）。2008 年爆发的金融危机及 2011 年的欧债危机，使得 OIL-USDX、GAS-USDX、OIL-GAS 市场收益间的阶段性协同运动显著增强，表现为 Kendall's τ 秩相关系数的值在危机爆发期明显增大，并且伴随危机影响的消除逐渐减弱。在 2008～2012 年的整个经济危机的大背景下，OIL-USDX、GAS-USDX 市场协动关系呈 "W" 形，OIL-GAS 则呈 "M" 形。这也反映了不同市场间信息传染效应的强弱与外生冲击的强度有直接关系。另外，与原油市场相比，天然气市场的全球化程度不高，且其影响机制和影响因素都相对复杂，因而 GAS-USDX 市场间的反向关系整体很微弱。

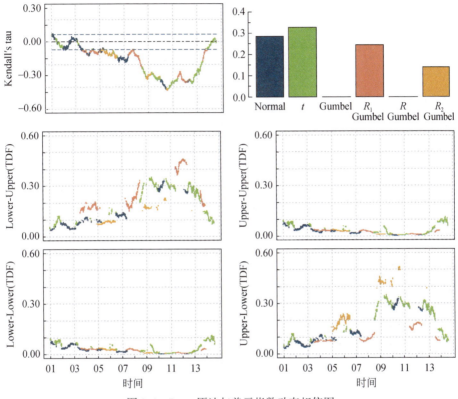

图 8-4　Brent 原油与美元指数动态相依图

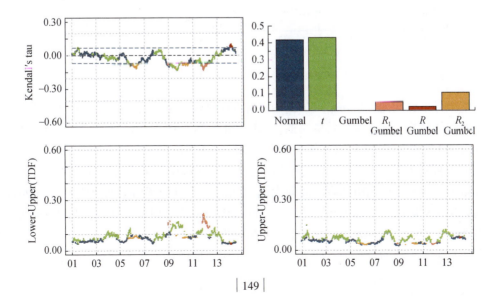

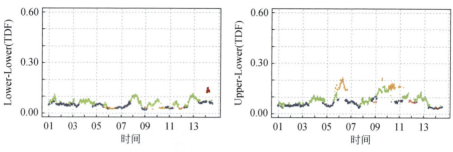

图 8-5　Henry Hub 天然气与美元指数动态相依图

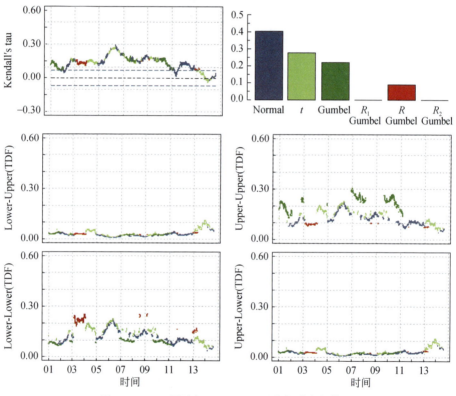

图 8-6　Brent 原油与 Henry Hub 天然气动态相依图

在整个样本区间内，Normal 和 t Copula 所占比例较大，说明在大部分时间里市场间具有对称的相依结构。而在某些特殊时期，OIL-USDX 和 GAS-USDX 市场对中最优的 Copula 为 R_1 Gumbel 或 R_2 Gumbel，表明能源市场与外汇市场间确实存在非对称的反向极端相依。例如，在短暂的 2008 年上半年的金融危机前夕，原油市场与美元市场间最优的相依结构为 R_2 Gumbel，Brent 原油市场收益倾向大幅上涨而美元市场倾向大幅下跌；而在 2011 年年中的欧债危机阶段，原油市场与美元市场间最优的相依结构为 R_1 Gumbel，Brent 原油市场收益处于下行风险而美元市场处于上行通道。上述实证结果与现实情况的吻合不仅表明左上尾和右下尾相依的存在性，同时验证了采用时变最优 Copula 模型研究跨市场极端相依的有效性。

综上，时变最优 Copula 实证结果表明，跨市场相依关系强度具有明显的动态特征；相依方向也不总是表现为正或负相依，有时会出现正、负相依模式的交替；整个样本期最优的 Copula 相依结构也随时间动态变化。因而，本章提出的时变最优 Copula 模型能够很好地刻画市场间相依结构模式转变的动态性，准确捕捉市场间的动态相依关系。

8.3.3　TVOC 模型的拟合优度检验

为检验 TVOC 是否在任意时点能够准确刻画市场间相依结构，这里采用 8.2.1.3 节中的拟合优度检验对每个窗口期最优的 Copula 进行检验，其动态检验 p 值如图 8-7 所示。能够看出在绝大多数时间点最优 Copula 的拟合优度检验 p 值均大于 0.05，表明 TVOC 模型基本可以准确刻画跨市场动态相依特征。

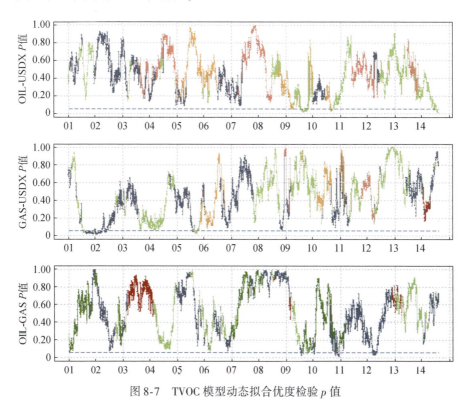

图 8-7　TVOC 模型动态拟合优度检验 p 值

8.4　本 章 小 结

本章提出了一个新的研究市场动态相依结构的方法——时变最优 Copula 模型，该方法适用于跨市场动态相依性分析。

    研究表明时变最优 Copula 模型能很好地描述极端风险下跨市场相依的动态特征，主要优势在于：①构造的半旋转 Gumbel 模型能够有效地刻画跨市场非对称的反向相依关系，弥补了常用的 Copula 函数（Normal、t、Gumbel）在这方面的缺陷。②构造的时变最优 Copula 模型提供了一个动态 Copula 函数集合，能够动态捕捉各种类型的跨市场相依模式，弥补了采用单一、静态 Copula 函数在这方面的缺陷。③时变最优 Copula 模型的动态性不仅包括了相依方向、相依强度的动态性，而且还包括相依结构类型的动态性。

    实证结果表明，在不同条件下，市场间相依关系的特征及程度都是不同的。在经济平稳运行期，市场间大多具有对称的相依性，最优的 Copula 通常为 Normal 和 t Copula。在此经济背景下，相依关系的方向、程度与资产属性及其内部经济关联有关。然而，上述因素导致的跨市场相依关系往往是弱相依的。相反，在极端事件情景下，市场相依常常是非对称的，这一时期的市场间相依关系主要由极端的外部冲击决定，因而市场收益间相依关系往往呈现明显增强的趋势，市场间风险溢出效应明显加大。

    因此，本章提出的时变最优 Copula 模型能够刻画不同机理影响下的市场间相依关系，这对于市场投资者和风险管理者灵活调整投资组合策略、规避投资风险及防范市场风险溢出乃至金融传染等方面具有重要的意义。而且，本章构造的半旋转 Copula 在度量非线性非对称负相依关系方面具有较大的优势，能够为市场风险管理者构建投资组合进行风险对冲提供新的分析工具。

第9章 中国石油市场的影响力研究

伴随着中国石油价格的市场化改革进程，中国的石油价格也越来越受到国际油价的影响。随着经济的快速发展，原油进口量不断增加，中国石油市场在国际市场的影响力也在不断增加。特别是 2008 年全球经济危机后，以美国为首的 OECD 国家经济衰退严重，石油需求疲软，中国等新兴发展中国家石油需求的增加对国际油价的支撑作用比较明显。而且，随着中国金融市场体系的日益完善，中国商品期货市场也成为全球商品期货市场体系不可或缺的重要组成部分。本章重点解决以下问题：①中国石油市场与国际石油市场之间的关系如何？②中国石油市场与其他商品市场之间是否存在信息传导？③中国商品市场与国际商品市场之间的信息溢出方向是怎样的？

本章考察了中国石油市场在国际商品市场中的地位，这对于完善中国的市场体系建设和认识国际经济规律具有重要的意义。

9.1 中国商品市场与国际商品市场的关系

9.1.1 中国商品市场化进程

中国商品市场化改革是改革开放和建设社会主义市场经济体系过程中重要的组成部分。随着中国市场经济的不断深入，中国的商品市场化程度也在不断加深。而商品市场化程度的标准主要是看商品在多大程度上是由市场定价。到目前为止，大部分商品都已经实现了由市场定价，商品期货市场是市场定价的有效手段。我国的商品期货市场产生于 20 世纪 90 年代，经过一系列整顿和压缩，最终形成了郑州商品交易所（Zhengzhou Commodity Exchange，CZCE）、上海期货交易所（Shanghai Futures Exchange，SHFE）和大连商品交易所（Dalian Commodity Exchange，DCE）3 家商品期货交易所（刘军峰，2004）。

在经历了 1997~2002 年的低迷之后，中国商品期货市场自 2003 年开始迅速发展，到目前为止，已经成功上市了 23 个商品期货品种，除原油外，国际市场大宗商品期货品种在中国都已上市，覆盖农产品、金属、能源、化工等诸多产业领域的商品期货品种体系基本形成。其中，能源和金属期货品种主要在上海期货交易所上市，而大连商品交易所则是中国最大的农产品期货交易所。根据美国期货业协会（FIA）统计数据显示，2008 年中国燃料油交易量在全球能源类排名第八位，锌、铜、铝分列金属类第四、五、八位。此外，中国包揽了农产品期货交易量排名的前三位（白糖、大豆和豆粕）。另外，我国的玉米、豆油、强麦也进入农产品类前十强。而 2009 年中国商品期货成交量占全球总成交量高达43%，更是跃居全球第一。

随着中国商品期货市场的发展，中国商品市场与国际市场价格间的关系正在变得更加紧密。一方面，国内投资者往往根据国际商品期货价格判断全球供需变化，进而改变投资策略，影响国内商品价格。另一方面，随着中国经济的快速发展，中国对大宗商品的需求不断增加，需要大量进口，有些商品已经构成了国际市场的重要买方力量之一，进而影响到国际市场的价格变化。尽管中国商品期货交易在全球占有很大的比重，但是由于目前中国的期货市场还不允许国际投资者直接进入，也只有少量的机构被允许在国际市场进行投资，中国商品市场与国际商品市场的交互作用还受到很大限制。中国商品期货市场与国际商品市场间是否存在明显的信息传导还需要进一步的验证。

9.1.2 中国石油市场定价机制演变过程

中国自 20 世纪 70 年代开始经济改革和实施开放政策以来，从计划经济到市场经济的有序过渡一直是近几十年来最重要的经济现象。而市场价格特别是石油市场价格机制改革已经成为中国经济体制改革过程中的一个重要环节。

但是石油作为一种重要的基础资源，其价格在 1998 年以前一直受政府管制。1993 年中国成为石油的净进口国，1996 年成为原油的净进口国，从那时开始中国的石油市场与国际石油市场的联系越来越密切。1998 年开始国内的石油市场逐步建立起了与国际油价接轨的定价机制。中国的原油价格机制从 1998 年与国际接轨后，没有发生很大的变化。原油价格主要由中国石油和中国石化两大集团协商决定，基本原则是国内陆上原油运达炼厂的成本要与进口原油到达炼厂的成本基本相当，购销双方结算价格由原油基准价和贴水（或升水）两部分构成。原油基准价格由国家发展和改革委员会根据国际市场相近品质原油的离岸价格加关税确定。贴水（或升水）的水平根据购销双方原油运杂费和国内外油种的质量差价及市场供求等情况确定。国内成品油价格管理机制改革大致经历了 3 个阶段：一是 1998 年 6 月，政府出台了《原油成品油价格改革方案》，成品油价格初步与国际市场接轨。汽油和柴油实行国家指导价，石油企业在此基础上可上下浮动 5%。二是 2000 年 6 月开始，国内成品油价格完全与国际市场接轨，汽油和柴油根据新加坡市场价格每月调整一次。三是 2001 年 11 月接轨机制得到进一步完善，采取新加坡、鹿特丹和纽约三地石油市场价格对国内成品油价格进行调整，调价频率由每月一次改为国际市场成品油价格变化超过一定幅度就作出相应调整。2006 年成品油价格又改革为以布伦特、迪拜和米纳斯 3 种原油价格为基准加上国内平均炼油成本和适当的利润确定价格。2008 年 12 月进行了新的调整，当国际油价连续 20 个工作日日均变动超过 4% 时对国内成品油价进行调整。2009 年 5 月，国家发展和改革委员会对之前的方案进一步调整，将调价周期由 20 个工作日改为 22 个工作日。

另外，在国内原油、成品油定价机制改革的过程中，国内石油期货市场也经历了一系列的变革。1993 年年初，原上海石油交易所推出了石油期货交易，主要期货合约有大庆原油、90#汽油、0#柴油和 250#燃料油四种。到 1994 年年初，原上海石油交易所的日平均交易量已超过世界第三大能源期货市场——新加坡国际金融交易所。1994 年 5 月，由于政府实行石油统一定价，石油期货合约被取消。在随后将近 10 年的时间里，中国石油期货市场一直处于空白阶段。2004 年 8 月，原上海期货交易所推出了中国到目前为止唯一的石油期货品种——燃料油期货，为中国石油市场化的发展战略提供了基础。

伴随着中国石油价格的市场化改革进程，中国的石油价格也越来越受到国际油价的影响（Jiao et al., 2007）。随着经济的快速发展，原油进口量不断增加，2002 年中国已经成为仅次于美国的第二大石油消费国，中国石油市场在国际市场的影响力也在不断增加。特别是 2008 年全球经济危机后，以美国为首的 OECD 国家经济衰退严重，石油需求疲软，中国等新兴发展中国家石油需求的增加对国际油价的支撑作用比较明显。因此，理解中国石油市场与国际市场间的信息关联对于完善中国的市场体系建设和认识国际经济规律具有重要的意义。

目前，关于中国石油市场的研究多集中在市场特征、对宏观经济的影响及与国际石油市场的关系等方面，对于中国石油市场与国内国际其他大宗商品市场间的交互研究还十分有限。

本章以中国石油市场为主体，选择原油市场（没有期货市场）和燃料油市场（有期货市场）作为两种不同市场类型的代表，对比分析了这两个市场与国内和国际其他大宗商品市场信息传导的不同特征，衡量了中国石油市场与其他商品市场间的相互影响。本章的主要贡献有 3 个方面：①构造了中国石油市场与其他商品市场间的误差修正模型，考察了金融危机前后，中国石油市场与其他商品市场价格之间的长期关系。②采用有向无环图技术构造中国石油市场与国内国际其他商品市场间的同期因果结构，对中国原油市场和燃料油市场与国内国际其他商品市场间同期信息传导机制的不同特点进行了分析。③根据有向无环图的因果模式对构造的误差修正模型方差分解中的同期因果结构施加约束，得到中国石油市场对国内外商品市场价格波动的贡献程度，分析了中国石油市场对国内和国际商品市场的影响力。本章的研究框架如图 9-1 所示。

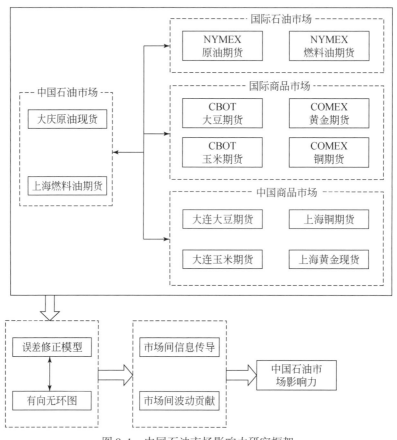

图 9-1　中国石油市场影响力研究框架

9.2　市场间信息传导模型

为了识别中国石油市场与国际石油市场、国际和国内其他商品市场间的信息传导机制，本章将有向无环图技术引入误差修正模型对中国石油市场与国际和国内商品市场间的关系进行分析。

X_t 表示包含各商品价格的向量，可以建立各大宗商品价格序列的误差修正模型（需要检验序列平稳性，见 9.4.1 节）如下：

$$\Delta X_t = \Pi X_{t-1} + \sum_{i=1}^{k-1} \Gamma_i \Delta X_{t-i} + \mu + \varepsilon_t (t = 1, 2, \cdots, T) \qquad (9\text{-}1)$$

式中，Δ 表示差分算子（$\Delta X_t = X_t - X_{t-1}$）；$\Pi = \alpha\beta'$ 表示系数矩阵，β 表示协整向量，反映长期均衡关系，α 反映了变量之间偏离长期均衡关系时，调整到均衡状态的调整速度；Γ_i 表示短期系数向量；μ 表示截距向量；ε_t 表示新息项。

根据我们建立的误差修正模型可以得到各商品市场序列残差项的相关系数矩阵，利用相关系数矩阵，可以构造商品市场间的有向无环图（建模过程见 3.2.3 节），因而得到市场间的同期信息传导流向。同时，将有向无环图确定的同期因果关系引入误差修正模型，对方差分解的同期因果结构进行限制，从而得到中国石油市场对国内和国际商品市场价格波动的影响。

9.3　石油及各商品市场样本分析

为了考察中国石油市场在商品市场中的影响力，本节从中国石油市场与国际石油市场、与国内商品市场、与国际商品市场 3 个方面进行分析。这里分别选取中国和国际商品期货市场中具有代表性的商品进行分析。中国石油市场价格选择原油价格和燃料油价格作为代表。考虑到我国还没有原油期货，这里采用现货价格，大庆油田是中国最大的油区，原油产量约占中国原油产量的 40%，大庆原油价格基本上代表了中国整体的原油价格水平，本节选择大庆原油现货价格代表中国原油价格；选择上海期货交易所的燃料油期货价格。国内其他商品价格分别选取中国各大商品交易所的主要交易品种：农产品市场选择大连商品交易所的大豆期货和玉米期货，金属市场选择上海期货交易所的铜期货和上海黄金交易所的黄金价格。相应地，国际石油市场选取纽约商品期货交易所（NYMEX）的原油期货和燃料油期货；农产品市场选取芝加哥商品交易所（CBOT）的大豆期货和玉米期货；金属市场选取纽约商品交易所（COMEX）的铜期货和黄金期货（表 9-1）。

表 9-1　各商品市场描述

国内商品市场	标记	国际商品市场	标记
大庆原油现货	CCO	纽约商品期货交易所原油期货	CO
上海期货交易所燃料油期货	CFO	纽约商品期货交易所燃料油期货	FO
大连商品交易所大豆期货	CSoybean	芝加哥商品交易所大豆期货	Soybean
大连商品交易所玉米期货	CCorn	芝加哥商品交易所玉米期货	Corn
上海期货交易所铜期货	CCopper	纽约商品交易所铜期货	Copper
上海黄金交易所黄金现货	CGold	纽约商品交易所黄金期货	Gold

为了避免国内国际不同市场交易的时差效应和周内效应，所有数据选取周数据，并且均取对数。根据数据的可获取性，数据区间为 2004 年 9 月 24 日～2010 年 9 月 24 日。其中，CCO、CO、FO 数据来源于美国能源信息署（EIA），其余数据来源于 Wind 数据库。为了考察 2008 全球经济危机对中国石油市场与国内国际商品市场间信息传递的影响，分析危机前后表现出的不同特征，这里将数据分为金融危机前 2004 年 9 月 24 日～2008 年 7 月 25 日和金融危机后 2008 年 8 月 1 日～2010 年 9 月 24 日两个区间（表9-2）。

表9-2　各商品市场周对数收益序列的统计量

时段	商品市场	Mean	Std. Dev.	Skewness	Kurtosis	Jarque-Bera
金融危机前 (2004-09~2008-07)	CO	0.506	3.579	−0.303	2.318	6.667*
	CCO	0.463	3.479	−1.408	9.917	424.323**
	FO	0.522	3.891	−0.039	4.740	8.589*
	CFO	0.474	3.775	0.185	4.470	18.380**
	Soybean	0.512	3.568	−0.552	4.177	20.837**
	CSoybean	0.279	2.763	−0.586	5.395	56.891**
	Corn	0.538	4.359	0.148	4.814	27.022**
	CCorn	0.244	2.196	2.342	15.281	1382.12**
	Gold	0.427	2.674	−0.678	3.796	19.786**
	CGold	0.331	2.453	−0.133	5.618	55.426**
	Copper	0.521	4.355	−0.109	4.088	9.861**
	CCopper	0.378	3.822	0.073	5.083	34.879**
金融危机后 (2008-08~2010-09)	CO	−0.466	6.207	−0.698	4.893	25.125**
	CCO	−0.439	5.411	−0.205	3.608	34.595**
	FO	−0.455	5.409	−0.353	4.601	13.906**
	CFO	−0.171	5.255	−2.482	17.345	1046.47**
	Soybean	−0.173	6.373	−0.923	7.883	123.758**
	CSoybean	−0.065	3.112	−2.381	15.549	818.14**
	Corn	−0.074	6.085	−0.930	7.361	102.088**
	CCorn	−0.037	1.943	1.306	15.108	696.82**
	Gold	0.325	3.350	−0.060	4.587	11.503**
	CGold	0.294	3.278	−0.823	5.628	43.667**
	Copper	−0.101	6.647	−2.065	11.279	388.75**
	CCopper	−0.031	5.309	−0.758	5.422	37.074**

**、* 分别表示在1%和5%的水平下显著。

注：对数收益由 $100 \times \ln(price_t/price_{t-1})$ 计算得到。

表9-3 给出了危机前后中国石油市场与国际国内各商品市场间的 Granger 因果检验，中国石油市场更多时候是价格的接受者，受国际商品市场的影响相对于国内商品市场更加

明显。从国内市场来看，金融危机前，仅有大连大豆市场是中国原油市场和燃料油市场的 Granger 原因；金融危机后，上海铜期货市场与大庆原油市场存在双向 Granger 因果关系，上海黄金市场也是原油和燃料油市场的 Granger 原因。从国际市场来看，金融危机前，NYMEX 原油市场，燃料油市场和 CBOT 大豆市场均是中国原油市场和燃料油市场的 Granger 原因、CBOT 玉米市场和 COMEX 黄金市场也是中国原油市场的 Granger 原因；金融危机后，大庆原油市场与 NYMEX 石油市场存在双向 Granger 因果关系，而上海燃料油市场是 NYMEX 原油市场和燃料油市场的 Granger 原因。这说明金融危机后，当全球石油市场处于需求疲软期，中国石油需求对国际油价具有一定的影响。另外，COMEX 铜期货市场与中国原油市场存在双向的 Granger 因果关系，COMEX 黄金市场也是中国原油市场和燃料油市场的 Granger 原因。通过比较可以发现，危机前后，国际石油市场对中国原油市场的影响始终存在。而受金融危机影响，大宗商品价格走势趋于一致，中国原油市场与国际和国内其他商品市场特别是金属市场间的相互影响增强。

表 9-3　中国石油市场与国内外商品市场间的 Granger 因果检验

时期	滞后阶数 原假设	1	2	3	4
		F 统计量			
金融危机前 (2004-09 ~ 2008-07)	CO $\nrightarrow$ CCO	13.2 **	26.1 **	14.5 **	10.9 **
	FO $\nrightarrow$ CCO	8.7 **	17.7 **	10.5 **	7.6 **
	Soybean $\nrightarrow$ CCO	14.0 **	11.4 **	6.6 **	5.3 **
	CSoybean $\nrightarrow$ CCO	9.6 **	8.8 **	5.7 **	4.6 **
	Corn $\nrightarrow$ CCO	6.3 *	4.8 **	3.1 *	3.5 **
	Gold $\nrightarrow$ CCO	4.2 *	5.0 **	3.0 *	2.8 *
	CO $\nrightarrow$ CFO	7.6 **	8.8 **	5.6 **	4.9 **
	FO $\nrightarrow$ CFO	5.4 *	5.4 **	4.0 **	4.2 **
	Soybean $\nrightarrow$ CFO	8.7 *	4.7 *	4.4 *	3.3 *
	CSoybean $\nrightarrow$ CFO	7.9 **	4.7 **	3.7 *	2.9 *
金融危机后 (2008-08 ~ 2010-09)	CO $\nrightarrow$ CCO	5.8 *	17.5 **	15.3 **	9.2 **
	FO $\nrightarrow$ CCO	12.4 **	22.1 **	14.9 **	9.7 **
	CFO $\nrightarrow$ CCO	29.0 **	11.4 **	7.7 **	4.9 **
	CSoybean $\nrightarrow$ CCO	21.1 **	7.1 **	5.0 **	2.7 *
	Gold $\nrightarrow$ CCO	16.9 **	8.7 **	10.6 **	7.7 **
	CGold $\nrightarrow$ CCO	14.7 **	6.3 **	11.1 **	8.5 **
	Copper $\nrightarrow$ CCO	43.9 **	23.8 **	16.0 **	10.5 **
	CCopper $\nrightarrow$ CCO	29.9 **	16.9 **	11.1 **	7.5 **
	CCO $\nrightarrow$ CO	4.4 *	7.1 **	8.3 **	5.3 **
	CCO $\nrightarrow$ FO	12.6 **	15.8 **	12.0 **	9.3 **
	CCO $\nrightarrow$ Copper	5.9 *	5.1 **	4.2 **	7.8 **

续表

时期	滞后阶数 原假设	1	2	3	4
		F 统计量			
金融危机后 （2008-08～2010-09）	CCO↛CCopper	6.6*	16.9**	11.1**	7.5**
	Gold↛CFO	13.6**	6.1**	4.3**	3.4*
	CGold↛CFO	11.2**	6.0**	3.9*	3.2*
	Copper↛CFO	6.6*	3.5*	5.3**	6.1**
	CFO↛CO	16.5**	9.6**	6.3**	4.8**
	CFO↛FO	15.1**	6.8**	5.6**	4.2**
	CFO↛CSoybean	7.8**	4.3*	4.9**	4.0**

**、*分别表示在1%和5%的水平下显著。

注：对中国原油价格和燃料油价格与其他国内外商品市场价格间的 Granger 因果关系进行检验，不失一般性，分别选取滞后阶数为1～4进行检验，列出了其中1～4阶滞后检验都显著的结果。↛表示左边变量到右边变量的 Granger 因果关系不存在。

9.4 中国石油市场影响力分析

根据9.3节对各市场序列的基本统计分析，可以初步得出中国石油市场与国内和国际商品市场间的滞后因果关系。然而，随着市场信息化的发展，市场间往往在同期就会产生相互影响，为了进一步考察中国石油市场与其他商品市场间的同期因果流向，判断中国石油市场在国际商品市场中的影响力，本节通过构造市场间的同期因果结构进行识别。

9.4.1 各商品市场单位根与协整检验

首先，采用 ADF 对各变量进行单位根检验。由表9-4知，所有商品市场价格序列均不稳定，在1%的显著性水平下均接受存在单位根的原假设，而各变量的1阶差分项则在1%的显著性水平下拒绝原假设，即所有变量都是 $I(1)$ 的。因此，可以建立各商品市场间的协整关系。

其次，对金融危机前后中国石油市场与国际和国内商品市场建立向量自回归（VAR）模型，根据 Schwarz 信息准则选择各变量滞后阶数为4。分别对危机前后的 VAR 模型进行 Johansen 协整检验（Johansen and Juselius, 1990）。由表9-5知，危机前，中国石油市场与国内和国际商品市场间存在3个协整向量，而危机后，则存在6个协整向量。因此，可以建立中国石油市场与国内和国际商品市场的误差修正模型。

表9-4 单位根检验

危机前变量	ADF t 统计量	危机后变量	ADF t 统计量
CO	−0.843	CO	−1.837

续表

危机前变量	ADF t 统计量	危机后变量	ADF t 统计量
ΔCO	-11.343^{**}	ΔCO	-9.301^{**}
CCO	-1.674	CCO	-1.455
ΔCCO	-10.010^{**}	ΔCCO	-7.704^{**}
FO	-0.838	FO	-2.014
ΔFO	-12.042^{**}	ΔFO	-9.237^{**}
CFO	-1.548	CFO	-0.427
ΔCFO	-16.312^{**}	ΔCFO	-10.401^{**}
Soybean	-1.409	Soybean	-0.741
$\Delta Soybean$	-12.878^{**}	$\Delta Soybean$	-14.878^{**}
CSoybean	-2.187	CSoybean	-0.439
$\Delta CSoybean$	-11.876^{**}	$\Delta CSoybean$	-11.179^{**}
Corn	-2.027	Corn	-2.216
$\Delta Corn$	-12.129^{**}	$\Delta Corn$	-6.761^{**}
CCorn	-2.697	CCorn	-3.391
$\Delta CCorn$	-13.443^{**}	$\Delta CCorn$	-10.228^{**}
Gold	-2.653	Gold	-0.356
$\Delta Gold$	-15.541^{**}	$\Delta Gold$	-10.151^{**}
CGold	-2.823	CGold	-0.525
$\Delta CGold$	-14.056^{**}	$\Delta CGold$	-9.980^{**}
Copper	-2.136	Copper	-3.288
$\Delta Copper$	-15.112^{**}	$\Delta Copper$	-10.900^{**}
CCopper	-1.620	CCopper	-3.040
$\Delta CCopper$	-12.288^{**}	$\Delta CCopper$	-9.147^{**}

$**$ 表示在 1% 的水平下显著。

表 9-5 协整检验

时段	协整变量 (k) 个数	迹统计量	C (5%)	D
危机前	$k=0^{*}$	421.35	334.98	R
	$k \leqslant 1^{*}$	326.49	285.14	R
	$k \leqslant 2^{*}$	245.12	239.24	R
	$k \leqslant 3$	178.25	197.37	F
	$k \leqslant 4$	137.23	159.53	F
	$k \leqslant 5$	101.95	125.62	F
	$k \leqslant 6$	67.76	95.75	F
	$k \leqslant 7$	42.71	69.82	F
	$k \leqslant 8$	26.12	47.86	F
	—	—	—	F

续表

时段	协整变量（k）个数	迹统计量	C（5%）	D
危机后	$k=0$ *	600.43	334.98	R
	$k \leqslant 1$ *	460.33	285.14	R
	$k \leqslant 2$ *	352.62	239.24	R
	$k \leqslant 3$ *	245.41	197.37	R
	$k \leqslant 4$ *	185.47	159.53	R
	$k \leqslant 5$ *	132.64	125.62	R
	$k \leqslant 6$	91.82	95.75	F
	$k \leqslant 7$	63.85	69.82	F
	$k \leqslant 8$	39.54	47.86	F
	—	—	—	F

* 表示在5%的水平下显著。

注：C（5%）表示5%水平下迹检验的临界值。检验假设存在截距项和趋势项；D表示在5%的显著性水平下给出拒绝（R）或不能拒绝（F）原假设的决定。

9.4.2 误差修正模型结构的确定

通过9.4.1节的检验，每个变量都是 I（1）的，并且存在协整向量，但协整向量很可能是由这12个变量的子集的线性组合组成的。因此，有必要确定每一个单变量是否计入协整向量，以及每个变量是否对协整向量的波动做出反应。因此，需要建立两步检验对强制限制协整向量结构的误差修正项进行估计。

（1）对变量是否包含在协整向量中进行检验。协整向量很可能是12个变量的子集的线性组合。因此，如果某个变量不在协整向量里，则该变量与其他变量也不存在长期均衡关系。通过检验（表9-6和表9-7），危机前，只有国际大豆接受不在协整向量的原假设，其余变量均在协整向量中。而危机后，所有变量均在5%的显著水平下拒绝原假设，均在协整向量中，即中国石油市场与选取的所有大宗商品市场存在长期均衡关系。

表9-6 从协整向量中排除变量检验（危机前）

k	CO	CCO	FO	CFO	Soybean	CSoybean
1	0.13	12.26 **	1.58	1.37	0.12	3.17
2	6.36 *	24.76 **	12.12 **	14.50 **	2.01	7.94 *
3	15.85 **	33.60 **	26.59 **	24.19 **	2.08	9.56 *
D	R	R	R	R	F	R

k	Corn	CCorn	Gold	CGold	Copper	CCopper
1	0.28	0.31	3.42	4.03 *	0.37	0.81
2	10.37 **	10.31 **	4.37	4.88	0.55	0.95

k	Corn	CCorn	Gold	CGold	Copper	CCopper
3	11.47**	20.31**	18.27**	13.54**	20.11**	14.97**
D	R	R	R	R	R	R

*、**分别表示在 5%、1%的水平下显著。

注：检验的原假设为某个变量不在协整向量中。该检验通过限制误差修正模型中每个变量相应的协整系数 $\beta=0$ 重新估计模型来构造。在原假设下，检验统计量服从自由度为 k 的 Chi-squared 分布。D 表示在 5%的显著性水平下给出拒绝（R）或不能拒绝（F）原假设的决定。

表 9-7　从协整向量中排除变量检验（危机后）

k	CO	CCO	FO	CFO	Soybean	CSoybean
1	3.60	4.70*	1.53	0.05	0.02	0.002
2	3.67	4.71	1.96	0.52	0.43	0.31
3	45.27**	37.37**	24.05**	37.38**	24.05**	25.10**
4	46.54**	38.25**	26.43**	38.78**	42.65**	32.09**
5	47.54**	44.69**	28.82**	47.25**	52.93**	42.06**
6	59.54**	48.62**	32.28**	50.80**	62.15**	51.83**
D	R	R	R	R	R	R
k	Corn	CCorn	Gold	CGold	Copper	CCopper
1	30.73**	23.95**	1.21	0.85	1.70	2.05
2	30.82**	24.26**	1.69	1.32	2.01	2.29
3	37.06**	25.10**	23.74**	25.18**	23.74**	25.18**
4	56.93**	64.46**	23.77**	25.21**	36.89**	36.48**
5	56.98**	75.82**	28.75**	30.68**	48.61**	48.11**
6	57.25**	79.75**	41.56**	43.51**	60.49**	60.17**
D	R	R	R	R	R	R

*、**分别表示在 5%、1%的水平下显著。

注：检验的原假设为某个变量不在协整向量中。该检验通过限制误差修正模型中每个变量相应的协整系数 $\beta=0$ 重新估计模型来构造。在原假设下，检验统计量服从自由度为 k 的 Chi-squared 分布。D 表示在 5%的显著性水平下给出拒绝（R）或不能拒绝（F）原假设的决定。

（2）检验变量是否对协整向量的外生冲击没有反应，即检验变量的弱外生性。同步骤（1）类似，这是对每个变量对应的调整速度系数 α 进行检验。原假设为变量的调整速度系数为零，即变量不能对早期的长期均衡关系偏离进行调整。通过检验（表 9-8 和表 9-9），危机前，仅国际黄金和国际玉米价格接受原假设，不能对早期均衡关系的偏离做出反应。而危机后，只有国际原油价格和黄金价格接受原假设。

表 9-8　变量的弱外生性检验（危机前）

k	CO	CCO	FO	CFO	Soybean	CSoybean
1	0.002	7.18**	0.15	8.20**	3.15	8.81**
2	1.27	10.51**	1.99	11.42**	6.00*	12.93**
3	10.69*	27.59**	10.76*	15.00**	8.47*	14.28**
D	R	R	R	R	R	R
k	Corn	CCorn	Gold	CGold	Copper	CCopper
1	0.02	0.59	0.14	0.09	0.00	3.29
2	0.96	6.76*	6.49	7.60*	0.34	4.93
3	7.13	19.81**	7.22	10.87*	9.04*	7.95*
D	F	R	F	R	R	R

*、**分别表示在5%、1%的水平下显著。

注：原假设是某变量对早期长期均衡关系的背离不能做出调整，即该变量对应的误差修正模型中调整速度系数 $\alpha = 0$。在原假设下，检验统计量服从自由度为 k 的 Chi-squared 分布。D 表示在5%的显著性水平下给出拒绝（R）或不能拒绝（F）原假设的决定。

表 9-9　变量的弱外生性检验（危机后）

k	CO	CCO	FO	CFO	Soybean	CSoybean
1	0.04	5.55*	0.05	0.15	2.51	0.40
2	0.36	5.69	0.08	0.59	2.90	0.56
3	3.21	7.97*	5.95	13.39**	7.13	3.26
4	3.60	8.11	5.96	14.64**	9.55*	8.16
5	6.88	15.37**	11.97*	23.46**	16.02**	16.16**
6	6.89	18.78**	13.33*	23.51**	19.49**	16.74**
D	F	R	R	R	R	R
k	Corn	CCorn	Gold	CGold	Copper	CCopper
1	1.03	1.14	0.17	1.36	0.25	0.29
2	1.50	1.15	0.72	1.54	0.64	0.29
3	17.87**	9.67*	1.52	4.81	6.55	4.48
4	18.72**	14.76**	1.75	4.83	12.57*	7.97
5	19.35**	25.07**	7.23	16.45**	18.15**	9.98
6	21.59**	29.80**	7.92	21.91**	25.51**	17.70**
D	R	R	F	R	R	R

*、**分别表示在5%、1%的水平下显著。

注：原假设是某变量对早期长期均衡关系的背离不能做出调整，即该变量对应的误差修正模型中调整速度系数 $\alpha = 0$。在原假设下，检验统计量服从自由度为 k 的 Chi-squared 分布。D 表示在5%的显著性水平下给出拒绝（R）或不能拒绝（F）原假设的决定。

最后，对表9-6到表9-9中不能拒绝原假设为0的 β 和 α 进行联合假设检验（危机前，限制 CBOT 大豆市场的 β 和 CBOT 玉米市场和 COMEX 黄金市场的 α 同时等于0；危机后，限制 NYMEX 原油市场和 COMEX 黄金市场的 α 同时等于0）。通过检验，危机前后联合假设的 χ^2 统计量（括号中是接受原假设的概率）分别是9.58（0.14）和17.31（0.07），在5%的显著性水平下不能拒绝原假设。这说明上面对 β 和 α 的限制是合理的。

9.4.3 中国石油市场与国际国内商品市场间的信息传导

随着商品期货市场的发展，国际投资者往往会同时投资几个商品市场来分散投资风险。商品市场不再是独立或封闭的，各市场间的信息传递比以往更加迅速。当一个市场出现波动，其他市场往往会在短时间内（当天）做出反应，市场间的同期因果关系加强。因此，本节构造商品市场间的有向无环图，对金融危机前后中国和国际商品市场间的同期因果关系进行识别。

9.4.3.1 金融危机前的同期因果流

根据误差修正模型新息项相关系数矩阵，构造中国石油市场与国际国内商品市场间的同期因果结构。这里采用 PC 算法（Sprites et al.，2000）构造有向无环图（图 9-2）。

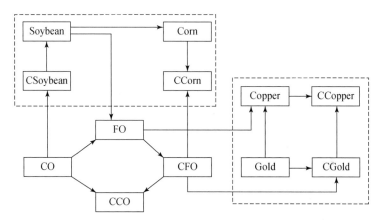

图 9-2 危机前中国石油市场与国内外商品市场的有向无环图

从图 9-2 中可以看出，危机前国际石油市场对中国石油市场的影响比较明显。具体来看，国际原油价格在同期内对中国原油价格有直接影响，而国际燃料油价格则对中国燃料油价格有直接影响。另外，在国际市场中，原油价格对燃料油价格有直接同期影响，而在中国市场中，燃料油价格则对原油价格有直接的影响。

从图中可以看出，中国燃料油市场对中国玉米市场和中国黄金市场在同期具有直接影响，并且通过中国黄金市场对中国铜期货市场产生间接影响，而中国原油市场却没有这种关系存在。这一分析结果从实证角度表明，中国燃料油期货市场对国内其他商品市场的影响力较大，而中国原油市场对其他市场的影响力有限，仅作为价格的接受者（不存在以中国原油市场为尾的有向边）。这种表现很可能与中国没有原油期货市场有关，相反，中国燃料油期货在上海期货交易所上市，并且交易量较大，因而会对国内其他商品市场价格产生影响。

相对而言，国际石油市场（CO、FO）对大部分商品市场的价格均有影响，这与国际石油市场流动性好、交易量大直接相关。从图中可以看出，国际原油市场受其他市场的影响最少（不存在以 CO 为头的有向边），并且最多的影响其他市场（以 CO 为尾的有向边和有向路最多）。国际原油市场对国际燃料油市场、中国原油市场和中国大豆市场具有直接影响，并且通过有向路对剩余 7 个市场产生间接影响，只有国际黄金市场例外。

此外，金融危机前除大豆市场外，其余商品的国际市场均对国内市场具有直接的同期影响，也反映了中国商品市场价格追随国际市场价格变化的特点。从图中的虚框可以看出，农产品市场和金属市场内部商品市场之间都存在直接或间接的同期关联，也说明了同类商品由于属性相似，具有很强的价格联动性，市场价格很容易受到彼此影响。另外，农产品市场与金属市场不存在直接关联。

9.4.3.2 金融危机后的同期因果流

图 9-3 是金融危机后各市场间的有向无环图，从中可以看出，危机后市场间的同期因果关系发生了很大的改变，表现出一些新的特征：

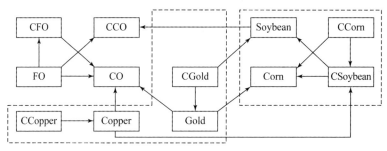

图 9-3 危机后中国石油市场与国内外商品市场的有向无环图

（1）与金融危机前相比，中国石油市场开始对国际石油市场产生影响，相反，国际石油市场对中国石油市场的影响有所减弱。具体来说，中国燃料油市场对国际原油市场有直接的同期影响，而国际原油市场对中国石油市场的同期影响消失。这说明危机后，由于 OECD 国家石油需求疲软，中国石油需求增加对国际原油价格的影响凸显。而中国原油市场由于受政府调控的影响，在国际原油价格低迷时，对国际原油价格波动的敏感性降低。

（2）国际原油市场对国际商品市场的影响力减弱，同样，中国燃料油市场对国内商品市场的影响力减弱。国际原油市场从价格的主导者变成价格的接受者，中国和国际 4 个金属市场均对国际原油市场具有同期的直接或间接影响。同样，中国燃料油市场对国内商品市场的同期影响消失。从图 9-3 中可以清楚地看出，不存在从国内和国际 4 个石油市场指向金属市场和农产品市场的有向边。这说明，低油价时期，石油市场对其他商品市场的影响力有明显减弱。从这点来看，国内石油市场和国际石油市场具有同样的特性。

（3）国内商品市场对中国原油市场的影响力增强。危机后，中国大豆市场、玉米市场、铜市场和黄金市场都对中国原油市场存在直接或间接的同期因果关系。特别是大豆市场，在危机前后与中国原油市场的同期关系一直存在。主要原因在于中国是大豆的主要生产国和最大的进口国，而豆油作为生物燃料的原材料，对柴油具有替代作用。危机后，大豆价格下跌，生物燃料成本降低，会对原油价格产生影响。而国内其他商品市场对原油市场的影响则说明金融危机削弱了中国商品市场的稳定性，政府对一个市场的政策调控会影响其他市场做出同样的反应，市场间的政策化导向比较明显。而中国原油现货市场，价格反应滞后于期货市场，因而会受到其他商品市场的影响。

（4）中国商品市场对国际商品市场的影响力增强，特别是农产品市场和金属市场，同一商品的中国市场对国际市场具有直接的同期因果关系。另外，农产品市场内部的关联加强，而金属市场则出现分化。铜市场与黄金市场间的关联消失，主要是由于铜作为普通的金属，价格受危机影响出现下跌，而黄金作为规避风险的手段，价格出现上涨，两者出现背离。另外，经济危机加强了不同市场间的信息传递，农产品市场与金属市场间的关联较危机前增强。

通过对比分析可以发现，中国原油市场始终是价格的接受者，并且主要受国际石油市场价格的影响，这是由中国原油市场的定价机制所决定的。而中国燃料油期货市场，市场化程度相对较高，因此同国际石油市场在国际商品市场中的特征相似：即在危机前价格上涨幅度较大时，对国内其他商品市场的影响较为明显；而在危机后，价格下跌幅度较大时，对国内其他商品市场的影响力明显减弱。

9.4.4 中国石油市场对价格波动的贡献

根据 9.4.3 节确定的有向无环图对同期因果结构进行限制，计算预测误差方差分解。这里列出 1 周（同期）、12 周（短期）和 48 周（长期）冲击对各商品市场的影响。

表 9-10 给出了危机前各商品市场的预测误差方差分解结果。总体来看，国际原油市场对中国石油市场影响的持续性不强，仅在同期和短期内发挥主要作用。而农产品市场对中国石油市场长期波动的贡献最大。

表 9-10 危机前预测误差方差分解　　　　　　　（单位：%）

	期数	CO	CCO	FO	CFO	Soybean	CSoybean	Corn	CCorn	Gold	CGold	Copper	CCopper
CO	1	100	0.00	0.00	0.00	0.00	0.00	0.00	0.00	0.00	0.00	0.00	0.00
	12	59.98	1.75	3.03	1.47	17.92	1.27	2.29	2.28	1.60	2.56	2.42	3.45
	48	17.71	6.90	1.70	8.56	18.58	19.32	1.73	3.97	9.11	9.28	0.97	2.17
CCO	1	36.21	63.15	0.00	0.64	0.00	0.00	0.00	0.00	0.00	0.00	0.00	0.00
	12	45.87	14.24	1.70	2.45	17.95	3.12	2.46	4.70	1.08	0.86	3.89	1.68
	48	15.97	12.16	1.49	8.70	14.17	15.56	1.52	5.26	13.92	7.91	1.62	1.72
FO	1	73.04	0.00	26.70	0.00	0.16	0.10	0.00	0.00	0.00	0.00	0.00	0.00
	12	51.62	3.42	7.89	1.41	16.86	0.79	2.00	3.60	3.15	4.85	0.81	3.60
	48	14.32	6.39	2.66	9.21	20.07	19.85	1.05	4.63	8.59	10.47	0.67	2.09
CFO	1	12.21	0.00	4.46	83.28	0.03	0.02	0.00	0.00	0.00	0.00	0.00	0.00
	12	25.90	5.15	1.87	46.32	5.44	0.18	0.45	8.71	0.33	3.41	1.52	0.74
	48	9.43	11.40	0.71	26.94	12.58	12.66	0.26	7.60	7.68	7.96	1.52	1.25

续表

	期数	CO	CCO	FO	CFO	Soybean	CSoybean	Corn	CCorn	Gold	CGold	Copper	CCopper
Soybean	1	3.87	0.00	0.00	0.00	57.90	38.23	0.00	0.00	0.00	0.00	0.00	0.00
	12	3.08	3.03	1.96	6.94	34.79	35.48	0.42	1.12	1.65	8.88	1.34	1.30
	48	1.93	2.05	1.18	21.12	13.32	25.27	1.37	9.18	14.60	7.04	1.32	1.63
CSoybean	1	9.19	0.00	0.00	0.00	0.00	90.81	0.00	0.00	0.00	0.00	0.00	0.00
	12	7.97	5.03	1.16	6.29	13.35	50.59	1.00	0.51	0.59	9.25	0.20	4.07
	48	3.21	3.58	0.95	17.19	8.57	30.18	1.66	8.18	15.84	6.84	1.18	2.60
Corn	1	1.25	0.00	0.00	0.00	18.69	12.34	67.72	0.00	0.00	0.00	0.00	0.00
	12	2.26	0.74	2.25	5.25	9.51	12.24	35.82	0.95	5.82	9.83	3.75	11.57
	48	0.85	1.78	1.74	10.45	3.60	8.19	12.36	9.07	32.30	8.84	3.61	7.22
CCorn	1	1.21	0.00	0.25	4.66	1.20	0.79	4.03	87.86	0.00	0.00	0.00	0.00
	12	1.02	13.43	4.18	11.38	5.09	3.16	8.50	22.53	19.95	4.61	1.69	4.47
	48	0.63	8.23	2.69	6.98	1.81	4.23	4.25	15.35	41.56	7.19	2.22	4.86
Gold	1	0.00	0.00	0.00	0.00	0.00	0.00	0.00	0.00	100	0.00	0.00	0.00
	12	0.79	0.91	7.43	0.32	0.76	0.83	0.18	9.60	71.32	5.06	1.95	0.86
	48	0.30	8.09	5.84	0.61	2.97	7.19	0.08	6.81	53.39	11.16	1.99	1.57
CGold	1	0.11	0.00	0.04	0.76	0.00	0.00	0.00	0.00	78.47	20.62	0.00	0.00
	12	1.23	1.13	8.80	0.26	1.81	0.60	0.09	9.16	70.09	3.79	2.10	0.95
	48	0.63	7.78	8.44	0.85	2.55	4.33	0.05	6.67	56.29	8.71	2.39	1.30
Copper	1	0.16	0.00	0.06	0.00	0.00	0.00	0.00	0.00	26.96	0.00	72.82	0.00
	12	1.75	1.82	2.81	8.77	3.96	5.59	1.20	1.27	31.52	0.21	38.76	2.34
	48	2.13	10.79	7.99	22.40	2.55	3.36	2.69	0.80	28.83	3.77	13.14	1.54
CCopper	1	0.07	0.00	0.03	0.03	0.00	0.00	0.00	0.00	23.97	0.57	31.60	43.73
	12	2.14	4.53	2.86	3.49	4.00	2.81	0.30	1.62	35.13	0.11	28.67	14.34
	48	3.51	9.14	8.76	19.22	4.30	3.53	2.05	0.61	31.09	1.44	11.18	5.16

注：危机前的预测误差方差分解是基于图9-2给出的有向无环图中的同期因果模式构造的。这里列出1周（同期）、12周（短期）和48周（长期）的方差分解。每一行显示各商品市场价格冲击对一个市场方差贡献的百分比。

具体来说，国际原油市场对中国石油市场波动的解释能力先升后降，在同期、短期和长期对中国原油价格波动的解释能力分别为36.21%、45.87%和15.97%，对中国燃料油价格波动的解释能力分别为12.21%、25.9%和9.43%。

从长期来看，NYMEX原油市场、CBOT大豆市场、大连大豆市场和COMEX黄金市场对中国原油市场的方差贡献比较大，均在10%附近。从各类市场来看，农产品市场对中国原油和中国燃料油方差的长期贡献分别为36.51%和33.1%，金属市场的长期贡献则分别为25.17%和18.41%。

从中国石油市场自身对方差的贡献程度来看，中国原油市场和中国燃料油市场对自身的波动解释能力均随时间快速衰减。中国原油市场在同期可以解释63.15%的波动，之后解释能力快速下降，到 12 周短期水平下，贡献率只剩下不足 15%。中国燃料油市场在同期可以解释自身 83.28% 的波动，在 48 周长期水平下下降到 26.94%。

从市场间的相互解释能力来看，危机前，中国石油市场与国际国内大豆市场间的长期关系最为紧密。大豆市场在 48 周的长期水平下对中国原油价格和燃料油价格的贡献率分别为 29.73% 和 25.24%，而中国石油市场在 48 周的长期水平下对国际大豆和中国大豆价格的贡献率分别为 23.17% 和 20.77%。

另外，中国石油市场对国际国内铜市场的长期影响也比较显著。中国石油市场在 48 周的长期水平下对国际期铜和中国期铜价格的贡献率分别为 33.19% 和 28.36%。这也反映了同样作为中国经济发展的重要商品（中国是全球第二大原油进口国、第一大金属铜消费国、第一大大豆进口国），其价格波动都对中国经济具有重要的影响，因而长期价格波动具有很强的关联性。

金融危机后，国际燃料油市场成为中国石油市场同期的主要影响因素，而国际黄金市场则是中国石油市场最主要的短期和长期影响因素（表 9-11）。在同期水平下，国际燃料油价格对中国原油价格的贡献率高达 70.83%，对中国燃料油价格的贡献率也达到 32.94%。可以看出，中国原油价格在同期受国际燃料油价格的影响超过自身的影响，这也说明危机后，石油市场脆弱，国际燃料油价格更能直接地反映国际石油需求变化，中国石油市场对国际石油价格的变化更加敏感。但是这种影响力的持续时间很短，在 12 周的短期水平下，国际石油市场对中国石油市场的影响力迅速下降，不足 10%。而国际黄金市场的影响力迅速增加，在 48 周的长期水平下，自身解释能力超过 50%。

表 9-11　危机后预测误差方差分解　　　　　　　　（单位:%）

	期数	CO	CCO	FO	CFO	Soybean	CSoybean	Corn	CCorn	Gold	CGold	Copper	CCopper
CO	1	42.56	0.00	51.05	0.14	0.00	0.00	0.00	0.00	2.71	0.00	1.42	2.12
	12	15.39	10.6	4.51	1.59	1.07	2.51	4.91	2.27	23.38	9.46	5.96	18.36
	48	4.41	3.26	3.15	1.64	1.03	2.92	1.97	0.76	59.65	15.67	1.83	3.72
CCO	1	0.00	25.24	70.83	0.00	1.69	1.12	0.12	0.16	0.01	0.39	0.18	0.27
	12	6.09	11.09	7.51	1.17	0.35	1.52	3.84	1.50	37.5	12.93	2.86	13.64
	48	2.79	3.68	2.27	0.66	1.10	6.02	2.01	0.69	56.25	16.92	1.89	5.72
FO	1	0.00	0.00	100	0.00	0.00	0.00	0.00	0.00	0.00	0.00	0.00	0.00
	12	7.10	7.09	20.20	2.65	1.27	1.86	8.70	2.51	21.56	9.81	6.03	11.23
	48	2.39	2.42	6.76	1.85	0.78	3.42	2.91	1.06	58.36	15.33	1.88	2.84
CFO	1	0.00	0.00	32.94	67.06	0.00	0.00	0.00	0.00	0.00	0.00	0.00	0.00
	12	0.44	5.51	3.06	11.21	1.21	4.05	1.54	0.88	46.93	16.27	1.48	7.42
	48	1.47	1.99	1.75	3.48	0.91	6.67	1.85	0.52	58.92	17.25	1.50	3.69
Soybean	1	0.00	0.00	0.00	0.00	42.94	28.51	2.98	4.12	0.19	9.88	4.58	6.81
	12	0.76	7.97	3.68	5.84	21.81	10.02	6.50	5.98	10.34	22.44	2.57	2.10
	48	7.23	7.16	4.21	6.08	11.28	9.41	6.26	6.21	14.65	17.56	1.39	8.56

	期数	CO	CCO	FO	CFO	Soybean	CSoybean	Corn	CCorn	Gold	CGold	Copper	CCopper
CSoybean	1	0.00	0.00	0.00	0.00	0.00	65.56	0.00	8.25	0.00	0.00	10.54	15.65
	12	0.84	6.38	5.33	4.67	2.77	5.59	4.52	2.21	43.33	15.84	1.47	7.05
	48	0.92	2.59	2.47	2.06	1.44	4.44	2.34	1.27	62.28	16.10	1.32	2.77
Corn	1	0.00	0.00	0.00	0.00	0.00	9.31	72.00	9.01	6.16	0.00	1.42	2.11
	12	2.16	4.36	4.50	4.28	5.48	9.78	21.40	4.50	21.45	13.31	2.70	6.08
	48	2.23	4.16	4.89	4.93	6.37	9.78	20.36	4.38	21.33	12.68	2.72	6.16
CCorn	1	0.00	0.00	0.00	0.00	0.00	0.00	0.00	100	0.00	0.00	0.00	0.00
	12	4.33	4.88	11.45	7.37	2.28	7.71	2.00	21.53	15.94	13.77	2.73	6.01
	48	4.27	4.95	11.50	7.21	2.38	7.85	2.11	20.41	16.53	13.71	2.77	6.30
Gold	1	0.00	0.00	0.00	0.00	0.00	0.00	0.00	0.00	100	0.00	0.00	0.00
	12	1.03	1.10	1.40	0.38	0.95	5.33	2.55	0.48	70.60	14.34	1.46	0.39
	48	1.63	0.30	2.04	0.39	0.30	7.44	2.85	0.25	65.32	17.29	1.02	1.16
CGold	1	0.00	0.00	0.00	0.00	0.00	0.00	0.00	0.00	0.00	100	0.00	0.00
	12	0.61	1.52	0.22	0.90	0.61	2.61	2.45	0.49	73.74	15.44	0.98	0.43
	48	0.56	0.59	0.26	0.34	0.21	2.91	1.75	0.63	75.85	15.90	0.85	0.15
Copper	1	0.00	0.00	0.00	0.00	0.00	0.00	0.00	0.00	0.00	0.00	40.23	59.77
	12	3.09	3.20	1.45	6.09	4.58	5.62	2.53	2.96	19.44	16.28	20.28	14.47
	48	3.07	3.15	3.22	6.37	4.87	5.86	3.50	2.87	19.51	14.23	18.94	14.41
CCopper	1	0.00	0.00	0.00	0.00	0.00	0.00	0.00	0.00	0.00	0.00	0.00	100.00
	12	2.72	4.48	5.05	4.83	2.29	5.99	1.47	1.27	19.75	16.49	5.77	29.90
	48	2.75	4.31	5.64	5.10	2.83	6.20	1.60	1.47	20.16	16.51	5.33	28.09

注：危机后的预测误差方差分解是基于图 9-3 给出的有向无环图中的同期因果模式构造的。这里列出 1 周（同期）、12 周（短期）和 48 周（长期）的方差分解。每一行显示各商品市场价格冲击对一个市场方差贡献的百分比。

危机后，中国石油市场对其他商品市场的影响力仍然很弱，即使在 48 周的长期水平下，也没有超过 10%。另外，对比各商品市场可以发现，各市场在同期主要受自身因素的影响，而在短期和长期内则主要受黄金市场的影响。这也说明了在金融危机后，黄金作为贵金属与普通商品的属性差别开始显现，在普通商品价格下跌、市场风险加大的前提下，黄金的保值功能吸引投资者在市场间进行投资转移，黄金市场的投资替代效应明显。因此，黄金价格对其他普通商品市场价格波动具有很强的解释能力。

9.5 本 章 小 结

本章通过构造误差修正模型揭示了中国石油市场与国际国内其他商品市场之间的长期均衡关系。通过分析中国原油市场和燃料油市场与国际国内其他商品市场间的信息传导模式，分析了中国石油市场对于国内国际商品市场的影响力，同时对比分析了中国原油市场和燃料油期货市场在市场间信息传导过程中的作用。通过分析中国石油市场的特征，得到了中国石油市场的一些重要结论。

首先，中国商品市场不再是完全封闭的市场，其市场化程度在加深，与国际商品市场间的关联变得更加紧密。特别是中国商品期货市场的发展，使得国内商品价格与国际商品价格更好地联动，中国石油市场与国际和国内商品市场均存在长期均衡关系。这也反映了随着中国商品市场机制改革的进一步完善和全球商品市场一体化的快速发展，不仅中国国内各商品市场间的关联增强，中国与国际商品市场间的联系也更加紧密。

其次，从中国石油市场与国际和国内商品市场间的信息传导可以发现，中国原油市场和燃料油市场的表现并不完全一致，具有各自的特点。中国原油市场在危机前后均是价格的接受者，除了国际石油市场对中国原油市场存在直接的同期影响，其他商品市场与中国原油市场的同期关系较弱。虽然在金融危机后这种联系有所增强，但是完全表现为其他商品市场对中国原油市场的单向影响（中国大豆市场、玉米市场、铜市场和黄金市场都对中国原油市场存在直接或间接的同期因果关系）。与中国原油市场不同，中国燃料油市场除了受国际石油市场的影响外，在中国国内商品市场中还具有很重要的地位。金融危机前，中国燃料油市场除了在同期内直接影响中国玉米市场和中国黄金市场外，还对中国铜期货市场存在间接的同期影响。金融危机后，由于中国石油需求成为全球石油需求的主要增长动力之一，因而影响国际油价变化的"中国因素"增强。同时，对比中国石油市场和国际石油市场在商品市场中的表现可以发现，中国燃料油市场的市场特征与国际石油市场比较接近，即在油价高涨期，中国燃料油市场对国内其他商品市场的影响比较显著，而在油价低迷期，中国燃料油市场对国内商品市场的影响明显减弱。这与国际石油市场在国际商品市场中的表现一致。对比中国原油市场和燃料油市场的影响力，说明中国原油市场由于没有期货市场，价格流动性差，很难在国际油价的形成机制中发挥作用，对其他商品市场的影响也很弱。

最后，由于中国原油基准价格参照国际油价制定，其价格变动必然受到国际油价的影响，但是中国石油定价机制实现有控制地与国际油价接轨的特点，使得中国石油市场并不完全依附于国际石油市场的变化，国际石油市场对中国石油市场的影响力仅在短期有效。特别是在金融危机后，为了避免国内油价波动过于剧烈，政府的调控作用开始显现，国内原油市场和国际原油市场间的关联更加薄弱。从中国原油市场对国内其他商品市场的弱影响力也可以看出，中国原油市场的开放程度仍然不高，市场行为受到一定的限制。

|第 10 章|　结构化油价冲击对中国宏观经济的影响研究

石油资源已成为保障经济运行和工业发展的动力基础，在国民经济中具有重要的地位。自两次石油危机以来，关于油价与宏观经济关系的研究受到了广泛的关注，以美国和欧盟为首的 OECD 国家成为主要的研究对象。但是对于新兴经济体，特别是油价冲击对中国宏观经济的影响研究还十分有限。特别是中国目前还处在半市场化的经济体制和石油定价机制阶段，油价冲击会受到国内相关政策和管制的干扰，冲击的影响程度存在不确定性。为此本章重点解决以下问题：①不同来源的油价冲击对宏观经济的影响机理是否一致？②油价冲击对中国的影响与其他新兴经济体是否一致？

在新的石油市场环境和经济形势下，油价冲击对新兴经济体宏观经济的影响机理和冲击模式需要进一步的验证，也是对这一研究领域在实证研究方面的补充，能够为新兴市场国家把握油价冲击的影响机理和传导路径提供理论支撑，这也是本章研究的出发点和主要目的。

10.1 油价与新兴经济体宏观经济关系

自 20 世纪 90 年代以来，国际石油市场格局出现了一些新特征。

一是新兴经济体逐渐成为了推动全球经济增长的主导力量，同时也成为了国际石油市场的主要需求方。其中，BRICS[①] 经济发展尤其瞩目，拉动石油消费快速增长，1990～2011 年，BRICS 国家石油消费量增长了 76%，石油消费占世界比重增加至 24%（BP，2012）。经济增长的能源密集性特征决定了新兴经济体的经济增长对能源价格冲击具有更高的敏感性，同时新兴经济体转型过程中的政策体制导致了特殊的冲击传导机制。由于能源消费结构、经济增长模式及发展阶段的差异，以往关于油价冲击对发达国家经济影响的研究结论很难完全套用到新兴经济体。因此，研究油价冲击对新兴经济体特别是我国的宏观经济运行的影响具有重要的理论和现实意义。

二是油价变化的主要驱动因素已从 20 世纪七八十年代的供应侧为主转向需求侧为主，石油市场的结构化冲击分解受到关注。引起国际油价波动的原因比较复杂，可能与供应中断有关，也可能是由于需求旺盛。Archanskaïa 等（2012）发现油价冲击已从 1973～1992 年的供应驱动为主转向 1992～2006 年的需求驱动为主。不同来源的油价冲击对宏观经济的影响也存在较大差异，其背后的作用机理和传导机制也是不同的。Kilian（2009）提供了很好的油价冲击来源分解框架，将油价冲击区分为石油供应冲击、石油总需求冲击和石油预防性需求冲击，发现不同的冲击对美国 GDP 和 CPI 的影响都具有较大差异。目前关于结构化石油市场冲击的经济影响研究还仅限于少数发达国家（Jones et al.，2004；Kilian，2008；Kilian and Park，2009；Peersman and van Robays，2012；Abhyankar et al.，2013），缺乏基于其他国家，特别是新兴经济体的实证研究。因此，有必要在区分油价冲击来源的基础上，重新认识不同的石油冲击与新兴经济体的关系。

由于新兴国家经济发展模式和石油供需特征差异较大，对结构化石油市场冲击的相应模式可能呈现不同的特点。因此，本章将以中国和其他 BRICS 国家为研究对象进行实证研究。首先，通过比较油价冲击对 BRICS 国家经济的影响有助于这些国家认识油价冲击的响应特征，为进一步合作应对国际石油市场波动提供实证支撑。其次，与发达国家不同，大部分 BRICS 国家针对石油产品消费还存在补贴和价格管制。2008 年，俄罗斯、中国和印度对化石能源的消费补贴分别高达 538 亿美元、455 亿美元和 410 亿美元（IEA，2010）。补贴降低了这些国家国内消费者对于国际油价冲击的敏感度，不利于长期能源效率改善，

---

①BRICS，即金砖国家，引用了巴西（Brazil）、俄罗斯（Russia）、印度（India）、中国（China）和南非（South Africa）的英文首字母。

也可能使得国际油价冲击与这些国家经济活动的关系呈现出与发达经济体不一样的特征。最后，已有针对新兴经济体的研究都假设油价冲击是外生性的，但是由需求引起的内生性油价冲击已成为影响石油价格变化的重要来源（Barsky and Kilian，2004；Kilian，2009）。因此，研究不同来源的石油市场冲击对新兴经济体宏观经济的影响具有重要意义。

本章的主要贡献有两个方面：①建立了结构 VAR 模型对不同来源的油价冲击进行识别，分析了石油供应冲击、石油总需求冲击和石油特定（即预防性需求）冲击对工业产值、有效汇率和消费价格水平等宏观经济变量的影响；②通过比较不同石油冲击对不同新兴国家的宏观经济的影响，更全面地认识新兴国家的经济指标面对不同来源的石油冲击的响应模式和特征。本章的研究框架如图 10-1 所示。

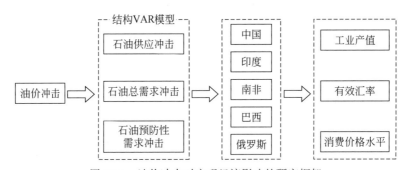

图 10-1　油价冲击对宏观经济影响的研究框架

10.2　BRICS 石油供需形势

BRICS 各国的石油供需形势具有比较大的差异，这也为研究比较不同类型国家面对油价冲击的响应机理提供了支持。图 10-2 展示了 1992～2011 年 BRICS 各国的石油消费、产量及对外依存度变化。作为主要的石油消费国，中国、印度和南非都具有石油需求不断上涨和高依存度的特点。其中，中国 1992～2011 年石油消费年均增长 6.7%，国内石油产量年均增速不到 2.0%，2011 年石油净进口占国内石油消费的比重接近60%。印度 1992～2011 年石油消费年均增长 5.2%，石油产量仅年均增长 1.7%，对外依存度从 1992 年的 53% 增加到 2011 年的 75%。南非石油消费年均增长 2.2%，对外依存度接近 100%。

巴西和俄罗斯则是传统的主要产油国。得益于深海石油资源的开采，巴西国内石油产量 1992～2011 年均增长 6.6%，同期国内石油消费年均增速只有 3.0%，石油对外依存度已从 20 世纪 90 年代初期的 50% 降到 2011 年的 5%。俄罗斯是 BRICS 国家中石油资源最丰富的国家，也是世界上最大的非 OPEC 石油输出国，2011 年石油产量占世界总产量的12.8%，石油出口收入也一直是该国政府最主要的收入来源。

表 10-1 比较了 BRICS 各国和 OECD 国家在不同时期的石油消费增速、石油占一次能源消费比重和石油消费强度。首先，除了俄罗斯外，大部分 BRICS 国家的石油消费增速明

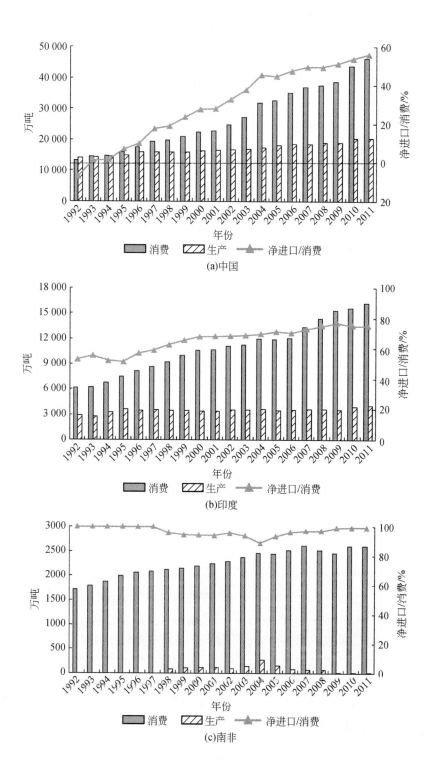

(a)中国

(b)印度

(c)南非

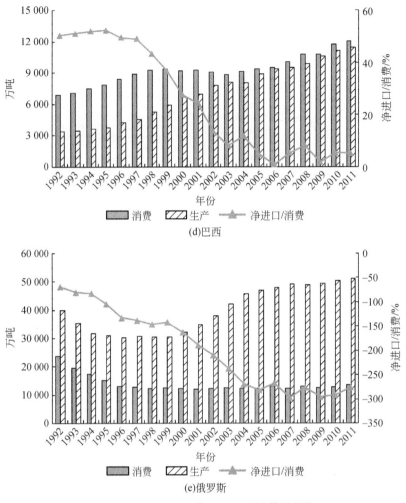

图 10-2 1992~2011 年 BRICS 石油供需形势

资料来源：BP, 2012

显高于 OECD 国家。2000~2010 年 OECD 石油消费年均降低 0.5%，而所有的 BRICS 国家继续保持增长。其次，BRICS 国家中石油占一次能源消费比重也具有较大差异。中国、印度和南非最主要的能源消费品种是煤炭，石油所占比重一般低于 30%。巴西和俄罗斯最主要的消费能源是石油和天然气，巴西石油消费比重超过 40%，俄罗斯的石油消费比重虽然仅有 20%，但是天然气消费比重超过 50%。最后，BRICS 各国和 OECD 国家一样 1990~2010 年石油消费强度不断降低，目前中国、印度和南非的石油强度低于巴西和俄罗斯。总之，过去的 20 年里，BRICS 各国石油消费快于以 OECD 为代表的发达国家，且 BRICS 各国在能源消费结构和石油利用效率方面也存在较大差异。因此，对比分析这些新兴国家对油价冲击的响应特征具有重要意义。

表 10-1　BRICS 各国与 OECD 国家石油消费情况

区域	石油消费年均增速/%		石油占一次能源消费比重/%			石油消费强度/（吨/万美元，PPP）		
	1990～2000 年	2000～2010 年	1990 年	2000 年	2010 年	1990 年	2000 年	2010 年
中国	7.1	6.9	17.0	22.2	18.2	0.90	0.67	0.48
印度	6.2	3.9	32.1	35.8	30.0	0.55	0.58	0.42
南非	2.9	1.7	19.4	21.7	21.0	0.59	0.65	0.55
巴西	3.8	2.5	51.2	49.6	45.7	0.59	0.67	0.60
俄罗斯	-6.9	0.5	29.1	20.1	19.2	1.34	0.98	0.64
OECD	1.3	-0.5	41.9	40.8	38.0	0.80	0.70	0.57

注：石油消费和总能源消费数据来自 BP（2012）；PPP 权重 2005 年不变价 GDP 来自世界银行。

10.3　石油价格冲击建模

引起国际油价波动的来源比较复杂，可能与石油供应中断有关，也可能是由于经济增长引起的石油需求及投机活动引起的石油预防性需求。Kilian（2009）选择全球原油产量、全球实际经济活动指标和实际油价 3 个变量，利用结构 VAR 模型对全球原油市场进行建模，有效地区分了外生性石油供应冲击、对所有工业品（包括石油）的全球总需求冲击和石油预防性需求冲击，发现这 3 类冲击对油价的影响特征具有较大差异，并且对美国 GDP 和 CPI 造成的影响也非常不同。其中，外生性石油供应冲击对经济活动的影响比较小；全球经济增长引起的石油总需求冲击在初期对美国经济的促进作用会超过油价上涨的不利影响；由极端事件引起的石油预防性需求冲击会导致美国 GDP 下降和 CPI 的增加。Kilian 和 Park（2009）、Abhyankar 等（2013）及 Peersman 和 van Robays（2012）进一步研究了这三种石油市场冲击对股票市场和其他发达国家经济活动的影响。本章同样利用该框架将油价冲击分解为石油供应冲击、石油总需求冲击和石油预防性需求冲击，分析不同来源的冲击对 BRICS 国家经济活动的影响。

10.3.1　结构 VAR 模型

结构 VAR 模型被认为是研究油价冲击和宏观经济关系最常用的方法（Bernanke et al.，1997；Blanchard and Gali，2009；Abhyankar et al.，2013）。本章在 Kilian（2009）对油价冲击进行结构化分解的基础上，将 BRICS 国家的工业产值、有效汇率和消费价格水平引入结构 VAR 模型，通过施加一定的短期约束，识别出国际油价的结构化冲击和国内宏观经济冲击，研究不同的结构化石油冲击对新兴经济体经济变量的影响。本节构建的结构 VAR 模型一般形式如下：

$$\begin{bmatrix} X_t \\ Y_{j,\,t} \end{bmatrix} = c + \sum_{i=1}^{p} A_i \begin{bmatrix} X_{t-i} \\ Y_{j,\,t-i} \end{bmatrix} + B \begin{bmatrix} \varepsilon_t^X \\ \varepsilon_{j,\,t}^Y \end{bmatrix} \tag{10-1}$$

本模型中包括的变量可以分为两大组。第一组 X_t 代表全球石油市场的供需条件，包括全球原油产量（pro）、全球经济活动指标（rea）和经美国 CPI 缩减的美元计价的原油价格（rop）。第二组变量 $Y_{j,\,t}$ 是针对特定国家的，包括第 j 国家的工业产值（ip_j）、实际有效汇率（$reer_j$）和消费者价格水平（cpi_j）。式中，c 表示常量向量；A_i 表示系数矩阵；p 表示滞后期；$i=1，\cdots，p$；B 表示结构化冲击向量 ε_t^X 和 $\varepsilon_{j,t}^Y$ 的当期影响矩阵，参考 Kilian 和 Park（2009）及 Abhyankar 等（2013），ε_t^X 表示石油市场的结构化冲击，包括石油供应冲击（$\varepsilon_t^{\text{oil supply shock}}$）、石油总需求冲击（$\varepsilon_t^{\text{aggregate demand shock}}$）和石油市场特定冲击（$\varepsilon_t^{\text{oil-market specific demand shock}}$）；$\varepsilon_{j,t}^Y$ 表示第 j 国家国内的经济变量冲击，包括工业产出冲击（$\varepsilon_{j,t}^{\text{industrial production shock}}$）、汇率冲击（$\varepsilon_t^{\text{exchang rate shock}}$）和物价冲击（$\varepsilon_t^{\text{price shock}}$）。

10.3.2　模型识别假设

假设式（10-1）结构 VAR 模型对应的缩减式残差向量为

$$e_t = \begin{bmatrix} e_t^{\text{pro}}，& e_t^{\text{rea}}，& e_t^{\text{rop}}，& e_{j,\,t}^{\text{ip}}，& e_{j,\,t}^{\text{reer}}，& e_t^{\text{cpi}} \end{bmatrix}' \tag{10-2}$$

则 $e_t = B\varepsilon_t$，式中 $\varepsilon_t = \begin{bmatrix} \varepsilon_t^X，& \varepsilon_{j,t}^Y \end{bmatrix}'$。通过对矩阵 B 施加约束就可以从缩减式残差项计算出结构化冲击。本节将利用短期约束同时识别出国际石油市场和国内经济的结构化冲击，具体对矩阵 B 施加一个递归结构，即

$$B = \begin{bmatrix} B_{11} & B_{12} \\ B_{21} & B_{22} \end{bmatrix} \tag{10-3}$$

式中，

$$B_{11} = \begin{bmatrix} b_{11} & 0 & 0 \\ b_{21} & b_{22} & 0 \\ b_{31} & b_{32} & b_{33} \end{bmatrix}, \quad B_{12} = \begin{bmatrix} 0 & 0 & 0 \\ 0 & 0 & 0 \\ 0 & 0 & 0 \end{bmatrix}, \quad B_{21} = \begin{bmatrix} b_{41} & b_{42} & b_{43} \\ b_{51} & b_{52} & b_{53} \\ b_{61} & b_{62} & b_{63} \end{bmatrix}, \quad B_{22} = \begin{bmatrix} b_{44} & 0 & 0 \\ b_{54} & b_{55} & 0 \\ b_{64} & b_{65} & b_{66} \end{bmatrix}$$

$$\tag{10-4}$$

这里，B_{11} 是下三角子矩阵，表示对国际石油市场施加的短期约束，假设短期（一个月内）石油供应是无弹性的，而石油供应冲击可以当期影响全球石油产量、全球实体经济活动和国际油价；石油总需求冲击当期影响全球经济活动和油价；对未来石油供应短缺担忧引起的石油特定冲击仅能当期影响油价，但可以在滞后期影响石油生产和全球经济活动。B_{12} 是零矩阵，表示每个国家的国内经济冲击当月不会影响全球石油市场的供需条件。B_{21} 表示全球石油市场的 3 个结构化冲击在当期会影响国内所有经济变量。B_{12} 和 B_{21} 的设定表明油价相对每个国家的宏观经济来说是预先确定的，与 Kilian 和 Vega（2011）研究结论相一致。B_{22} 表示对国内经济施加的短期约束，其中，由国内生产力提高引起的供应冲击可以当期影响工业产出、有效汇率和消费价格水平；国内实际需求冲击可以当期影响有效汇率和消费价格水平；货币冲击在当期仅能影响消费价格水平，这与 Huang 和 Guo

（2007）的设置一致。因此，缩减式残差向量 e_t 和结构化冲击向量的 ε_t 的当期关系 B 是下三角形式，可以表示如下：

$$
\begin{bmatrix} e_t^{\text{pro}} \\ e_t^{\text{rea}} \\ e_t^{\text{rop}} \\ e_t^{\text{ip}} \\ e_t^{\text{reer}} \\ e_t^{\text{cpi}} \end{bmatrix} = \begin{bmatrix} b_{11} & 0 & 0 & 0 & 0 & 0 \\ b_{21} & b_{22} & 0 & 0 & 0 & 0 \\ b_{31} & b_{32} & b_{33} & 0 & 0 & 0 \\ b_{41} & b_{42} & b_{43} & b_{44} & 0 & 0 \\ b_{51} & b_{52} & b_{53} & b_{54} & b_{55} & 0 \\ b_{61} & b_{62} & b_{63} & b_{64} & b_{65} & b_{66} \end{bmatrix} \begin{bmatrix} \varepsilon_t^{\text{oil supply shock}} \\ \varepsilon_t^{\text{aggregate demand shock}} \\ \varepsilon_t^{\text{oil specific-demand shock}} \\ \varepsilon_t^{\text{domestic supply shock}} \\ \varepsilon_t^{\text{domestic real demand shock}} \\ \varepsilon_t^{\text{domestic money shock}} \end{bmatrix} \quad (10\text{-}5)
$$

10.3.3 脉冲响应函数和方差分解

基于短期约束的识别假设研究结构化石油冲击对 BRICS 国家工业产出、有效汇率和消费价格水平的影响。首先，计算每个国家经济变量对结构化石油市场冲击的动态脉冲响应，分析结构化石油冲击的影响方向和持续时间。考虑到残差项可能存在异方差，将利用重复 2000 次的 recursive-design wild bootstrap 方法构造脉冲响应的置信区间（Gonçalves and Kilian，2004）。然后，计算出结构化石油冲击对每个国家经济变量预测误差方差的贡献度，识别出结构化石油冲击的影响程度。

10.4 数据来源和预处理

全球月度原油产量（pro）数据来自 EIA。全球经济周期与对海运服务的需求紧密正相关。因此，利用全球干散货费率指数代表全球实体经济活动（rea），这个指数也应用在 Kilian 和 Park（2009）的研究中，数据来自 Kilian 网站。全球超过 60% 的原油现货交易参考了 Brent 定价，本章利用 Brent FOB 价格作为国际原油价格，数据来自 EIA，并且利用美国 CPI 缩减为不变价（rop）。印度、巴西和俄罗斯的工业活动（ip）用工业生产指数代表；南非用制造业生产指数；中国的工业活动用工业增加值代表。所有 BRICS 国家工业活动（ip）、消费者价格指数（cpi）和实际有效汇率指数（reer）均来自世界银行官方网站。样本数据长度为 1994 年 5 月到 2012 年 8 月。

常用的季节调整方法如 X-12 并不能完全消除 BRICS 国家特有的节假日对经济变量的影响。为了消除季节和特定节假日影响，本章参考 Burbidge 和 Harrison（1984）及 Cunado 和 de Gracia（2003）的研究，将所有国家的经济变量和全球石油市场变量都转换为同比百分变化。表 10-2 展示了全球石油市场和每个国家经济变量的描述统计及单位根检验结果。可以看到，经过同比变换以后，大部分数据序列都是平稳的。

表 10-2　数据描述统计和单位根检验

项目	变量	均值/%	最小值/%	最大值/%	单位根检验	
					ADF	PP
全球石油市场	pro	1.16	-4.12	7.10	-3.25**	-3.70***
	rea	-1.17	-103.42	75.80	-5.58***	-3.41**
	rop	8.49	-83.31	96.81	-2.72*	-3.67***
巴西	ip	1.99	-18.30	17.10	-3.95***	-5.12***
	reer	3.29	-44.41	33.28	-4.39***	-3.44**
	cpi	7.89	1.63	98.97	-7.51***	-14.35***
俄罗斯	ip	2.46	-21.40	17.90	-2.77*	-3.87***
	reer	3.90	-63.86	48.15	-3.86***	-3.41**
	cpi	21.31	3.51	117.83	-5.14***	-3.84***
印度	ip	6.65	-7.50	18.60	-2.86*	-4.58***
	reer	-0.77	-14.47	11.55	-3.58***	-3.35**
	cpi	6.84	0.00	17.96	-3.08**	-2.54
中国	ip	12.36	3.64	18.80	-2.61*	-2.83*
	reer	2.31	-9.69	16.36	-2.44	-2.76*
	cpi	2.27	-2.22	18.81	-4.10***	-4.47***
南非	ip	1.56	-24.10	15.10	-2.99**	-4.98***
	reer	-1.18	-34.87	31.18	-2.56	-3.27**
	cpi	5.64	-2.02	13.11	-2.02	-3.10**

*、**和***分别代表在10%、5%和1%水平上显著。

注：ADF和PP检验仅有截距项。

10.5　油价冲击的宏观经济影响

10.5.1　对石油冲击的动态响应

油价上涨的动力来源主要可以划分为3种不同类型的冲击。石油供应冲击代表全球原油生产出现中断，石油总需求冲击代表全球经济活动繁荣，石油需求增加；石油市场特定需求冲击代表对石油的预防性需求冲击增加。本节将分别分析BRICS国家宏观经济变量对这3种石油冲击的不同的动态响应轨迹。

10.5.1.1　石油供应冲击影响

图10-3展示了BRICS国家的工业产出、有效汇率和CPI对一个标准差大小的石油供应冲击的响应轨迹和一个标准差的显著性水平（虚线）。

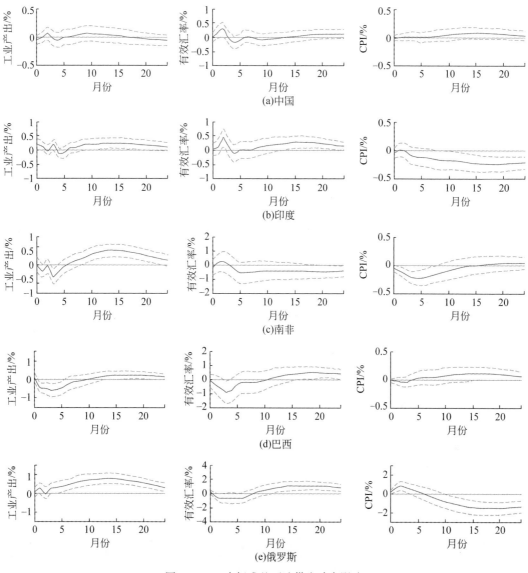

图 10-3 一个标准差石油供应冲击影响

注：虚线代表一个标准误区间。

石油供应冲击对 BRICS 国家中的石油净进口国的工业产出和 CPI 的影响并不一致。其中，中国和印度的工业产出受石油供应冲击的影响很小。一方面是因为这两个新兴国家还处于工业化初期，工业体系、能源结构及居民消费模式都决定了其对石油产品的依赖程度要低于工业化国家；另一方面因为所用的样本期集中在 1995 年以后，这段时期并没有发生像 20 世纪 70 年代和 80 年代初期那样大的石油供应中断事件，供应冲击不是这段时期石油市场的主要冲击源。然而，南非的工业产出受石油供应冲击影响相对显著，在供应冲击发生大约半年后会出现显著增加。这主要是因为南非是煤炭出口大国，当国际石油市场发生供应短缺后，煤炭需求和煤炭价格都会出现显著增加，这将促进南非煤炭出口，推动工业产出增加。

石油供应冲击对石油出口国的经济变量的影响更加显著，持续性更强。当国际石油市场发生供应短缺后，俄罗斯的工业产出会出现显著增加，有效汇率也在较长时期内呈现升值趋势，CPI 在大约一年后出现显著下降。这主要是由于全球供应短缺会推动俄罗斯加大油气生产，作为俄罗斯的支柱产业，油气行业的繁荣会推动整个工业生产的增加，同时油价上涨会引起俄罗斯有效汇率的升值（Chen and Chen，2007），在国际进口贸易中占有优势，从而会降低俄罗斯的进口成本和国内物价水平。

10.5.1.2 石油总需求冲击影响

全球经济周期扩张引起的石油总需求冲击是 2004 年以来的主要石油冲击。从图 10-4 可以发现，石油总需求冲击能够显著地影响所有 BRICS 国家的工业产出、有效汇率和消费价格水平。石油进口国和出口国的工业产出对石油总需求冲击的响应都表现出显著增加趋势（见图 10-4 第 1 列）。这主要是因为 20 世纪 90 年代中期以后，BRICS 国家已经进入经济快速增长期，成为全球经济增长的主要动力，与国际油价走势呈现正相关关系。正如 Kilian 和 Hicks（2013）发现，2003～2008 年油价上涨主要是由发达国家和新兴国家超过预期的经济增长引起。在这段时期经济增长成为导致油价上涨的主要动力，所以石油总需求冲击推动全球经济周期扩张和新兴国家经济增长呈现正向关系，这与 Peersman 和 van Robays（2012）基于 OECD 国家的实证发现一致。

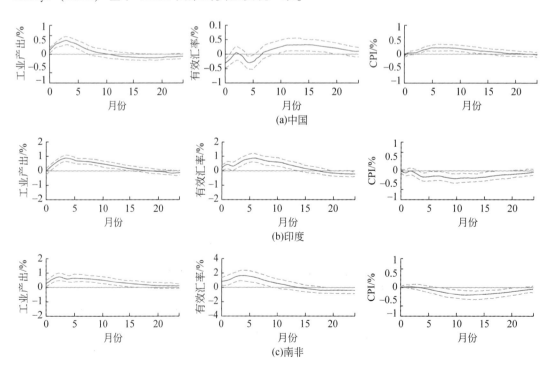

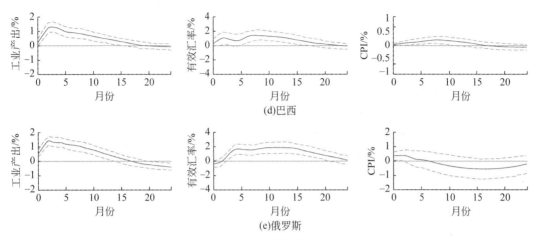

图 10-4 一个标准差石油总需求冲击影响

注：虚线代表一个标准误差区间。

另外，石油总需求冲击会造成 BRICS 国家的有效汇率出现显著波动，并且整体呈现升值趋势。其中，中国有效汇率是在半年内出现轻微贬值，然后呈现显著升值。印度、巴西和南非的汇率在石油总需求冲击发生当期就显著升值，而俄罗斯汇率则从第 3 个月开始显著升值。这主要是因为当全球实体经济活动处于更加活跃的状态时，经济繁荣会增加 BRICS 国家的投资和消费需求，进一步增加国内货币的交易需求，促使长期货币升值。Peersman 和 van Rboyes（2012）也发现石油总需求冲击引起主要发达国家美国、日本、法国、德国及挪威的有效汇率升值。这表明石油总需求冲击对新兴经济体和发达经济体的货币升值效应是一致的。

但是，石油总需求冲击对 BRICS 国家 CPI 的影响幅度相对较小，且不一致。中国和巴西 CPI 受石油总需求冲击会出现小幅增加，而印度和南非的 CPI 则会呈现一定程度的下降；石油输出国俄罗斯 CPI 变化则不显著。这很可能是因为这些新兴国家居民消费中石油产品购买支出所占的比重还比较低。例如，中国和印度等发展中国家的家庭汽车拥有量还远低于美国和欧洲国家。而且，成品油价格管制和补贴政策也会在一定程度上抵消油价上涨对 CPI 的影响。另外，石油总需求冲击引起的汇率升值也可以有效减缓油价上涨引起的通货膨胀效应。

10.5.1.3 石油市场特定需求冲击影响

石油供应冲击和总需求冲击分别代表国际石油市场实际发生的供应和需求流量变化，而石油市场特定需求冲击是由于市场参与者对未来石油供应短缺担忧引起的，代表市场预期的变化，又称为预防性需求冲击（Kilian，2009），一般与市场投机活动和其他突发事件有关。由于石油供需形势只在长期对石油市场产生影响，而油价的短期性波动往往是由于市场预期的变化而导致的，这类特定需求冲击在石油市场出现的更加频繁。当特定政治或战争事件（如伊拉克战争和利比亚战争）引发对未来石油供应出现短缺的担忧时，油价会急速上涨，对石油进口国的经济增长造成不利影响。

图 10-5 展示了 BRICS 经济变量对一个标准差石油市场预防性需求冲击的响应轨迹。大部分石油净进口国工业产出增速响应大约在半年之后显著为负（如中国、印度、南非和巴西），CPI 都显著增加。这说明石油预防性需求冲击给石油市场带来更大的不确定性，影响石油工业的稳定。而且这类冲击往往更具有突发性，会造成市场对于供应短缺的担忧，引发消费者对于石油产品的恐慌性需求，增加居民支出成本和物价水平。一旦这类冲击出现更加频繁、持续时间更长就会影响新兴石油进口国的正常的生产活动，甚至可能引发这些国家的经济出现滞涨风险。

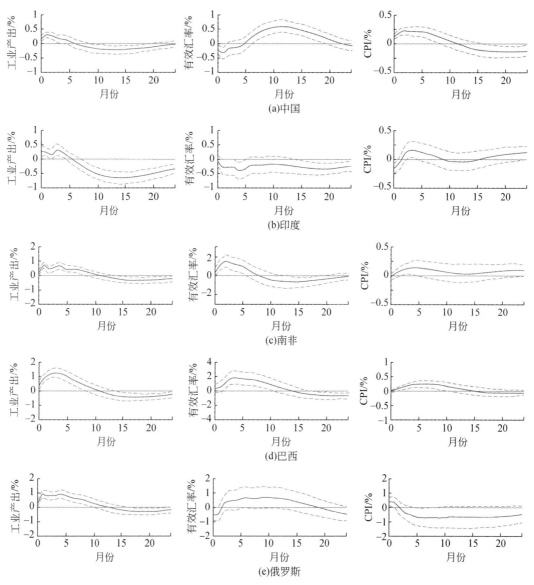

图 10-5　一个标准差石油预防性需求冲击影响

注：虚线代表一个标准误区间。

石油市场预防性需求冲击对于石油出口国的长期稳定生产同样不利。俄罗斯的工业增速仅在石油市场预防性需求冲击发生的 10 个月内显著增加，之后产出也开始出现下降。这是因为由预期冲击拉高的油价虽然短期会增加石油出口国的石油出口收入，但由于严重损害了石油进口国的经济，减少了它们的石油需求，也会反过来损害俄罗斯的长期工业产出。

特别是当前石油市场金融化趋势日益明显，活跃的投机活动往往会导致石油价格走势脱离供需基本面（Kaufmann，2011）。而新兴的石油进口国，如中国和印度石油需求快速增长，对外依存度不断攀升，本国又缺乏足够的战略石油储备和有效应对油价上涨的快速响应机制。一旦油价出现预防性上涨，必然会对这些新兴国家的经济增长和物价稳定造成严重损害。因此，BRICS 有必要通过对话和合作建立应对石油价格过度波动的动态协调机制，避免预防性需求冲击带来的经济损失和价格风险。

10.5.2　石油冲击对经济波动的贡献

本节利用预测误差方差分解识别每个 BRICS 国家工业产出、有效汇率和 CPI 受到不同结构化石油冲击的影响程度，如图 10-6 所示。

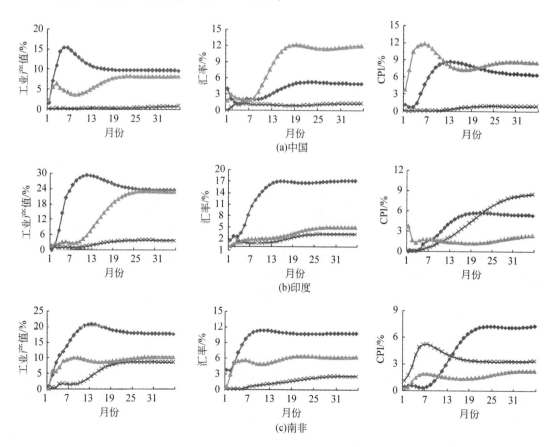

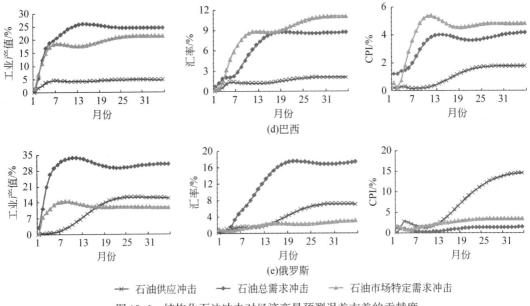

图 10-6　结构化石油冲击对经济变量预测误差方差的贡献度

　　石油总需求冲击对中国的工业产出、汇率和 CPI 预测误差方差滞后 3 年的解释能力分别达到 10%、5% 和 7%，石油市场特定需求冲击的解释能力分别为 8%、12% 和 9%，而来自石油供应冲击的影响则很微弱。这表明在样本期内（1994～2012 年），石油总需求冲击和石油市场特定需求冲击对中国经济活动波动贡献较大，尤其是石油市场特定需求冲击已严重干扰了中国汇率和物价的稳定。这主要是由于石油市场特定需求冲击具有不确定性大、发生频率高的特征，这类冲击的出现往往非常突然、很难预测和提前规避，因此对经济平稳运行的损害也是最大的。

　　印度与中国同样严重依赖石油进口，但不同结构化冲击对印度宏观经济变量的影响程度整体比中国更高。其中，石油总需求冲击和石油市场特定需求冲击对其工业产出方差的解释能力均为 24%，表明印度工业活动更容易受到全球经济活动和石油市场预防性需求冲击的影响。此外，印度有效汇率长期预测方差中总需求冲击也占到 17%，远大于石油供应冲击和预防性需求冲击影响。印度的 CPI 受结构化油价冲击的影响相对中国要小，而且主要冲击来源也与中国不同，来自石油供应的冲击占据主导（接近 9%）。这主要是因为印度本国的石油供应能力较弱，对外部石油的依赖程度更高，因而石油供应冲击对物价成本的转移程度更高，居民消费物价受到的影响更大。

　　南非和巴西经济变量受到结构化石油冲击的影响也较大，并且石油总需求冲击和石油市场特定需求冲击的影响程度逐渐增强，大约 1 年后趋于稳定。其中，石油总需求冲击对南非工业产出、汇率和 CPI 的长期预测方差贡献程度分别达到 18%、11% 和 7%；石油市场特定需求冲击对南非的工业产出和汇率波动贡献长期来看分别占到 10% 和 6%。石油总需求冲击和石油市场特定需求冲击对巴西工业产出的长期预测误差方差的贡献分别占 25% 和 20%；对巴西汇率的长期预测方差的贡献分别占 11% 和 9%。这表明巴西的经济增长和汇率稳定相比南非更容易受到全球经济活动和石油预防性需求波动的影响。

俄罗斯是 BRICS 中唯一的石油净输出国,它的宏观经济受不同结构化石油冲击的影响模式和影响程度也具有独特的特点。其中,俄罗斯工业产出的长期预测误差方差中石油总需求冲击、石油市场特定需求冲击和石油供应冲击分别占 30%、15% 和 12%,合计将近 60%。这一数字远大于其他 BRICS 国家,表明俄罗斯工业活动在样本期受石油市场冲击的影响较大,这与俄罗斯主要依赖油气工业的经济发展模式有关。此外,与中国、南非和巴西这些石油进口国不同,俄罗斯的 CPI 长期预测误差方差中石油供应冲击贡献接近 15%,这是因为全球石油供应波动会直接影响俄罗斯工业发展和财政收入,进而影响居民收入水平和消费能力,从而对 CPI 造成更强的长期影响。

通过以上分国家分析可以看到,结构化石油冲击已成为 BRICS 国家工业产出波动的重要来源,其中石油总需求冲击和石油市场特定需求冲击的影响要超过石油供应冲击,这表明 20 世纪 90 年代中期以来,BRICS 的经济变量更多地受到石油需求侧冲击影响。而且石油市场特定需求冲击也对大部分石油进口国的汇率和物价稳定提出了严峻挑战,应引起这些新兴国家的重视。

10.6 本章小结

石油冲击已经成为影响各国经济平稳运行的主要威胁。而随着石油市场条件和外部环境的变化,石油市场主要冲击来源也在不断地发生改变。本章利用结构 VAR 模型研究石油供应冲击、石油总需求冲击和石油预防性需求冲击对 BRICS 五国工业产出、有效汇率和消费价格水平等宏观经济变量的影响。

结构化石油冲击已经成为影响 BRICS 国家宏观经济变量波动的重要来源,区分不同来源的石油冲击对于认识油价上涨的经济影响至关重要。总体而言,石油供应冲击对 BRICS 中的石油出口国影响显著,而石油进口国则主要受总需求冲击和预防性需求冲击的影响。这也体现了不同冲击源对油价的作用机理及与宏观经济变量之间的传导机制。供应冲击能够有效支撑石油出口国的生产活动和油气行业的发展,而 BRICS 国家作为 21 世纪世界经济增长的主要动力,其本身能够带动世界总需求的增长,特别是在经济繁荣期,BRICS 经济活动的活跃程度与油价上涨是一致的,是相互促进的。而预防性石油需求冲击从产生的机理来看,对 BRICS 国家中的石油进口国和出口国长期都是不利的。这主要归因于这类冲击更多的是对市场预期的影响,油价上涨的机理也脱离了供需基本面解释的范畴,这就给石油市场的稳定带来更大的风险和不确定性,而不确定性对于进口国和出口国保障经济平稳运行都会带来安全隐患和挑战,因此也是 BRICS 国家最需要关注和防范的石油冲击。

对比以往对发达国家的研究发现,BRICS 国家在面临结构化石油冲击时,其受到的影响相对滞后,幅度也相对较小。Kilian(2009)和 Peersman 和 van Robays(2012)发现在石油市场特定需求冲击发生时,发达国家的工业产出会立即显著为负;而 BRICS 国家的工业产出至少要在半年以后才转变为显著负增长。Huang 和 Guo(2007)及 Du 等(2010)发现由于中国拥有丰富的劳动力及特定的经济结构,国际油价冲击对中国出口和经济活动的影响要显著弱于发达国家。显然，BRICS 国家的经济结构对石油消费的依赖程度要低于发达国家，而且 BRICS 国家内部存在一定的石油消费补贴和价格管控，这使得 BRICS 国家能够推迟和部分抵消国际油价冲击带来的负面影响。因此，从目前来看，BRICS 国家宏观经济变量对石油市场冲击相比发达国家具有更强的抵抗性。

但是，随着石油市场金融化趋势不断加深和投机资金的进入，由市场预期变化造成的短期冲击已成为石油市场的主要冲击源，这对于 BRICS 国家的生产活动的平稳运行和经济安全都提出了更大的挑战。特别是 BRICS 国家还普遍缺乏灵活开放的石油市场机制和应急预警机制，这对于防范和应对突发的石油市场冲击更加困难。因此，BRICS 国家应该重视完善石油市场体系建设，并且充分利用当前的合作框架，加大新兴经济体中石油生产国和消费国之间的能源合作和交流，建立更多的对话机制和吸引更多的新兴经济体加入，提升新兴经济体在国际能源市场的影响力，从而维护石油市场的稳定，保障本国经济平稳运行和能源供应安全。

第 11 章   国际石油市场套期保值策略研究

近年来，大宗商品价格尤其是石油价格经常出现剧烈波动，相应的成品油价格波动也在增加，这给炼油企业的生产经营带来了巨大的风险。炼油企业主要以精炼原油出售成品油为主要目的，因而它们面临原油和成品油价格波动的双重风险。对于炼油商来说，清楚了解原油市场与成品油市场之间的动态关系，控制原油与成品油价差的波动风险比控制单个市场的价格风险更加重要。作为降低价格波动风险的有效手段，炼油企业往往选择在期货市场进行对冲交易用于弥补现货市场价格波动带来的损失。因此本章重点解决以下问题：①在期货市场进行套期保值时，是否需要考虑不同市场之间的信息传导效应？②动态套期保值模型是否比静态模型更有效？

本章提出了在原油和成品油期货市场进行套期保值的最优策略，这不仅可以为炼油企业规避市场风险提供现实指导，也对理解石油市场内部各市场间关系具有重要的意义。

11.1 炼油商组合投资策略

在炼油工业，原油通过裂解转化为一系列下游产品，炼油商是石油市场的主要参与者之一。炼油商一方面买入原油进行裂解生产，另一方面卖出汽油、取暖油等裂解产品，通过裂解产品与原油之间的价差获取利润。因此，炼油商同时处于原材料与产成品两个市场之间，原油价格的上升或者成品油价格的下跌都会使裂解价差缩小，使炼油商遭受损失。

裂解价差反映了原油和各种成品油之间的动态价格关系，其期货合约在价格剧烈波动期受到炼油商的青睐。炼油商通过同时调整原油和成品油的期货头寸来防止价差利润的缩小。基本原理是，炼油商需要在现货市场买入原油，卖出成品油实现生产盈利。如果炼油商不在期货市场进行操作，一旦原油价格上涨过快或者成品油价格出现大幅度下跌都会对企业造成亏损。为了对冲现货市场的风险，炼油商往往会在期货市场进行交易。假设炼油商预期未来原油价格将会出现大幅度上涨，则炼油商会在期货市场卖出裂解价差合约，即买入原油合约，卖出成品油合约。如果在下个生产周期，原油价格的上涨幅度超过成品油，则炼油商在现货市场买入原油，卖出成品油将出现亏损。但是，为了在期货市场完成平仓，炼油商则需要卖出原油合约，买入成品油合约，在期货市场实现盈利。所以，炼油商在期货市场的收益会弥补其在现货市场的亏损。炼油商不用担心各个合约的绝对价格变动，只需要关注成品油相对于原油的价格变动。因此，采用裂解价差进行套期保值已经成为炼油商规避风险的一种常用手段。

套期保值策略在许多能源相关的研究中被广泛地研究（Krey et al.，2007；Deng and Oren，2006）。通常炼油商会选择同时在期货市场进行套期保值来规避现货市场生产由于市场价格波动所引发的风险。而套期保值策略的核心和难点是最优套期保值比率的确定。目前，大部分学者都是基于单一商品的现货和期货价格关系进行研究，对多种期货产品尤其是石油市场多产品的套期保值研究还比较少。由于石油市场的特殊性，其原材料（原油）和产出品（汽油、柴油等）都是国际期货市场上重要的大宗商品。因此，对它们进行组合套期保值策略的研究对炼油商更有实际意义，特别是在石油价格剧烈波动的背景下，围绕裂解价差开展经营策略和规避风险的研究显得更为重要。

本章考虑了炼油商需要买入原油、卖出成品油的实际需求，提出了石油市场的多产品套期保值策略。本章的主要贡献在于：①从炼油商的角度出发，根据 NYMEX 交易中炼油商常用的裂解价差合约，选取原油、汽油和取暖油价差作为裂解利润的代表，对多商品的套期保值策略进行了研究。②将基于动态条件相关和误差修正的多变量 GARCH（DCC-ECM-MVGARCH）模型应用于对石油市场多产品时变套期保值比的估计。本章的研究框架如图 11-1 所示。

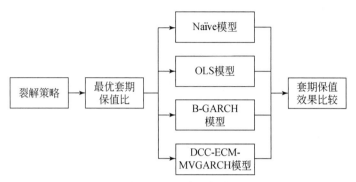

图 11-1　石油市场多产品套期保值策略研究框架

11.2　裂解利润的套期保值模型

11.2.1　最优套期保值比

在石油市场，裂解价差合约被交易用于反映原油（投入量）与多种成品油组合（产出量）之间的价格差。交易商可以通过设计原油和成品油的持有头寸来规避裂解价差波动带来的风险。本章正是针对炼油商的这类交易需求，对原油与汽油、取暖油之间的裂解价差来寻求优化的套期保值策略。

一般来说，汽油的产出量接近馏分油产出的两倍。馏分油经常用来生产取暖油和柴油，两者的化学成分基本一致。这种裂解结构使得许多交易商采用原油、汽油和取暖油 3∶2∶1 的配置方式来对冲风险（NYMEX，2000）。本章也是基于 3∶2∶1 的比例来进行实证研究的。

首先需要建立原油、汽油和取暖油的裂解利润方程。这里参考 Manfredo 等（2000）对大豆及其产品建立收益方程的步骤来构造两阶段卖出裂解价差策略，并对方程中变量的时间间隔进行更有实际操作意义的假定（Ji and Fan，2011）。主要步骤如下：

（1）第一阶段为 2 周生产计划阶段（$t-3$ 到 $t-1$ 时刻），交易商给出生产决策，按照决定在期货市场上买入原油合约（CF_{t-3}），卖出汽油（GF_{t-3}）和取暖油合约（HF_{t-3}）。

（2）第二阶段为操作阶段（$t-1$ 到 t 时刻），在现货市场买入原油（CS_{t-1}），开始裂解原油进行生产，并在期货市场卖出原油期货（CF_{t-1}）对 $t-3$ 期的买入合约结清。然后，在下一个时刻 t，交易商在现货市场卖出裂解的汽油（GS_t）和取暖油（HS_t），同时在期货市场买入汽油（GF_t）和取暖油（HF_t）合约对 $t-3$ 期的合约平仓。

采用这个策略，t 时刻套期保值的裂解利润如下：

$$
\begin{aligned}
y_t = {}& -\mathrm{CS}_{t-1} + \frac{2}{3}\mathrm{GS}_t + \frac{1}{3}\mathrm{HS}_t + l_{1,\,t}(\mathrm{CF}_{t-1} - \mathrm{CF}_{t-3}) + \frac{2}{3}l_{2,\,t}(\mathrm{GF}_{t-3} - \mathrm{GF}_t) \\
& + \frac{1}{3}l_{3,\,t}(\mathrm{HF}_{t-3} - \mathrm{HF}_t) - C
\end{aligned} \tag{11-1}
$$

（3）由于炼油商的这些操作在实际的买卖交易中是可以同时进行的，因此这里忽略从决策到操作的时间和原油用于裂解生产的时间（这样做不会改变裂解利润的方差，但使整个决策过程更清楚，在实际操作中也更简单），采用如下的裂解利润方程：

$$
y_t = -\text{CS}_t + \frac{2}{3}\text{GS}_t + \frac{1}{3}\text{HS}_t + l_{1,t}(\text{CF}_t - \text{CF}_{t-1}) + \frac{2}{3}l_{2,t}(\text{GF}_{t-1} - \text{GF}_t)
$$

$$
+ \frac{1}{3}l_{3,t}(\text{HF}_{t-1} - \text{HF}_t) - C \tag{11-2}
$$

式中，y_t 表示套期保值的裂解每桶的利润；CS_t、GS_t 和 HS_t 分别表示 t 时刻的原油、汽油和取暖油现货对数价格；CF_t、GF_t 和 HF_t 分别表示 t 时刻的原油、汽油和取暖油期货对数价格；$l_{1,t}$、$l_{2,t}$ 和 $l_{3,t}$ 分别表示 $t-1$ 时刻决定的 t 时刻的原油、汽油和取暖油合约的套期保值比；C 表示固定成本。

本章以最小化以上组合收益风险为目标，来求解优化的套期保值策略。这里以收益方差来度量风险，则套期保值的裂解利润 y_t 的方差为

$$
V(y_t) = V(\text{CS}_t) + \frac{4}{9}V(\text{GS}_t) + \frac{1}{9}V(\text{HS}_t) + l_{1,t}^2 V(\text{CF}_t) + \frac{4}{9}l_{2,t}^2 V(\text{GF}_t) + \frac{1}{9}l_{3,t}^2 V(\text{HF}_t)
$$

$$
- \frac{4}{3}\text{cov}(\text{CS}_t,\ \text{GS}_t) - \frac{2}{3}\text{cov}(\text{CS}_t,\ \text{HS}_t) - 2l_{1,t}\text{cov}(\text{CS}_t,\ \text{CF}_t)
$$

$$
+ \frac{4}{3}l_{2,t}\text{cov}(\text{CS}_t,\ \text{GF}_t) + \frac{2}{3}l_{3,t}\text{cov}(\text{CS}_t,\ \text{HF}_t) + \frac{4}{9}\text{cov}(\text{GS}_t,\ \text{HS}_t)
$$

$$
+ \frac{4}{3}l_{1,t}\text{cov}(\text{GS}_t,\ \text{CF}_t) - \frac{8}{9}l_{2,t}\text{cov}(\text{GS}_t,\ \text{GF}_t) - \frac{4}{9}l_{3,t}\text{cov}(\text{GS}_t,\ \text{HF}_t)
$$

$$
+ \frac{2}{3}l_{1,t}\text{cov}(\text{HS}_t,\ \text{CF}_t) - \frac{4}{9}l_{2,t}\text{cov}(\text{HS}_t,\ \text{GF}_t) - \frac{2}{9}l_{3,t}\text{cov}(\text{HS}_t,\ \text{HF}_t)
$$

$$
- \frac{4}{3}l_{1,t}l_{2,t}\text{cov}(\text{CF}_t,\ \text{GF}_t) - \frac{2}{3}l_{1,t}l_{3,t}\text{cov}(\text{CF}_t,\ \text{HF}_t)
$$

$$
+ \frac{4}{9}l_{2,t}l_{3,t}\text{cov}(\text{GF}_t,\ \text{HF}_t) \tag{11-3}
$$

分别对式（11-3）中的 $l_{1,t}$、$l_{2,t}$ 和 $l_{3,t}$ 求偏导并令其等于零，得

$$
\begin{pmatrix}
2V(\text{CF}_t) & -\dfrac{4}{3}\text{cov}(\text{CF}_t,\ \text{GF}_t) & -\dfrac{2}{3}\text{cov}(\text{CF}_t,\ \text{HF}_t) \\[2mm]
-\dfrac{4}{3}\text{cov}(\text{CF}_t,\ \text{GF}_t) & \dfrac{8}{9}V(\text{GF}_t) & \dfrac{4}{9}\text{cov}(\text{GF}_t,\ \text{HF}_t) \\[2mm]
-\dfrac{2}{3}\text{cov}(\text{CF}_t,\ \text{HF}_t) & \dfrac{4}{9}\text{cov}(\text{GF}_t,\ \text{HF}_t) & \dfrac{2}{9}V(\text{HF}_t)
\end{pmatrix}
\begin{pmatrix}
l_{1,t}^* \\[2mm]
l_{2,t}^* \\[2mm]
l_{3,t}^*
\end{pmatrix}
$$

$$
\tag{11-4}
$$

$$
=
\begin{pmatrix}
2\text{cov}(\text{CS}_t,\ \text{CF}_t) - \dfrac{4}{3}\text{cov}(\text{GS}_t,\ \text{CF}_t) - \dfrac{2}{3}\text{cov}(\text{HS}_t,\ \text{CF}_t) \\[2mm]
-\dfrac{4}{3}\text{cov}(\text{CS}_t,\ \text{GF}_t) + \dfrac{8}{9}\text{cov}(\text{GS}_t,\ \text{GF}_t) + \dfrac{4}{9}\text{cov}(\text{HS}_t,\ \text{GF}_t) \\[2mm]
-\dfrac{2}{3}\text{cov}(\text{CS}_t,\ \text{HF}_t) + \dfrac{4}{9}\text{cov}(\text{GS}_t,\ \text{HF}_t) + \dfrac{2}{9}\text{cov}(\text{HS}_t,\ \text{HF}_t)
\end{pmatrix}
$$

式（11-4）求出的 $l_{1,t}^*$、$l_{2,t}^*$、$l_{3,t}^*$ 即为满足收益方差最小的套期保值比，可以看出 3 种商品的套期保值比可由其方差协方差函数表示。因此，要估计动态的套期保值比，就是要估计各自的时变的方差和协方差项。

11.2.2 DCC-ECM-MVGARCH 模型

Engle（1982）提出自回归条件异方差（ARCH）模型用来描述条件异方差，随后，Bollerslev（1986）提出了广义 ARCH 模型，即 GARCH 模型用于更好地描述随时间变化的波动性。近年来，GARCH 模型得到很好的发展，出现了各种改进的 GARCH 模型，GARCH 类模型也成为用来估计时变方差和协方差的主流方法。然而，一般的 GARCH 模型随着变量数量的增加，需要估计的参数呈几何增加，也使得对参数的估计变得十分困难。为了克服这一缺陷，这里采用 Engle（2002）提出的一种新估计量，即动态条件相关（DCC），并与基于误差修正的多元 GARCH（ECM-MVGARCH）模型联合来对参数进行估计。Engle 提出的 DCC 统计量能够同时捕捉条件波动和条件相关的动态过程，具有很好的计算优势。这里对 DCC 的描述采用 Lee（2004）的表达方法。

基于现货和期货序列的单位根检验和协整检验结果，均值方程采用双变量的误差修正模型，收益受误差修正项和其现货、期货的滞后项影响，具体形式如下：

$$\Delta \mathrm{CS}_t = \lambda_1 + \varphi_1 \mathrm{ecm}_{1,t-1} + \sum_{i=1}^{k} \eta_{1,i} \Delta \mathrm{CS}_{t-i} + \sum_{i=1}^{k} \mu_{1,i} \Delta \mathrm{CF}_{t-i} + \varepsilon_{1,t} \qquad (11\text{-}5)$$

$$\Delta \mathrm{CF}_t = \lambda_2 + \varphi_2 \mathrm{ecm}_{1,t-1} + \sum_{i=1}^{k} \eta_{2,i} \Delta \mathrm{CS}_{t-i} + \sum_{i=1}^{k} \mu_{2,i} \Delta \mathrm{CF}_{t-i} + \varepsilon_{2,t} \qquad (11\text{-}6)$$

$$\Delta \mathrm{GS}_t = \lambda_3 + \varphi_3 \mathrm{ecm}_{2,t-1} + \sum_{i=1}^{k} \eta_{3,i} \Delta \mathrm{GS}_{t-i} + \sum_{i=1}^{k} \mu_{3,i} \Delta \mathrm{GF}_{t-i} + \varepsilon_{3,t} \qquad (11\text{-}7)$$

$$\Delta \mathrm{GF}_t = \lambda_4 + \varphi_4 \mathrm{ecm}_{2,t-1} + \sum_{i=1}^{k} \eta_{4,i} \Delta \mathrm{GS}_{t-i} + \sum_{i=1}^{k} \mu_{4,i} \Delta \mathrm{GF}_{t-i} + \varepsilon_{4,t} \qquad (11\text{-}8)$$

$$\Delta \mathrm{HS}_t = \lambda_5 + \varphi_5 \mathrm{ecm}_{3,t-1} + \sum_{i=1}^{k} \eta_{5,i} \Delta \mathrm{HS}_{t-i} + \sum_{i=1}^{k} \mu_{5,i} \Delta \mathrm{HF}_{t-i} + \varepsilon_{5,t} \qquad (11\text{-}9)$$

$$\Delta \mathrm{HF}_t = \lambda_6 + \varphi_6 \mathrm{ecm}_{3,t-1} + \sum_{i=1}^{k} \eta_{6,i} \Delta \mathrm{HS}_{t-i} + \sum_{i=1}^{k} \mu_{6,i} \Delta \mathrm{HF}_{t,i} + \varepsilon_{6,t} \qquad (11\text{-}10)$$

式中，$\mathrm{ecm}_{i,t-1} = \Delta S_{i,t-1} - \alpha_i - \beta_i \Delta F_{i,t-1}$，$i = 1$，2，3 分别表示原油、汽油、取暖油现货与期货 OLS 估计中的残差值。滞后阶数 k 由 Akaike 和 Schwartz 准则决定。

根据 Fleming 和 Ostdiek（1999）的研究，原油市场和其成品油市场间有很强的信息连接。因而假设均值方程的误差项满足如下关系：

$$\varepsilon_t = [\varepsilon_{1,t}, \varepsilon_{2,t}, \varepsilon_{3,t}, \varepsilon_{4,t}, \varepsilon_{5,t}, \varepsilon_{6,t}]' \sim N(0, H_t) \qquad (11\text{-}11)$$

式中，H_t 表示条件方差–协方差矩阵，$H_t \equiv \{h_{ij}\}_t$，$i, j = 1$，2，3，4，5，6。

根据相关系数与方差、协方差的关系，条件方差–协方差矩阵可以写成如下形式：

$H_t \equiv D_t R_t D_t$，式中 $D_t = \mathrm{diag}\{\sqrt{h_{ij}}\}_t$，即 6×6 的时变标准差的对角矩阵，$R_t \equiv \{\rho_{ij}\}_t$，$i, j = 1$，2，3，4，5，6 为包含条件相关系数的相关性矩阵。

根据 Engle（2002）的研究，D_t 服从如下形式的 GARCH（p, q）过程：

$$h_{iit} = \omega_i + \sum_{p=1}^{P_i} \alpha_{ip} \varepsilon_{i,\,t-p}^2 + \sum_{q=1}^{Q_i} \beta_{iq} h_{it-q} \quad \forall i = 1,\ 2,\ 3,\ 4,\ 5,\ 6 \tag{11-12}$$

特别地，DCC（m, n）结构如下：

$$R_t = Q_t^{*\,-1} Q_t Q_t^{*\,-1}$$

$$Q_t = \left(1 - \sum_{m=1}^{M} a_m - \sum_{n=1}^{N} b_n\right)\bar{Q} + \sum_{m=1}^{M} a_m(\xi_{t-m}\xi'_{t-m}) + \sum_{n=1}^{N} b_n Q_{t-n} \tag{11-13}$$

式中，$\xi_t = \varepsilon_{it}/\sqrt{h_{it}}$ 表示标准化误差；$Q_t \equiv \{q_{ij}\}_t$ 表示动态异方差矩阵；$\bar{Q}$ 表示无条件方差-协方差矩阵；$Q_t^* = \mathrm{diag}\{\sqrt{q_{ii}}\}_t$，$i = 1,\ 2,\ 3,\ 4,\ 5,\ 6$；DCC（$m$, n）中，m 表示标准化残差平方的滞后阶数，n 表示 Q_t 自相关项的滞后阶数。因此，条件相关系数 $\rho_{ij,\,t} = q_{ij,\,t}/\sqrt{q_{ii,\,t}q_{jj,\,t}}$。

式（11-12）和式（11-13）的参数可以通过极大似然法进行估计，对数似然函数可以表示如下：

$$L = -\frac{1}{2}\sum_{t=1}^{T}\{2\ln(2\pi) + 2\ln|D_t| + \ln|R_t| + \xi'_t R_t^{-1}\xi_t\} \tag{11-14}$$

11.2.3 用于对比的其他套期保值模型

为了考察本章采用的 DCC-ECM-MVGARCH 模型用于炼油行业裂解价差套期保值的有效性，这里选取 Naïve 模型、传统的 OLS 模型、双变量 B-GARCH 模型进行对比分析。

11.2.3.1 Naïve 模型

最简单的也是最直观地对现货价格风险进行套期保值的模型是 Keynes（1930）提出的 Naïve（完美套期保值）模型。Naïve 模型要求交易者在现货市场买入商品的同时在期货市场按照同样数量卖出期货。如果现货和期货价格总是同步变化的，这是一个完美的套期保值模型。

11.2.3.2 OLS 模型

传统的 OLS 模型：

$$\Delta S_t = \alpha + \beta \Delta F_t + \varepsilon_t \tag{11-15}$$

式中，ΔS_t、ΔF_t 分别表示 t 时刻的现货价格和期货价格收益；斜率 β 即为最优套期保值比的估计值。OLS 模型的主要特点是套期保值比不随时间变化，不能反映市场环境的动态特性。

11.2.3.3 B-GARCH 模型

双变量 GARCH 模型是在单一商品套期保值中常用的模型。这里对双变量 GARCH 模型的均值方程同样采用式（11-5）~式（11-10）的形式。但是假设每种商品的价格仅与自身的期货价格相关，而与其他商品的现货价格和期货价格无关，即市场间不存在关联 ［如 Cov(CS$_t$, GS$_t$) = 0］，即式 （11-11）~ 式 （11-14）中相应的参数向量为 2 × 1 维的 （矩阵为 2 × 2 维）。因此，B-GARCH 模型允许市场内的时变性但不允许跨市场间的联系。

一般地，套期保值有效性采用 Ederington （1979）给出的指标衡量，即参与套期保值后收益方差相对于未参与时减少的程度。

$$\text{Reduction} = 1 - \frac{V(\text{hedged})}{V(\text{unhedged})} \tag{11-16}$$

11.3　数据及样本分析

本节选取 1994 年 1 月 7 日到 2009 月 7 月 31 日的 WTI 原油、无铅汽油和 2#取暖油的现货和期货的周价格，所有数据均来源于 EIA。由于汽油和取暖油采用美分/加仑①报价，而原油采用美元/桶报价，因而首先将汽油和取暖油价格转换为美元/桶 （1 桶相当于 42 加仑）。其中，1994 年 1 月 7 日到 2007 年 7 月 27 日 （708 个数据）用来估计模型参数和样本内检验，2007 年 8 月 3 日到 2009 年 7 月 31 日 （105 个数据）用来检验不同套期保值模型在样本外的套期保值效率。

图 11-2 是按照原油、汽油和取暖油 3：2：1 得到的裂解价差收益。可以看出，汽油和取暖油相对于原油的裂解价差收益变化并不平稳，特别是在 2007 年以后，裂解价差收益波动十分剧烈，因此，采取时变的套期保值策略是十分必要的。

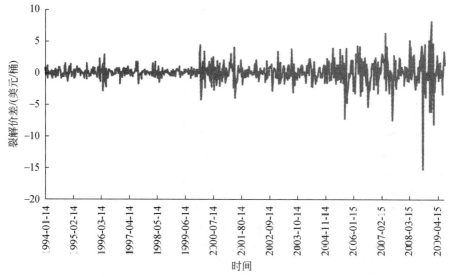

图 11-2　美国石油现货市场裂解价差收益

资料来源：EIA，数据区间：1994 ~ 2009 年

① 1 加仑 （美制）= 3. 78543 升

首先考察各现货和期货价格对数收益序列的基本统计特征。由表 11-1 可以看出，原油、汽油和取暖油现货和期货对数收益序列均呈现典型的尖峰厚尾特征，由 Jarque-Bera 统计量知，各序列均在 5% 的显著性水平下拒绝原假设，即均不服从正态分布。每个油种的现货与期货对数收益序列的相关性均在 0.9 以上，说明各油种现货与期货价格变化趋势基本一致。而任意两个现货和期货序列的相关性都在 0.5 以上，说明原油与汽油和取暖油市场之间的价格变化存在很强的相关性，这也符合原材料和产成品之间的价格关系。由 Q（10）和 Q^2（10）统计量知，各序列残差存在显著的自相关和条件异方差。因此，采用 GARCH 类模型可以很好地捕捉这一特点。另外，根据表 11-2，由 ADF 和 Phillips-Perron 单位根检验可知，各油种现货和期货序列都是 I（1）的。根据表 11-3，由 Johanson 特征根迹检验和最大特征值检验知，每对现货和期货序列都是协整的。

表 11-1　现货和期货对数收益序列的统计量（1994-1～2009-7）

类型		Mean	Std. Dev.	Skewness	Kurtosis	Q（10）	Q^2（10）	Jarque-Bera
原油	ΔCS	0.0018	0.045	−0.294	5.798	48.7**	283.7**	276.52**
	ΔCF	0.0018	0.043	−0.44	5.08	45.1**	152.5**	172.67**
汽油	ΔGS	0.0019	0.052	−0.195	4.69	63.5**	66.3**	101.84**
	ΔGF	0.0019	0.048	−0.357	5.12	41.9**	64.6**	169.71**
取暖油	ΔHS	0.0016	0.048	0.102	9.95	61.6**	196.8**	1636.9**
	ΔHF	0.0016	0.042	−0.119	4.19	44.9**	81.0**	49.49**

表 11-2　现货和期货对数收益序列的相关性

	ΔCS	ΔCF	ΔGS	ΔGF	ΔHS	ΔHF
ΔCS	1					
ΔCF	0.959	1				
ΔGS	0.649	0.654	1			
ΔGF	0.719	0.719	0.906	1		
ΔHS	0.670	0.682	0.595	0.633	1	
ΔHF	0.753	0.760	0.647	0.701	0.907	1

＊＊表示在 1% 的水平下显著。

注：Δ 表示价格对数收益序列。现货和期货的对数收益由 ln（$price_t/price_{t-1}$）计算得到。

表 11-3　单位根检验

	Phillips-Perron t统计量（概率值）				ADF t统计量（概率值）			
CS	−1.69（0.44）	ΔCS	−25.64（0.00）	CS	−1.28（0.64）	ΔCS	−14.85（0.00）
CF	−1.69（0.43）	ΔCF	−23.64（0.00）	CF	−1.26（0.65）	ΔCF	−24.98（0.00）
GS	−1.92（0.32）	ΔGS	−22.11（0.00）	GS	−2.12（0.24）	ΔGS	−12.94（0.00）
GF	−1.87（0.35）	ΔGF	−24.93（0.00）	GF	−1.87（0.35）	ΔGF	−13.42（0.00）

	Phillips-Perron t 统计量（概率值）			ADF t 统计量（概率值）		
HS	−1.57（0.50）	ΔHS	−24.48（0.00）	HS	−1.29（0.63）	ΔHS	−21.04（0.00）
HF	−1.57（0.50）	ΔHF	−23.95（0.00）	HF	−1.91（0.33）	ΔHF	−20.44（0.00）

注：单位根检验的方程包含截距项和趋势项。

表 11-4 Johanson 协整检验

协整变量（k）个数		迹统计量#	C（5%）	迹统计量##	C（5%）	λ_{max}#	C（5%）	λ_{max}##	C（5%）
CS，CF	k=0 *	224.28	15.49	243.30	25.87	222.37	14.26	236.83	19.39
	k≤1	1.91	3.84	6.47	12.52	1.91	3.84	6.47	12.52
GS，GF	k=0 *	106.72	15.49	113.60	25.87	103.86	14.26	103.86	19.39
	k≤1	2.86	3.84	9.74	12.52	2.86	3.84	9.74	12.52
HS，HF	k=0 *	78.99	15.49	85.11	25.87	77.48	14.26	80.07	19.39
	k≤1	1.51	3.84	5.04	12.52	1.51	3.84	5.04	12.52

注：协整向量的个数由迹检验和最大特征根检验确定。迹统计量 $Trace = -\sum_{i=r+1}^{n} T\ln(1-\lambda_i^*)$，最大特征根统计量 $\lambda_{max} = -T\ln(1-\lambda_{r+1}^*)$。式中，$T$ 表示观测值的个数；r 表示协整向量的最大个数；n 表示特征值的个数；λ_i^* 表示估计的特征值；"#"表示包含截距项的统计量；"##"表示包含截距项和趋势项的统计量。

11.4 套期保值效果分析与比较

根据式（11-14）的极大似然估计，本章选取 DCC（1，1）-ECM-MVGARCH（1，1）模型（参数估计见表 11-5）。根据 AIC 准则，所有均值方程的最优滞后阶数为 3，并且每个估计的方差方程 ARCH 项和 GARCH 项之和 $\alpha + \beta$ 接近于 1，表明波动具有很强的持续性。从表 11-5 的 Q 和 Q^2 统计量可以看出，所有方程残差均在 5% 的显著性水平下接受原假设，该模型消除了单变量的残差自相关和条件异方差。根据样本内的估计参数，对样本外的原油、汽油和取暖油的最优套期保值比采用滚动窗口的方法进行预测，每次加入一个新的观测值，重新估计所有的方程参数，得到新的样本点的套期保值比，然后继续加入下一个观测值，重复上面的过程直到所有的样本外数据都添加进去为止。这样，可以得到样本外的最优套期保值比。

表 11-5 DCC（1，1）-ECM-MVGARCH（1，1）模型的样本内估计

参数	i=1	i=2	i=3	i=4	i=5	i=6
λ_j	0.0065	0.0075	−0.0228 *	−0.0224 *	−0.0054	−0.0008
φ_j	−0.963 * *	−0.365 * *	−0.0478 *	0.7531 * *	−0.0743 *	0.210 * *
$\eta_{i,1}$	−0.565 * *	0	−0.614 * *	0	−0.475 * *	0
$\eta_{i,2}$	−1.693 * *	−0.777 * *	−0.415 * *	0.1533 *	−0.494 * *	0.0825 *

续表

参数	$i=1$	$i=2$	$i=3$	$i=4$	$i=5$	$i=6$
$\eta_{i,3}$	-1.012 * *	-0.502 * *	-0.091 * *	0.2131 * *	-0.193 * *	0.231 * *
$\mu_{i,1}$	0	-0.633 * *	0	-0.6898 * *	0	-0.624 * *
$\mu_{i,2}$	1.235 * *	0.255 *	-0.0211	-0.6408 * *	0.1079 *	-0.595 * *
$\mu_{i,3}$	0.843 * *	0.280 *	-0.4258 *	-0.3824 * *	0.0867	-0.443 * *
ω_i	0.0021 *	0.0013	0.0526 * *	0.0063 *	0.080 * *	0.021 * *
α_{i1}	0.0120 * *	0.0031 * *	0.0249 * *	0.0499 * *	0.001 * *	0.0051 * *
β_{i1}	0.978 * *	0.9926 * *	0.9747 * *	0.9477 * *	0.9987 * *	0.9909 * *
Q (10)	12.341 (0.26)	15.981 (0.10)	38.765 (0.35)	14.247 (0.16)	15.272 (0.12)	28.30 (0.10)
Q^2 (10)	13.276 (0.21)	8.991 (0.53)	8.272 (0.60)	8.361 (0.59)	15.272 (0.12)	5.870 (0.83)

$$a_1^c = 0.0599 \ (5.51), \ b_1 = 0.7495 \ (0.77), \ L = -3178.225$$

* 和 * * 分别表示在 5% 和 1% 的水平下显著。

注：根据极大似然估计选择 DCC (1, 1) -ECM-MVGARCH (1, 1) 模型；括号中为 Q (10) 和 Q^2 (10) 统计量的概率；根据 AIC 准则所有均值方程的最优滞后阶数为 3。

从表 11-6 和图 11-3，图 11-4 中可以看出：

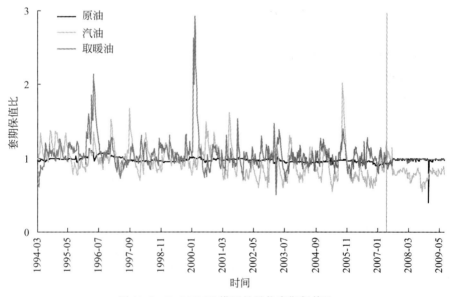

图 11-3　B-GARCH 模型的最优套期保值比

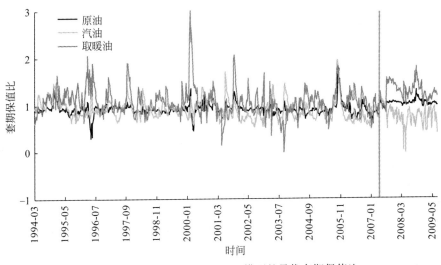

图 11-4 DCC-ECM-MVGARCH 模型的最优套期保值比

（1）除了 B-GARCH 和 DCC-ECM-MVGARCH 模型在样本外的汽油套期保值比，大部分套期保值比的均值接近于 1。这点从图 11-3 和图 11-4 中也可明显看出，两个动态模型的样本外汽油套期保值比大部分处于 1 之下。

（2）从各套期保值比的超前一期相关系数 ϕ 来看（表 11-6），均为正数，说明在没有其他冲击的影响下，如果某个周有一个较高的套期保值比，则下个周仍然伴随着一个较高的套期保值比，这与石油市场价格收益的波动集聚性相一致。

表 11-6　各模型在样本内和样本外的平均套期保值比

模型		样本内 （1994-01-07 ~ 2007-07-27）			样本外 （2007-08-03 ~ 2009-07-31）		
		原油	汽油	取暖油	原油	汽油	取暖油
静态模型	Naïve	1	1	1	1	1	1
	OLS	0.9955	0.9721	1.0363	1.0527	0.9647	1.0003
动态模型	B-GARCH	0.9759 (0.001)	0.9659 (0.039)	1.0558 (0.05)	0.9785 (0.003)	0.7829 (0.005)	0.9857 (0.0001)
	ϕ	0.957	0.886	0.847	0.039	0.812	0.575
	DCC-ECM- MVGARCH	0.9053 (0.016)	0.9002 (0.045)	1.0575 (0.089)	1.0327 (0.03)	0.7144 (0.033)	1.3044 (0.028)
	ϕ	0.834	0.881	0.823	0.718	0.506	0.769

注：括号内为方差，动态模型计算的是平均套期保值比，而静态模型是固定的套期保值比；ϕ 为套期保值比的超前一期的相关系数 [例如，$\phi_{crude} = cor(l_{1,t}, l_{1,t+1})$]，通过这个指标可以检验套期保值比变化的持续性。

（3）对比 B-GARCH 模型和 DCC-ECM-MVGARCH 模型估计的最优套期保值比的变化趋势，两个模型估计的样本内汽油和取暖油最优套期保值比变化趋势相近，说明两个模型对于样本内的套期保值效果没有显著不同，而在样本外则有很大不同。从整个样本内的套期保值比的值来看，取暖油的最优套期保值比在 1996 年 6 月和 2000 年 2 月发生巨大跳跃，套期保值比均超过 2，这是由这两段时间内的取暖油价格波动异常与原油和汽油的价格走势相差很大所导致的。由此也可以看出，套期保值比对石油产品的价格变动十分敏感。

（4）对比两个动态套期保值模型估计的套期保值比的方差发现，无论在样本内还是样本外，B-GARCH 模型估计的 3 个油种套期保值比的方差均小于 DCC-ECM-MVGARCH 模型估计的方差。尤其是在样本外，B-GARCH 模型估计的套期保值比的方差均接近 0，这说明尽管 B-GARCH 模型估计的套期保值比是时变的，但其在样本外的变化幅度很小，动态效果并不明显。而众所周知，2007~2009 年，国际油价经历了大幅波动，显然 B-GARCH 模型估计的套期保值比不能很好地反映该期间石油市场价格的波动情况。从图 11-3 中也可以看出，B-GARCH 模型在样本外的原油和取暖油套期保值比变化平缓，并且趋于一致。相对而言，DCC-ECM-MVGARCH 模型估计的套期保值比更能体现动态特性，也更能灵活地反映市场的波动情况。

表 11-7 是采用不同模型在样本内和样本外的套期保值效率对比。在样本内，各个套期保值模型的收益方差相对于不进行套期保值均有不同程度的减少。其中，DCC-ECM-MVGARCH 模型的套期保值效果最好，减少比例达到 37.11%。OLS 模型和 B-GARCH 模型的效果次之，分别为 33.94% 和 31.37%，但均好于 Naïve 模型的 22.97%。

表 11-7　在 3:2:1 的裂解比率下各套期保值模型在样本内、外的套期保值效果

模型	样本内 (1994-01-07~2007-07-27)		样本外 (2007-08-03~2009-07-31)	
	方差	套期保值效果/%	方差	套期保值效果/%
不套期保值	6.305	—	5.812	—
Naïve 模型	4.857	22.97	6.258	−7.67
OLS 模型	4.165	33.94	6.121	−5.32
B-GARCH 模型	4.327	31.37	5.153	11.34
DCC-ECM-MVGARCH 模型	3.765	37.11	4.006	31.07

从各套期保值模型样本外的套期保值效果来看，DCC-ECM-MVGARCH 模型的套期保值效果优势更加明显。本节样本外数据选取自 2007 年 8 月至 2009 年 7 月，而这期间国际油价经历了剧烈的震荡，采用固定套期保值比的策略很难与快速变化的市场相匹配。Naïve 模型和 OLS 模型的套期保值效果很差，出现负的减少，相对于不套期保值反而增加了风险。采用 1:1 的策略或者传统的 OLS 回归在价格走势相对平缓时有一定的有效性，且具有模型操作简单的优势。然而当价格剧烈波动时，不变的套期保值比，显然已经不能匹配快速的市场变化，此时采用套期保值比不变的模型进行套期保值不但不能减低风险，有时还会增加风险。

采用 B-GARCH 模型进行动态的套期保值相对于不进行套期保值只有 11.86% 的风险降低，这是因为 B-GARCH 模型虽然考虑了套期保值比的时变性，但是并没有考虑原油与

成品油市场的信息联动，当市场波动加剧，价格变化对外界信息的反应更加敏感，忽略其他市场的影响必然会减弱套期保值的效果。

而本章选取的 DCC-ECM-MVGARCH 模型，相对于其他模型表现出很好的套期保值效果，尽管样本外价格收益波动剧烈，其套期保值效果仍然不差于波动相对平缓时的样本内套期保值效果，并且其降低风险程度是保值效果次之的 B-GARCH 模型的 3 倍左右。因此，样本外的套期保值效果证明 DCC-ECM- MVGARCH 模型在石油市场波动剧烈时，对于裂解利润的多商品的套期保值效果要更优于其他模型。

为了检验套期保值模型的稳定性，根据 NYMEX 交易的合约，这里选取原油、汽油和取暖油的裂解比例为 5：3：2 进行稳定性分析。根据表 11-8 的样本内、外的套期保值结果，所有套期保值模型的样本内收益方差相对于不进行套期保值均有不同程度的减少。本章提出的 DCC-ECM-MVGARCH 模型套期保值效果最好，风险减少达到 42.93%，OLS、B-GARCH 和 Naïve 模型的套期保值效果分别为 35.4%、34.86% 和 22.03%。对于样本外的套期保值效果，DCC- ECM- MVGARCH 模型同样显示出很好的结果，风险降低达到 37.45%，而其他三个模型的套期保值效果则相对较弱甚至增加风险。对于裂解比例为 5：3：2 的套期保值效果和裂解比例为 3：2：1 的结果基本一致表明本章提出的 DCC-ECM-MVGARCH 模型优势明显并且对于石油市场多产品的套期保值效果比较稳定。

表 11-8 在 5：3：2 的裂解比例下各套期保值模型在样本内、外的套期保值效果

模型	样本内 (1994-01-07 ~ 2007-07-27)		样本外 (2007-08-03 ~ 2009-07-31)	
	方差	套期保值效果/%	方差	套期保值效果/%
不套期保值	5.875	—	5.428	—
Naïve 模型	4.581	22.03	5.726	−5.49
OLS 模型	3.795	35.40	5.549	−2.23
B-GARCH 模型	3.827	34.86	4.548	16.21
DCC-ECM-MVGARCH 模型	3.353	42.93	3.395	37.45

11.5 本章小结

本章通过建立动态的 DCC-ECM-MVGARCH 模型，提出了对原油、汽油和取暖油现货和期货收益进行多产品动态套期保值的策略，通过与 Naïve 模型、传统的 OLS 回归模型和时变的 B-GARCH 模型进行对比，本章建立的模型对样本内和样本外数据的套期保值效果都更有优势。

本章的研究证实考虑时变性和市场间的信息联接对于研究多商品的套期保值策略具有很好的效果。通过分析可以看出，本章提出 DCC-ECM-MVGARCH 模型在市场波动较大时的套期保值效果优势很明显，这说明该模型比其他模型更能适应频繁的市场价格变化，能对新信息进入市场所导致的套期保值比的改变做出灵敏的反应。尤其是考虑了原油与成品油市场间的信息联接，当市场不稳定，价格发生急剧波动时，包含信息互动的成分对于套期保值策略动态性的准确定位更为重要，因而套期保值效果也更佳。对于炼油商来说，由于原油和成品油市场的波动性都很强，在期货市场进行交易的风险在加大。采用本章提出的动态 DCC-ECM-MVGARCH 模型可以很好地捕捉石油市场价格的高波动性，达到对冲风险的目的，其带来的收益足够抵消频繁改变头寸比例所带来的成本上升。因而，采用基于 DCC-ECM-MVGARCH 模型的多品种套期保值策略可以有效地规避原油市场和成品油市场的双重波动风险，有助于炼油企业的平稳生产和经营。

|第 12 章| 　　中国石油进口安全综合评估研究

　　　　随着进口石油对于石油消费国供给的重要性日益凸显，石油进口风险也逐渐成为石油消费国石油供应安全所面临的主要风险。对于石油进口国而言，进口石油面临众多维度的风险和不确定性因素，不仅受到地缘政治风险因素的制约和价格波动的冲击，而且还往往面临航线封锁、海盗等突发事件的影响，在资源的可获取性和经济成本的可支付性等方面都面临挑战。如何客观、系统地评价进口风险成为各国制定进口策略的关键。为此本章主要解决以下问题：①影响石油进口风险的主要因素有哪些？②中国石油进口安全状态的演化规律是怎样的？③不同时期影响中国石油进口安全的主要因素又如何演变的？

在当前的石油贸易格局的大背景下，本章从石油进口供应链的角度，在具体分析供应链各个环节存在的不同风险的基础上，对进口国石油进口安全进行综合评价，可以系统地识别主要的进口风险点，采取针对性的对策，制定系统性的应对策略，对于从整体上控制石油进口风险，降低石油进口供应链的脆弱性具有重要的意义。

12.1 中国石油进口现状

自 1993 年中国成为石油净进口国以来，石油供需缺口不断扩大，2012 年中国原油进口 2.85 亿吨，对外依存度接近 60%。目前，中国已经成为全球第二大石油进口大国，而且石油需求也将继续保持高速增长态势，但国内供给动力不足，因此在未来很长的一段时间内，中国原油供给仍将高度依赖进口贸易，根据 IEA（2012）预测，中国原油对外依存度将在 2035 年高达 82%。石油进口面临众多的不确定性，一方面，国际石油价格波动更加频繁和剧烈，进口成本面临很大的不确定性（Chen and Hsu，2012；Fan and Zhu，2010）。而且，中国缺乏完善的原油期货市场，缺失原油定价话语权，使中国始终处于国际原油价格的被动接受地位，中国对价格风险的规避能力极低，因此，中国的原油进口安全极易受到来自价格波动的威胁。另一方面，世界主要石油出口国多位于政治环境不稳定的中东、北非地区，而且进口海运运输航道线路单一，多依赖如马六甲海峡和霍尔木兹海峡等高危险的"咽喉海峡"，使石油进口的来源和运输通道都面临很大的风险。因此，中国的石油进口供应链风险评价更具有代表性。

本章提出了石油进口全过程安全状态的系统评价方法，主要贡献有：①基于供应链的视角，针对各进口环节的潜在风险因素构建指标体系，对石油进口全过程中的各个环节进行系统的风险分析。特别地，将运输路径风险定量化，引入运输距离因素，使评价结果更具针对性和可靠性；②提出两阶段 DEA-like 石油进口安全评价模型，能够客观地确定指标的权重，对石油进口安全做出更准确的评价；③以中国为例，评价了中国 1993～2011 年石油进口安全状态，对中国不同时期石油进口过程中面临的动态风险因素进行识别和测度。本章的研究框架如图 12-1 所示。

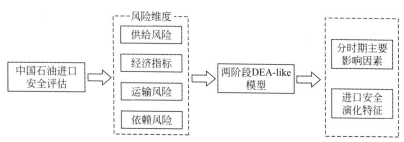

图 12-1　中国石油进口风险评价研究框架

12.2 石油进口风险识别和指标选取

石油进口供应链是指根据本国石油进口需求，通过贸易手段从海外产油国获取石油，最终运输到达需求国的整个流程，包括"外部依赖—外部供应—外部获取"3 个主要环节。外部依赖环节是指由于本国的需求，决定了进口量和选择进口来源，用于衡量本国对外部石油资源的依赖程度。外部供应环节是指从外部石油资源角度出发，判断外部石油资源量和资源分布，用于体现外部石油资源对中国的供应能力。外部获取环节是指通过国际贸易购买石油并运回石油消费国，从经济性和运输过程两个方面度量获取外部石油的稳定性。因此，本章的石油进口供应链风险主要基于外部依赖、外部供应和外部获取 3 个环节，从外部依赖性、供应源稳定性、贸易经济性和运输安全性 4 个风险维度进行评价。从供应链的视角来看，外部依赖—外部供应—外部获取 3 个环节中存在的潜在风险因素是不同的，必须选择针对性的指标来描述。本章所构建的石油进口风险指标体系对于石油消费国均适应，但具体的指标选取需要根据进口国自身的进口路径、进口源等进行调整。由于本章以中国为例进行实证研究，作者从中国的实际情况出发，提出了具体的适用于中国的石油进口安全评价的风险指标，如图 12-2 所示。

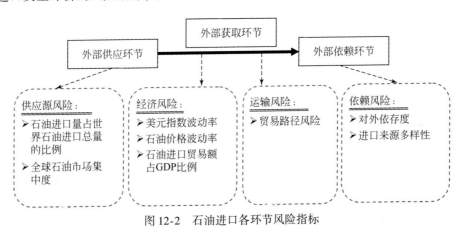

图 12-2　石油进口各环节风险指标

12.2.1 供应源风险

供应源风险主要衡量外部石油资源量的"可用性"和"可获性"水平，包括资源量及其分布两个方面，具体采用两个指标进行评价。

（1）石油进口量占世界石油进口总量的比例：

$$PRO = CIM/WIM \tag{12-1}$$

式中，PRO 表示石油进口量占世界石油进口总量的比例；CIM 表示国家石油进口量；WIM 表示世界石油进口量。

（2）全球石油市场集中度：

$$GMC = \sum_i NEX_i^2 \times (100/ICRG_i) \tag{12-2}$$

式中，GMC 表示全球石油市场集中度；NEX_i 表示各国家的净出口能力占全球出口能力的比例；$ICRG_i$ 表示各出口国的政治风险系数。

12.2.2 经济风险

经济风险用于评价外部获取阶段中购买石油的成本平稳性，主要考虑经济成本及其波动性。包括三个评价指标：美元指数波动率、石油价格波动率和石油进口贸易额占 GDP 比例。本节以美元指数和油价的一阶差分对数值的平方和作为对其波动率的衡量（Park and Ratti，2008；Andersen et al.，2003），一阶对数差分对数值通常用来表示收益率，同时可以反映出价格的变动情况。具体的测度指标如下。

（1）美元指数波动率：

$$VOLD_m = \frac{1}{s_m - 1} \sum_{t=1}^{s_m - 1} \left[\ln(dV_{m,t+1}/dV_{m,t}) \right]^2 \tag{12-3}$$

式中，$VOLD_m$ 表示第 m 年的美元指数波动率；$dV_{m,t}$ 表示第 m 年，第 t 天的美元指数；s_m 表示第 m 年的交易总天数。

（2）石油价格波动率：

$$VOLP_m = \frac{1}{s_m - 1} \sum_{t=1}^{s_m - 1} \left[\ln(P_{m,t+1}/P_{m,t}) \right]^2 \tag{12-4}$$

式中，$VOLP_m$ 表示第 m 年的石油价格波动率；$P_{m,t}$ 表示第 m 年，第 t 天的石油价格；s_m 表示第 m 年的交易总天数。

（3）石油进口贸易额占 GDP 比例：

$$PRTV = TVIM/GDP \tag{12-5}$$

式中，PRTV 表示石油进口贸易额占 GDP 比例；TVIM 表示石油进口贸易额。

12.2.3 运输风险

运输风险主要测度运输通道的风险，主要以贸易路径风险指标进行评估。

根据中国石油进口来源，将运输路线划分为 6 个区域，分为中东、北非、西非、亚太地区、中南美和原苏联地区。其中从原苏联地区进口的石油多采用铁路运输和管道运输等陆运方式，运输过程较为安全，潜在风险较低。由于中国石油进口近 90% 通过海运的方式运输，这里重点考察了海运风险。因此，贸易路径上的风险主要来自三个方面：①路径上承担的贸易量。若承运的贸易量越大，则在获得稳定的石油供应过程中承担的风险就越大。②运输线路的海岸距离。若运输距离越远，则运输过程中面临的潜在风险和不确定性越大。本章对 5 个海运路线的进口海轮运输距离运用 Netpas Distance 软件进行了大概估算（表 12-1）。③途经的海峡。据统计，中国 77% 的石油进口途经马六甲海峡，而且全球

60%的海盗袭击发生在马六甲海峡，由于中国对马六甲海峡具有高依赖性和马六甲海峡的高风险性，作者考虑了途经马六甲海峡的风险。由于马六甲海峡由马来西亚、新加坡和印度尼西亚3国共同管理，因此，本章以这3个国家的军事风险指数的平均值作为海峡风险的度量。

表 12-1　海运路径

地区	线路	距离
中东	波斯湾—霍尔木兹海峡—马六甲海峡—中国	5 477 海里
北非	北非—地中海—直布罗陀海峡—好望角—马六甲海峡—中国	14 481 海里
西非	西非—好望角—马六甲海峡—中国	9 440 海里
亚太	亚太—马六甲海峡—台湾海峡—中国	4 514 海里
中南美	太平洋航线	9 285 海里

注：由于各个区域到中国的海运距离差距比较大，所以海运距离的计算误差对结果影响可以忽略。

资料来源：2006 年《中国海关统计年鉴》。

贸易路径风险计算如下：

$$\text{TRACE} = \sum_i \text{RS}_i \times (D_i / D_{\max}) \times (6/\text{MR})^\alpha \tag{12-6}$$

式中，TRACE 表示贸易路径风险；RS_i 表示区域石油进口贸易份额；D_i 表示从进口区域到中国的海运距离；$D_{\max} = \{D_i\}$，表示距离中国最远的海运距离；MR 表示马来西亚、新加坡、印度尼西亚 3 国军事风险指数的平均值。这里由于马来西亚、新加坡和印度尼西亚 3 国军事风险指数平均值的最大值为 6，因此在构建指标过程中，为保证计算方向的一致性，本章采用倒数的处理方式。α 为是否途经马六甲海峡，$\alpha=0$ 代表未经过，$\alpha=1$ 代表经过。

12. 2. 4　依赖风险

依赖风险用于评价外部依赖环节的安全状态，主要从中国对外部石油需求的量和来源来评估。主要包括两个评估指标：对外依存度和进口来源多样性。

（1）对外依存度：

$$\text{DE} = \text{NEIM}/\text{COM} \tag{12-7}$$

式中，DE 表示对外依存度；NEIM 表示石油净进口量；COM 表示石油消费量。

（2）进口来源多样性：

$$\text{ISD} = \sum_i p_i^2 \times (100/\text{ICRG}_i) \tag{12-8}$$

式中，ISD 表示进口来源多样性；p_i 表示从石油生产国进口的石油占中国石油进口总量的比例。

指标计算的具体数据来源及含义说明见表 12-2。

表 12-2　指标数据来源及含义说明

指标		变量名	指标说明	数据来源
外部供应环节——供应源风险	石油进口量占世界石油进口总量的比例	PRO	衡量外部石油资源量的"可用性"水平。该指标值越大，则说明外部资源争夺激烈，进口压力增大	美国能源信息署（EIA）
	全球石油市场集中度	GMC	衡量外部石油资源量的"可获性"水平。该指标越大，表明能源市场的供应源越集中，市场垄断程度越高，资源的"可获性"水平越低	净出口能力：BP（2012）整理；政治风险系数：政治风险服务集团（The PRS Group）
外部获取环节——经济风险	美元指数波动率	VOLD	该指标值越大，则石油进口国在获取石油过程中的成本波动越大	Wind 数据库
	石油价格变动率	VOLP	油价波动增加了对石油需求的不确定性	美国能源信息署（EIA）
	石油进口贸易额占GDP比例	PRTV	该值越大，则说明石油消费国在获取石油过程中付出了更高的成本	石油进口贸易额：中国海关总署 GDP：国际货币基金组织（IMF）
外部获取环节——运输风险	贸易路径风险	TRACE	衡量在资源获取过程中，运输路径上存在的风险水平	区域进口份额：中国海关总署 军事风险指数：The PRS Group
外部依赖环节——依赖风险	对外依存度	DE	石油消费国对外部石油的依赖程度	净进口量：中国能源统计年鉴 2011；消费量：BP（2012）
	进口来源多样性	ISD	该值越大，则说明石油消费国的进口来源越集中，局部地缘政治风险对进口安全的影响越大	进口来源：中国海关总署

12.3　两阶段 DEA-like 石油进口安全评价模型

显然，在不同的世界经济形势和国际石油贸易环境下，进口供应链各环节的风险承载能力是变化的，各环节风险程度对整个进口供应链稳定性的影响也是不同的。对任何一个环节的风险的独立评价都不足以完整地评价石油进口安全的状态。因此，需要从供应链整体性的角度出发，将各个环节的风险指标进行综合，构建反映石油进口安全的综合指数。其中，如何对各个环节风险指标的权重进行合理设定将直接影响石油进口安全综合评价的质量和可靠性，同时也是本章研究的重点。

考虑到主观确定权重的方法可能会导致对某些指标的高估或者低估，进而对评价结果产生偏差，因此，这里选取数据驱动的 DEA-like 模型确定权重。DEA-like 模型是在 DEA 方法的基础上，结合目标规划的思想提出的用于客观确定权重的方法。然而，在 DEA-like 模型中，权重的选择以当前评价对象为目标，通过最优化当前评价对象来确定各指标权重

（Zhang et al.，2013）。由于相同的评价指标在不同的评价对象下，其权重值是变化的，这导致评价对象之间不具有可比性。为了实现评价目标之间的可比性，一些学者提出了共同权重的 DEA-like 方法（Hatefi and Torabi，2010；Ramón et al.，2012），使目标在同一组权重下进行评价比较。考虑到这两种确定权重方法的不同特点，本节对 DEA-like 方法进行改进，提出了"时变–共同权重"的两阶段 DEA-like 模型。本章改进的模型综合了两种方法确定权重的优势，时变权重可以刻画各指标对整个石油进口供应链安全状态的时变影响，识别不同时期影响石油进口安全的主要风险因素；共同权重使得能够在同一个标准下对石油消费国历年石油进口安全形势进行评价。

12.3.1 数据预处理

在建模之前，首先利用归一化对数据进行预处理，为避免指标出现零值，影响评价结果，这里采用了改进的归一化处理形式如下：

$$Z_{ij} = 0.1 + 0.9 \times \frac{X_{ij} - X_{ij}^{-}}{X_{ij}^{+} - X_{ij}^{-}} \tag{12-9}$$

式中，X_{ij} 表示第 i 年的第 j 个指标值；X_{ij}^{-} 表示第 j 个指标值的最小值；X_{ij}^{+} 表示第 j 个指标值的最大值；Z_{ij} 表示第 i 年的第 j 个指标归一化后的标准值。

这里值得说明的是，标准化处理方法的不同选择并不会显著影响计算结果（Zhou and Ang，2009）。本节同时选取了不同的标准化方法对模型进行了重新计算，结果呈现一致性，这也证实了标准化处理方法的不同并不会显著影响到本章的评价结果。

12.3.2 "时变–共同权重"的两阶段 DEA-like 模型

本章改进的"时变–共同权重"的两阶段石油进口安全评价模型构造如下：
阶段 1：

$$\mathrm{VES}_i = \max \sum_{j=1}^{n} w_{ij} Z_{ij} \tag{12-10}$$

$$\text{S. t.} \begin{cases} \sum_{j=1}^{n} w_{ij} Z_{kj} \leqslant 1, \ k = 1, 2, \cdots, m \\ L_j \leqslant \dfrac{w_{ij} Z_{ij}}{\sum_{j=1}^{n} w_{ij} Z_{ij}} \leqslant U_j \\ w_{ij} \geqslant 0, \ j = 1, 2, \cdots, n \end{cases} \tag{12-11}$$

阶段 2：

$$\min \sum_{i=1}^{m} d_i \tag{12-12}$$

$$\text{s. t.} \begin{cases} \sum_{j=1}^{n} c_j Z_{ij} + d_i = \text{VES}_i, & i = 1, 2, \cdots, m \\ c_j \geqslant \varepsilon, & d_i \geqslant 0, \ j = 1, 2, \cdots, n, \ i = 1, 2, \cdots, m \end{cases} \quad (12\text{-}13)$$

令
$$\text{CES}_i = \sum_{j=1}^{n} c_j Z_{ij} \quad i = 1, 2, \cdots, m \quad (12\text{-}14)$$

式中，i 表示评价年份；VES_i 表示时变权重条件下第 i 年石油进口风险指数；w_{ij} 表示第 i 年的第 j 个指标的权重；L_j 表示第 j 个指标对石油进口安全影响程度的下界；U_j 表示第 j 个指标对石油进口安全影响程度的上界；d_i 表示第 i 年距离变权重条件下石油进口风险指数的离差；c_j 表示第 j 个指标赋予的共同权重；ε 表示权重设置的下界；CES_i 表示共同权重条件下第 i 年石油进口风险指数。

阶段 1 为变权过程：识别不同时期影响石油进口安全的主要风险源。该阶段模型以 DEA 思想为基础，以 1 作为虚拟输入，以 Z_{ij} 作为输出，客观确定各年份每个指标的权重。由于本章选取的指标均为反向指标，即指标值越大，风险越大，因此 VES_i 体现石油进口风险水平，以此测度石油进口安全状态。如果不对指标权重进行约束，会出现数值较大的指标获得极大的权重，使得评价结果完全由某一个指标决定。为克服这种情况的发生，这里对权重的选择进行了限制，保证每个指标的贡献程度在合理的范围内（$[L_j, U_j]$），使权重赋予更具现实意义（Zhou et al.，2007）。

阶段 2 为共同权重过程：分析历年石油进口安全整体趋势，测度进口供应链各环节对石油进口安全的长期综合影响。阶段 1 的目标函数只针对当前评价目标，可能导致评价目标之间不具有差别性。因此，在阶段 1 的基础上，阶段 2 模型利用所有评价目标距离变权重条件下石油进口风险指数的离差和最小的思想，利用一组共同权重重新构建模型，使评价目标同时实现优化，实现评价目标之间的可比性。值得说明的是，在 Hatefi 和 Torabi（2010）构建的共同权重 DEA-like 模型中，其确定共同权重的目标函数是利用评价目标距离给定最优值 1 的离差和最小的思想进行估计，这里隐含的假设是所有目标的最优值均为 1，即评价目标具有同质性，但对于不同的评价目标，其最优值不尽相同。因此，考虑到评价目标之间存在的异质性和特殊性，本章在其方法的基础上进行改进，基于阶段 1 模型中求得的各个评价目标的最优值（VES_i），以评价目标距离其可能达到的最优值的离差和最小作为标准，确定出更具代表性的共同权重。在共同权重的基础上，实现对历年石油进口安全的综合评价和比较。

12.4 中国石油进口安全综合评价

基于上述构建的"时变-共同权重"的两阶段石油进口安全评价模型，计算出时变权重和共同权重（表 12-3）。其中设定 $L_j = 0.05$，$U_j = 0.6$，$j = 1, 2, \cdots, n$，即认为每个指标的贡献程度应在 0.05 ~ 0.6 变化。另外，在现实情况下，本章所选取的风险指标均会在一定程度上影响石油进口安全，为了避免由于指标权重出现零值的情况，而与事实不符，这里设定 $\varepsilon = 0.05$。通过分析发现，影响石油进口安全的风险因素呈现显著的阶段性特点，不同时期石油进口安全的主要风险源显著不同。

表 12-3 指标权重变化

		外部依赖环节		外部获取环节			运输风险	外部供给环节	
		依赖风险		经济风险				供应源风险	
	年份	进口来源的多样性	进口依存度	美元指数波动率	石油价格的变动率	进口贸易额占GDP比例	贸易路径风险	石油进口占世界比例	进口市场集中度
时变权重	1993	**0.545**†	0.147	0.055	0.236	0.192	0.065	0.226	0.074
	1994	**0.275**†	0.229	0.064	0.120	0.229	0.076	0.229	0.138
	1995	**0.460**†	0.154	0.073	0.236	0.205	0.079	0.197	0.055
	1996	0.437†	0.121	0.234	0.120	0.166	0.104	0.169	0.088
	1997	**0.810**†	0.149	0.071	0.147	0.127	0.120	0.139	0.184
	1998	**0.830**†	0.078	0.059	0.167	0.206	0.114	0.152	0.142
	1999	0.372	0.055	**0.641**†	0.072	0.146	0.472	0.117	0.068
	2000	**0.859**†	0.060	0.065	0.063	0.078	0.419	0.112	0.088
	2001	**0.798**†	0.048	0.052	0.049	0.085	0.352	0.092	0.264
	2002	**0.821**†	0.373	0.072	0.099	0.087	0.046	0.084	0.173
	2003	0.444	**0.565**†	0.071	0.065	0.076	0.061	0.090	0.079
	2004	0.360	**0.529**†	0.062	0.116	0.059	0.095	0.080	0.080
	2005	0.260	0.051	0.098	0.135	0.052	0.186	0.083	**0.537**†
	2006	0.199	**0.493**†	0.114	0.186	0.079	0.042	0.066	0.063
	2007	0.208	**0.449**†	0.203	0.161	0.040	0.036	0.056	0.099
	2008	0.216	0.055	0.050	**0.600**†	0.050	0.103	0.080	0.072
	2009	0.243	0.051	0.061	0.068	0.079	0.388	**0.406**†	0.082
	2010	0.271	0.044	0.074	0.232	0.055	0.126	**0.587**†	0.067
	2011	0.284	0.050	0.083	0.230	0.053	0.116	**0.600**†	0.050
共同权重	1993~2011	**0.249**	**0.335**	**0.285**	0.065	0.050	0.050	**0.229**	0.065

†表示该指标为每年权重的最大值。

12.4.1 石油进口供应链风险识别

在世界经济形势、国际石油贸易格局、中国石油需求等因素的共同作用下，不同时期，威胁中国石油进口安全的主要因素在供应链的不同环节之间变换。图 12-3 显示出1993~2011 年，影响中国石油进口安全的主要风险因素。可以看出，影响石油进口安全的主要风险源呈现从供应链的外部依赖环节向外部供应环节过渡的阶段性特点，这反映出中国石油进口面临的风险压力已由国内进口需求转向国外资源供给，外部石油资源的"可用性"水平下降已经成为中国石油进口供应链风险增加的主要动因。根据本节的分析，中国石油进口供应链的主要风险源的演化分为 4 个阶段。

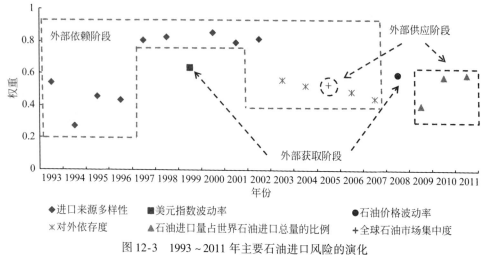

图 12-3　1993～2011 年主要石油进口风险的演化

图中风险因素为每年权重最大值所对应的因素。

（1）第一阶段：1993～2002 年（中国成为石油净进口国的初期），中国石油进口安全主要面临来自供应链外部依赖环节的风险，相对集中的进口来源是影响石油进口安全的主要因素。这一时期，中国开始建立市场经济体制，石油需求不断增加，由出口国转变为净进口国，但中国石油进口量还相对较少。另外，受到两次石油危机的冲击，美国开始削减从中东的石油进口，同时，北海油田产量的提升和俄罗斯向欧洲国家的石油输出，促使中东国家石油出口开始向亚洲地区转移。在世界石油贸易格局转变和中国进口需求的双重影响下，中国从中东国家的石油进口比例高达 50%，进口来源过度集中，不能有效分散供应中断风险，成为该时期石油进口安全面临的最主要的威胁。另外，1997 年亚洲金融危机、1998 年俄罗斯金融危机、1999 年阿根廷金融危机，这些事件连续导致美元指数大幅波动，1999 年，来自供应链外部获取环节的经济风险短暂成为影响石油进口安全的主要因素。

（2）第二阶段：2003～2007 年（石油进口加速期），中国石油进口安全面临的主要风险仍然来自供应链的外部依赖环节，飙升的石油对外依存度成为主要风险。这是因为，2003 年后，中哈石油管线成功启动，中国与委内瑞拉、海湾六国签署《能源合作协议》，中国石油企业加快实施"走出去"发展战略，加大海外投资及与非洲国家建立石油合作等一系列举措，使中国石油进口多元化程度不断提升，有效地分散了进口源相对集中带来的风险。但这一时期，中国经济进入快速发展轨道，石油进口量不断加速增长。另外，中国石油战略储备计划的启动，也增强了中国对外部石油的依赖性，石油对外依存度出现跳跃式上涨。2003 年，中国对外依存度达到 39%，较 2002 年上涨约 21%，到 2007 年，中国对外依存度已高达 49%。因此，这一时期，石油进口安全的威胁由进口来源集中向飙升的对外依存度转移。

（3）第三阶段：2008 年（金融危机爆发期），中国在石油进口供应链的外部获取环节面临较大的风险，油价的大幅震荡成为影响中国石油进口安全的绝对因素。2008 年对于石油市场是特殊的一年，受全球金融危机影响，市场对石油的需求下降，上半年和下半年国际油价出现了过山车式的暴涨暴跌，创造了 1980 年以来的最大的油价波动幅度。对于高度依赖石油进口的中国，高油价波动加大了中国石油进口供应链的风险，对经济平稳运行和石油行业有序发展带来了巨大的冲击。因此，2008 年油价波动成为中国石油进口风险上升的主要推动力。

（4）第四阶段：2009～2011 年（世界石油需求低迷期），这一时期，世界经济进入缓慢复苏阶段，OECD 国家石油需求疲弱，以中国为代表的新兴市场成为石油需求增长的主要动力。根据计算，2009～2011 年，全球石油产量增长 3.3%，石油进出口增长仅 4.3%，而中国石油进口增长 24.5%。中国石油进口压力持续增大，外部石油资源的"可用性"水平相对降低，外部供给成为这一时期石油进口供应链面临的主要风险。

综上所述，在世界经济发展水平、石油贸易格局等不同的时期背景下，中国石油进口供应链各环节承担的风险压力各不相同，呈现从外部依赖风险向外部供应风险转移的阶段性特点。就风险的可控性而言，通过减少石油进口，分散进口来源等措施能够有效地降低外部依赖环节的风险，中国对这一环节的风险具有一定的控制力和抵御能力。但外部供应环节的风险主要来自外部石油资源的"可用性"水平下降，这一环节的风险主要取决于世界石油资源供给、贸易格局及地缘政治等外部因素，中国对外部供应环节的风险可控能力很微弱。这也使得近年来中国石油进口安全面临的形势更加严峻，控制供应链整体风险的压力和挑战也在不断增加。另外，1999 年和 2008 年受到全球经济形势的影响，供应链中的经济风险短暂成为石油进口安全的主要风险，这也体现了影响石油进口供应链稳定的因素具有显著的时代特征。

12.4.2 1993～2011 年石油进口安全综合评价

1）石油进口风险共同权重的确定和分析

通过对"时变–共同权重"的两阶段 DEA-like 模型的后一阶段的计算结果，可以得到供应链中各风险因素的共同权重（表 12-3）。图 12-4 显示出历年中国石油进口供应链各环节的风险结构。综合来看，外部依赖环节是中国石油进口安全面临的最大风险，但近年来，外部供给环节的风险逐渐上升，成为中国石油进口安全面临的新风险源。从外部依赖环节来看，一方面，由于国内石油产量的增速放缓，满足国内石油消费的大部分压力由自身供给转移到进口供应端，对外部石油资源的依赖性增强，致使不断攀升的进口依存度成为影响中国石油进口安全的最显著的因素，综合权重达到 0.335。另一方面，虽然中国进口多样化程度在提高，但是仍然没有摆脱进口集中在高风险地区的现状。2011 年，中国从中东和非洲地区进口原油份额分别为 51% 和 24%，前十大进口国中东和非洲地区占有 7 席（中国石油集团经济技术研究院，2012）。进口来源的集中性对中国石油进口安全长期构成威胁，综合权重为 0.249。从外部获取环节来看，经济风险依然是影响中国石油进口长期安全的主要因素，尤其 2008 年在金融危机的背景下，经济风险更是石油进口风险的主要构成。美元指数波动率的综合权重达到 0.285。相对而言，运输风险的压力比较小，这与中国近几年石油海运保持低事故率相一致。从外部供给环节来看，中国石油进口高速增长相对于世界石油供应增速停滞，中国石油进口占世界进口比例增长显著，外部石油资源的"可用性"水平明显下降，增加了中国获取外部石油供应的压力，来自外部供应端的风险上升，对中国石油进口安全的威胁达到 0.229。综上所述，中国石油进口供应链的各个环节均存在不同程度的风险，任何一个环节出现问题都将影响中国石油进口的稳定供应。

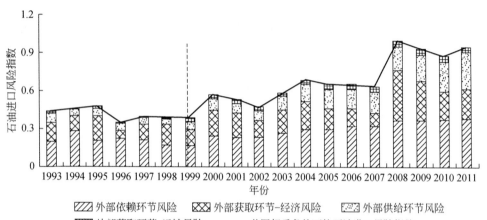

图 12-4　1993～2011 中国石油进口安全状态及风险结构

2）中国历年石油进口安全综合评价

本节对 1993～2011 年的中国石油进口安全形势进行了综合评价和比较，如图 12-4 所示。整体而言，中国石油进口安全形势不容乐观，风险指数呈现持续上升的趋势。自 1993 年中国成为石油净进口国以来，中国的石油进口安全形势先后经历了平稳期和上升期两个阶段。1993～1999 年，中国的石油进口安全形势较为平稳，而且处于低风险状态。这一时期，始终维持在 20% 以下的低对外依存度，是中国石油进口安全状态保持平稳最主要的原因。而且，2000 年以前，国际石油价格处于低位水平，获取进口石油的成本较低。但 2000 年以后，石油需求的攀升和国内供给能力的降低，使中国对外部石油资源的高依赖性成为必然趋势，进口风险随之提升，中国进口安全形势不断恶化，并在 2008 年达到峰值。虽然 2008 年后进口风险有所降低，但依然处于高风险水平下。另外，2000 年较 1999 年的对外依存度增长显著，从 20.93% 上涨至 31.04%，也是 2000 年中国石油进口风险指数出现跳跃性增长的主要原因。2000 年后，中国石油进口安全形势呈现不断恶化的原因主要包括以下几个方面。

（1）外部石油资源供应紧张，资源分布相对集中。2000 年以来，世界石油需求量持续增长，一些石油净出口国逐渐转变为石油净进口国，全球的石油出口能力受到限制。另外，世界石油资源分布不均衡，石油资源过度集中在少数几个国家和地区，石油供应市场具有高度的垄断性。世界石油资源供应的压力导致石油消费国在国际市场的竞争日益激烈，增加了中国获取充足石油进口的压力，致使中国的石油进口安全呈现下降趋势。

（2）国际石油价格剧烈波动，经济成本加大。进入 21 世纪，全球经济复苏，石油价格不断上涨，中国在获得石油的过程中付出了更高的进口成本。另外，中国一直缺失原油定价权，对于国际油价的大幅波动只能被动地接受，给国内石油行业的平稳运行带来了巨大的压力（Fan and Jiao，2006），这也是 2008 年中国石油进口处于最不安全状态的主要原因。

（3）资源获取难度加大，运输途中的潜在风险提升。对石油贸易路径造成威胁的原因主要包括两个方面：①运输距离和运输量提升的双重影响。为防止供应中断，中国采取了分散进口来源的政策，增加了从资源丰富的南美国家进口石油，在提高进口多元化程度的同时，也增加了进口石油的运输距离，加之运输方式、运输线路的单一化等因素，必然导致运输途中的潜在风险增加。②中国承运份额较低。承运份额是指石油进口国承运本国石油进口量的一定比例，以保障在国际政局发生动荡及突发事件时，基本满足国内石油进口运输的最低底线。一般来说，为保证运输的安全性，至少需要 40% 的进口原油由本国船舶所有人承运，而目前中国船舶承运份额不足 10%。特别是在中东东行和西非东行这两条中国原油进口的主要航线上，中国船只承运的份额更少，这无疑增加了中国进口石油的运输风险。

12.5 本章小结

本章针对石油进口供应链各个环节的潜在风险，构建了反映各环节风险水平的指标体系，并提出两阶段"时变-共同权重"的 DEA-like 石油进口安全综合评价模型。本章将基于供应链构建的指标体系和评价模型应用于中国石油进口安全评价，评估了中国石油进口各个环节的风险程度，对不同时期中国石油进口面临的主要风险进行识别，并对中国石油进口安全的整体趋势进行了分析。本章主要结论如下：

（1）基于供应链的视角提出了石油进口风险的新的内涵，并构建了系统的指标体系，可以对石油进口全过程中的各个环节进行风险分析，能够更好地反映不同环节的风险程度并提出针对性的策略。本章提出的"时变-共同权重"两阶段 DEA-like 评价模型是完全以数据驱动的，能够客观有效地确定指标的权重，对石油进口安全的评价更准确。同时，"时变-共同权重"两阶段相结合的方法不仅可以有效判断不同时期各风险指标的相对重要性，识别影响石油进口供应链安全的主要环节，还可以对石油进口安全的长期演变趋势进行对比分析，使得评价结果更加全面。

（2）对中国的案例研究发现，不同时期背景下影响中国石油进口安全的主要风险因素各不相同，呈现从进口供应链的外部依赖环节向外部供给环节转移的特点。中国成为石油净进口国的初期，中国对中东地区的石油进口超过 50% 以上，进口来源国的高风险性和过度集中性，成为这一时期影响中国石油进口安全的主要因素。随着进口来源的多样化发展，石油进口安全的威胁由进口来源集中向不断增加的对外依存度转移。但此时，影响中国石油进口安全的因素仍来自外部依赖环节。而近年来，中国进口需求增速加快与供给增速放缓的矛盾加剧，外部石油资源的"可用性"水平相对降低，成为影响 2008 年以来石油进口安全的最主要的因素。由于中国对外部资源的可控力较低，这一时期中国石油进口风险大幅度提升。另外，1999 年和 2008 年，外部获取环节的经济风险短暂成为石油进口安全的主要威胁，这也体现出石油进口风险具有显著的动态特征，受重大突发事件影响显著。

（3）中国石油进口安全的整体形势不容乐观，风险指数整体呈现上升的趋势。从进口供应链各环节对风险的贡献程度来看，外部依赖环节的风险是中国石油进口安全面临的最大威胁。对外部石油资源不断提高的依赖度，进口来源集中在高风险地区，成为威胁中国石油进口安全最根本的原因。外部获取阶段存在的经济风险成为中国进口安全面临的另一大威胁。美元汇率走势、国际油价波动极大地影响中国获取石油成本的稳定性，使经济风险成为中国石油进口安全的潜在隐患。另外，由于世界石油供给增长潜力受限和市场垄断程度加剧，外部供给环节的风险也在不断上升，成为中国石油进口安全面临的新风险源。

总之，中国石油进口供应链的各个环节均存在不同程度的风险，中国对各环节的风险控制能力有限。在石油进口安全整体形势不断恶化的背景下，任何一个环节出现问题都有可能造成整个进口供应链的中断，影响中国的石油供应安全。因此，需要针对供应链各环节的不同风险制定相应的策略加强供应链的稳定性和抗风险能力。因此，提出以下的政策建议。

（1）降低对外部石油资源的依赖，从根本上降低石油进口风险。对外部石油的过度依赖是影响中国石油进口安全的关键因素。因此，中国应节约能源，提高能源效率，优化能源结构，大力发展和利用新能源和可再生能源等替代能源，加大页岩油、页岩气等非常规能源的开发力度，减少石油消费，降低对石油资源的依赖。

（2）提升进口来源的多元化，保障供给的稳定性。中国应积极调整石油贸易策略，逐步降低对中东地区、非洲等高风险资源国的依赖，将中国的石油进口来源从政治不稳定区域向资源丰富且相对稳定的俄罗斯和南美洲等区域转移，真正实现进口来源的多样化与安全性。

（3）多样化获取海外石油的形式，加强与石油资源国的投资合作关系，控制价格风险。目前中国获取的海外石油以"贸易油"为主，"份额油"为辅。相对于"贸易油"容易受到贸易格局、石油市场等外部因素的影响，"份额油"对于中国控制外部资源、保障从外部获取石油资源的稳定性意义更大。因此，中国应加大海外投资，积极参与国外石油资源的开发，与石油资源国建立长期合作关系，建立稳定的海外石油供应基地，加大"份额油"的获取力度。

（4）增强运输渠道的多样化，保障运输通道的安全稳定。中国应在保证进口来源多样化的基础上，加强运输方式的多样性，积极推动中俄、中缅、中哈等原油管道的建设，形成多元化的石油运输网络，实现原油的稳定供应。同时在海洋运输过程中，提升本国承运能力和承运份额，实现自主保障中国的进口石油供应。

（5）提升国际市场话语权，降低国际油价波动的负面影响。中国应尽快建立石油期货市场，完善石油市场体系，使"中国权重"融入全球石油定价体系，改变追随国际定价的被动局面。

（6）加强国际合作，共同维护石油安全。由于能源的安全运输、有效供给和市场稳定，符合能源消费国和能源输出国的共同利益，因此，中国应该在全球的框架下加强与石油生产国的合作及与其他石油进口国的能源对话，共同探讨解决地区油气短缺的方案与措施，避免发生区域能源冲突与恶性竞争，构建一个包括能源供应国、消费国、中转国在内的国际石油供应的安全体系，使全球能源市场更加安全、稳定、可持续，切实降低威胁石油安全的系统性风险。

参 考 文 献

白建华.2005.我国石油进口风险及规避措施研究.西南石油学院硕士学位论文.

白建华,胡国松.2005.我国石油进口风险的评估指标研究.国土资源科技管理,2：46-50.

陈洪涛,周德群,韩谊.2008.基于灰色关联理论的中外石油期货价格时差.系统工程理论与实践,3：166-170.

褚诀海.2004.石油期货交易.北京：中国金融出版社.

董秀良,张屹山.2006.国内外原油市场波动溢出效应的多元分析.中国软科学,12：120-125.

杜伟.2007.原油期货投机与油价变动的关系.国际石油经济,15（4）：35-40.

范英,姬强,朱磊,等.2013.中国能源安全研究：基于管理科学的视角.北京：科学出版社.

方虹,陈勇.2008.石油期货最优期保值比率及套期保值绩效的实证研究.中国软科学,1：125-130.

冯春山,吴家春,蒋馥.2003.国际石油市场的ARCH效应分析.石油大学学报（社会科学版）,19（2）：18-20.

冯春山,蒋馥,吴家春.2005.石油期货套期保值套期比选取的研究.系统工程理论方法应用,2：96-98.

冯晓华.2010.基于AHP和灰色关联分析的中国石油进口供应链风险评价及战略对策选择.中国海洋大学硕士学位论文.

高辉.2005.国内外燃料油价格关联度及动态滚动预测的模型研究——基于日数据的实证分析.国际石油经济,13（12）：24-30.

郝海,顾培亮,卢奇.2002.石油价格的系统动力学特征分析.系统工程,20（4）：27-43.

何凌云,郑丰.2005.基于R/S分析的原油价格系统的分形特征研究.复杂系统与复杂性科学,2（4）：46-52.

何凌云,范英,魏一鸣.2006.基于Zipf分析的Brent原油价格行为的实证研究.复杂系统与复杂性科学,3（1）：67-78.

姬强.2011.原油市场价格传导机制与石油定价权研究.中国科学院博士学位论文.

姬强,范英.2010.次贷危机前后国际原油市场与中美股票市场间的协动性研究.中国管理科学,18（6）：42-50.

姬强,刘炳越,席雯雯,等.2015a.2016年国际原油市场走势分析与价格预测.中国科学院院刊,30（6）：818-823.

姬强,刘炳越,席雯雯,等.2015b.2015年国际原油市场走势分析与价格预测.中国科学院院刊,30（1）：9-15.

姬强,刘炳越,范英.2016.国际油气价格与汇率动态相依关系研究：基于一种新的时变最优Copula模型.中国管理科学,24：1-9.

焦建玲,范英,魏一鸣.2004.石油价格研究综述.中国能源,26（4）：33-39.

李春华.2009.中国石油进口风险评价及防范.中国地质大学博士学位论文.

李建平,何琬,孙晓蕾.2010.中国主要石油进口来源国国家风险预测模型与应用.数学的实践与认识,40（7）：53-62.

李岩,王礼茂.2008.从地缘政治角度看中国石油进口运输安全.资源科学,30（12）：1784-1790.

廖肇黎,张宏民.2009.应用上海燃料油期货套保航空煤油的可行性分析.国际石油经济,8：35-40.

刘军峰.2004.基于协整理论的中国商品期货市场与现货市场长期均衡关系的研究.天津大学硕士学位论文.

刘明磊,姬强,范英.2014.金融危机前后国内外石油市场风险传导机制研究.数理统计与管理,33

（1）：9-20.

刘明磊．2014．石油市场信息传导机制及宏观经济影响研究．中国科学院大学博士学位论文．

陆凤彬，李艺，王拴红，等．2008．全球原油市场间信息溢出的实证研究——基于 CCF 方法与 ECM 模型．
    系统工程理论与实践，3：25-43.

陆如泉，傅阳明．2003．影响全球石油贸易的七大运输"咽喉"．国际石油经济，11（10）：16-20.

马超群，佘升翔，陈彦玲．2009a．中国上海燃料油期货市场信息溢出研究．管理科学学报，12（3）：
    94-101.

马超群，路文金，李双飞．2009b．基于 MV-GARCH 的石油期货时变套期保值比率研究．统计与决策，17：
    15-17.

梅孝峰．2001．国际市场油价波动分析．北京大学硕士学位论文．

潘慧峰，张金水．2005．基于 ARCH 类模型的国内油价波动分析．统计研究，4：16-20.

潘慧峰，张金水．2007．国内外石油市场的极端风险溢出检验．中国管理科学，15（3）：25-30.

潘慧峰，吴卫星．2008．基于动态条件相关系数模型的石油市场套期保值比估计．数学的实践与认识，
    38（6）：52-60.

齐中英，董羽鹏，赵娜．2010．国内外燃料油期货市场价格对我国现货市场价格影响研究．哈尔滨工业大
    学学报，6：61-67.

单卫国．2000．欧佩克对油价的影响力及其政策取向．国际石油经济，（1）：25-29.

孙晓蕾，王永锋．2007．浅析我国石油进口运输布局与运输安全．中国能源，29（5）：17-22.

王家枢．2002．石油与国家安全．北京：地震出版社．

王震，李驭龙，丁宝婷．2009．浅析美国股市与国际石油价格对中国股市收益与波动性的影响．财政与金
    融，18：44-46.

吴刚，魏一鸣．2009．我国石油进口的海洋运输风险分析．中国能源，31（5）：9-12.

吴磊．2003．中国石油安全．北京：中国社会科学出版社．

吴毅，叶志钧．2006．三大石油期货市场套期保值功能的比较研究．统计与决策，2：38-39.

席雯雯，姬强，范英．2016．国际油气价格动态关系对中国天然气定价机制改革的启示．中国科学院院
    刊，31（7）：812-819.

徐小杰．1998．新世纪的油气地缘政治——中国面临的机遇与挑战．北京：社会科学文献出版社．

许金华，范英．2010　油价结构性变化检验与动态监控研究．数理统计与管理，29（1）：13-20.

殷冬育，吴秉辉．2012．中东北非动荡与中国石油进口安全．国际石油经济，10：12-15.

余际从，雷涯邻，张凤麟，等．2003．经济全球化与国家油气安全战．北京：地质出版社．

虞伟荣，胡海鸥．2004．石油价格冲击对美国和中国实际汇率的影响．国际金融研究，12：33-39.

张海颖．2014．能源安全视角下的全球石油贸易格局复杂性研究．中国科学院大学博士学位论文．

张荣忠．2004．世界能源运输线的咽喉要道——中国进口能源的运输风险与应对．港口经济，5：36-38.

张跃军，范英，魏一鸣．2007．基于 GED-GARCH 模型的中国原油价格波动特征研究．数理统计与管理，
    26（3）：398-406.

中国石油集团经济技术研究院．2012．2011 年国内外油气行业发展报告．北京：中国石油集团经济技术研
    究院．

Abhyankar A, Xu B, Wang J Y. 2013. Oil price shocks and the stock market: Evidence from Japan. The Energy
    Journal, 34（2）：199-222.

Aboura S, Chevallier J. 2013. Leverage vs. feedback: Which effect drives the oil market? Finance Research
    Letters, 10：131-141.

Adams F G, Marquez J. 1984. Petroleum price elasticity, income effects and OPEC's pricing policy. The Energy Journal, 5: 155-228.

Adelman M A. 1984. International oil agreements. The Energy Journal, 5: 1-9.

Adelman M A. 1992. Is the world oil market 'One Great Pool'—comment. The Energy Journal, 13: 157-158.

Agbeyegbe T D. 2015. An inverted U-shaped crude oil price return-implied volatility relationship. Review of Financial Economics, 27: 28-45.

Agnolucci P. 2009. Volatility in crude oil futures: A comparison of the predictive ability of GARCH and implied volatility models. Energy Economics, 31 (2): 316-321.

Akram Q F. 2008. Commodity prices, interest rates and the dollar. Norges Bank Working Paper, 12.

Alhajji A F, Huettner D. 2000. The target revenue model and the world oil market: Empirical evidence from 1971-1994. The Energy Journal, 21 (2): 121-144.

Alizadeh A H, Nomikos N K, Pouliasis P K. 2008. A markov regime switching approach for hedging energy commodities. Journal of Banking & Finance, 32 (9): 1970-1983.

AlMadi M S, Zhang B. 2011. Lead-lag relationships between world crude oil benchmarks: Evidence from West Texas Intermediate, Brent, Dubai and Oman. International Research Journal of Finance and Economics, 80: 13-26.

Aloui C, Jammazi R. 2009. The effects of crude oil shocks on stock market shifts behavior: A regime switching approach. Energy Economics, 31 (5): 789-799.

Aloui R, Aïssa M S B, Nguyen D K. 2013a. Conditional dependence structure between oil prices and exchange rates: A copula-GARCH approach. Journal of International Money and Finance, 32: 719-738.

Aloui R, Hammoudeh S, Nguyen D K. 2013b. A time-varying copula approach to oil and stock market dependence: The case of transition economies. Energy Economics, 39: 208-221.

Alvarez-Ramirez C, Cisnerosl M, Ibarra-Valdez C, et al. 2002. Multifractalhurst analysis of crude oil prices. Physica A: Statistical Mechanics and its Applications, 313 (3-4): 651-670.

Amano R A, Norden S. 1998. Oil prices and the rise and fall of the US real exchange rate. Journal of International Money and Finance, 17 (2): 299-316.

Andersen T G, Bollerslev T, Diebold F X, et al. 2003. Modeling and forecasting realized volatility. Econometrica, 71 (2): 579-625.

Apergis N, Miller S M. 2009. Do structural oil market shocks affect stock prices? Energy Economics, 31 (4): 569-575.

Archanskaïa E, Creel J, Hubert P. 2012. The nature of oil shocks and the global economy. Energy Policy, 42: 509-520.

Arouri M E H, Lahiani A, Nguyen D K. 2011. Return and volatility transmission between world oil prices and stock markets of the GCC countries. Economic Modeling, 28 (4): 1815-1825.

Asche F, Misund B, Sikveland M. 2013. The relationship between spot and contract gas prices in Europe. Energy Economics, 38: 212-217.

Awokuse T O, Bessler D A. 2003. Vector autoregression, policy analysis, and directed graphs: An application to the US economy. Journal of Applied Economics, 6: 1-24.

Bachmeier L J, Griffin J M. 2006. Testing for market integration: Crude oil, coal, and natural gas. The Energy Journal, 27 (2): 55-71.

Bahgat B. 2005. Energy partnership: Israel and the Persian Gulf. Energy Policy, 33: 671-677.

Bai J, Perron P. 1998. Estimating and testing linear models with multiple structural changes. Econometrica, 66 (1): 47-78.

Bai J, Perron P. 2003. Computation and analysis of multiple structural change models. Journal of Applied Econometrics, 18: 1-22.

Barsky R B, Kilian L. 2004. Oil and the macroeconomy since the 1970s. Journal of Economic Perspectives, 18 (4): 115-134.

Basher S A, Sadorsky P. 2006. Oil price risk and emerging stock markets. Journal of Business, 59: 383-403.

Basher S A, Sadorsky P. 2016. Hedging emerging market stock prices with oil, gold, VIX, and bonds: A comparison between DCC, ADCC and GO-GARCH. Energy Economics, 54: 235-247.

Baum C F, Zerilli P. 2016. Jumps and stochastic volatility in crude oil futures prices using conditional moments of integrated volatility. Energy Economics, 53: 175-181.

Becker R, Clements A E, McClelland A. 2009. The jump component of S&P 500 volatility and the VIX index. Journal of Banking & Finance, 33: 1033-1038.

Bentzen J. 2007. Does OPEC influence crude oil prices? Testing for co-movements and causality between regional crude oil prices. Applied Economics, 39 (11): 1375-1385.

Bernanke B. 1986. Alternative explanations of the money-income, correlation. Carnegie-Rochester Conference Series on Public Policy, 25: 49-99.

Bernanke B S. 1983. Irreversibility, uncertainty, and cyclical investment. The Quarterly Journal of Economics, 98 (1): 85-106.

Bernanke B S, Gertler M, Watson M, et al. 1997. Systematic monetary policy and the effects of oil price shocks. Brookings Papers on Economic Activity, (1): 91-157.

Bessler D A, Yang J. 2003. The structure of interdependence in international stock markets. Journal of International Money and Finance, 22 (2): 261-287.

Bhar R, Malliaris A G. 2011. Oil prices and the impact of the financial crisis of 2007-2009. Energy Economics, 33 (6): 1049-1054.

Bielecki J. 2002. Energy security: is the wolf at the door? The Quarterly Review of Economics and Finance, 42 (2): 235-250.

Blair B F, Rezek J P. 2008. The effects of hurricane Katrina on price pass-through for gulf coast gasoline. Economics Letters, 98: 229-234.

Blanchard O J, Gali J. 2009. The macroeconomic effects of oil shocks: Why are the 2000s so different from the 1970s? Chapter in NBER book International Dimensions of Monetary Policy, 373-421.

Blyth W, Lefèvre N. 2004. Energy security and climate change policy interactions. IEA Information Paper.

Bollen J, Mao H, Zeng X. 2011. Twitter mood predicts the stock market. Journal of Computational Science, 2 (1): 1-8.

Bollerslev T. 1986. Generalized autoregressive conditional heteroscedasticity. Journal of Econometrics, 31: 307-327.

Bollerslev T. 1990. Modelling the coherence in short-run nominal exchange rates: A multivariate generalized ARCH approach. Review of Economics and Statistics, 72: 498-505.

Bollerslev T, Zhou H. 2006. Volatility puzzles: a unified framework for gauging return-volatility regression. Journal of Econometrics, 131: 123-150.

Booth G G, Martikainen T, Tse Y. 1997. Price and volatility spillovers in Scandinavian stock markets. Journal of Banking and Finance, 21: 811-823.

Bouri E. 2015. Return and volatility linkages between oil prices and the Lebanese stock market in crisis periods. Energy, 89: 365-371.

Bouri E, Awartani B, Maghyereh A. 2016. Crude oil prices and sectoral stock returns in Jordan around the Arab uprisings of 2010. Energy Economics, 56: 205-214.

Bremond V, Hache E, Mignon V. 2012. Does OPEC still exist as a cartel? An empirical investigation. Energy Economics, 34: 125-131.

Brigida M. 2014. The switching relationship between natural gas and crude oil prices. Energy Economics, 43: 48-55.

British Petroleum (BP). 2012. BP Statistical Review of World Energy 2012. London.

Broadstock D, Fan Y, Ji Q, et al. 2016. Shocks and stocks: A bottom-up assessment of the relationship between oil prices, gasoline prices and the returns of Chinese firms. The Energy Journal, 37: 55-86.

Brown S J, Warner J B. 1980. Measuring security price performance. Journal of Financial Economics, 8 (3): 205-258.

Brown S P A, Yücel M K. 2008. What drives natural gas prices? The Energy Journal, 29: 43-58.

Bruno M, Sachs J. 1982. Input prices shocks and the slowdown in economic growth: The case of U. K. manufacturing. Review of Economic Studies, 49 (5): 679-705.

Bryman D. 2005. Deadly Connection: States that Sponsor Terrorism. Cambridge: Cambridge Unicersity Press.

Burbidge J, Harrison A. 1984. Testing for the effects of oil price rises using vector autoregression. International Economic Review, 25: 459-484.

Campiche J L, Bryant H L, Richardson J W, et al. 2007. Examining the evolving correspondence between petroleum prices and agricultural commodity prices. American Agricultural Economics Association 2007 Annual Meeting.

Canarella G, Sapra S K, Pollard S K. 2007. Asymmetry and spillover effects in the North American equity markets. Economics, 1 (12): 1-52.

Candelon B, Joets M, Tokpavi S. 2013. Testing for Granger causality in distribution tails: An application to oil markets integration. Economic Modelling, 31: 276-285.

Caporale G M, Ali F M, Spagnolo N. 2015. Oil price uncertainty and sectoral stock returns in China: A time-varying approach. China Economic Review, 34: 311-321.

Cavalcanti T, Jalles J T. 2013. Macroeconomic effects of oil price shocks in Brazil and in the United States. Applied Energy, 104: 475-486.

Cecchetti S G, Cumby R E, Figlewski S. 1988. Estimation of the optimal futures hedge. Review of Economics and Statistics, 70: 623-630.

Chang C L, McAleer M, Tansuchat R. 2010. Analyzing and forecasting volatility spillovers, asymmetries and hedging in major oil markets. Energy Economics, 32: 1445-1456.

Chang C L, McAleer M, Tansuchat R. 2011. Crude oil hedging strategies using dynamic multivariate GARCH. Energy Economics, 33 (5): 912-923.

Chang T H, Su H M. 2010. The substitutive effect of biofuels on fossil fuels in the lower and higher crude oil price periods. Energy, 35: 2807-2813.

Chaudhuri K, Daniel B C. 1998. Long-run equilibrium real exchange rates and oil prices. Economics Letters, 58 (2): 231-238.

Chen K C, Chen S L, Wu L F. 2009. Price causal relations between China and the world oil markets. Global Finance Journal, 20 (2): 107-118.

Chen S S. 2009. Revisiting the inflationary effects of oil prices. The Energy Journal, 30 (4): 161-174.

Chen S S. 2010. Do high oil prices push the stock market into bear territory? Energy Economics, 32 (2): 490-495.

Chen S S, Chen H C. 2007. Oil prices and real exchange rates. Energy Economics, 29 (3): 390-404.

Chen S S, Hsu K W. 2012. Reverse globalization: Does high oil price volatility discourage international trade? Energy Economics, 34: 1634-1643.

Cherubini U, Luciano E, Vecchiato W. 2004. Copula Methods in Finance. New York: John Wiley & Sons.

Cheung C S, Kwan C C Y, Yip P C Y. 1990. The hedging effectiveness of options and futures: A mean-Gini approach. Journal of Futures Markets, 10: 61-74.

Cheung Y W, Ng L K. 1996. A causality-in-variance test and its application to financial market prices. Journal of E-conometrics, 72: 33-48.

Chicago Board Options Exchange (CBOE). 2003. VIX: CBOE volatility index. Chicago 2003. Accessible at http: //www. cboe. com/micro/VIX/vixintro. aspx [2012-5-12].

Choi K, Hammoudeh S. 2010. Volatility behavior of oil, industrial commodity and stock markets in a regime-switching environment. Energy Policy, 38: 4388-4399.

Cifarelli G, Paladino G. 2010. Oil price dynamics and speculation, a multivariate financial approach. Energy Economics, 32: 363-372.

Ciner C. 2006. Hedging or speculation in derivative markets: The case of energy futures contracts. Applied Financial Economics Letters, 2 (3): 189-192.

Coelho R, Gilmore C G, Lucey B, et al. 2007. The evolution of interdependence in world equity markets-Evidence from minimum spanning trees. Physica A, 376: 455-466.

Coleman L. 2012. Explaining crude oil prices using fundamental measures. Energy Policy, 40: 318-324.

Cong R G, Wei Y M, Jiao J L, et al. 2008. Relationships between oil price shocks and stock market: An empirical analysis from China. Energy Policy, 36: 3544-3553.

Correlje A, van der Linde C. 2006. Energy supply security and geopolitics: A European perspective. Energy Policy, 34 (5): 532-543.

Costantini V, Gracceva F, Markandya A, et al. 2007. Security of energy supply: Comparing scenarios from a European perspective. Energy Policy, 35: 201-226.

Creal D, Koopman S J, Lucas A. 2008. A general framework for observation driven time-varying parameter models. Tinbergen Institute Discussion Paper, 08-108/4.

Cremer J, Weitzman M L. 1976. OPEC and the monopoly price of world oil. Journal of Economics, 8 (2): 155-164.

Cunado J, de Gracia F P. 2003. Do oil price shocks matter? Evidence for some European countries. Energy Economics, 25: 137-154.

Darbar S M, Deb P. 2002. Cross-market correlations and transmission of information. Journal of Futures Markets, 22: 1059-1082.

Darby M R. 1982. The price of oil and world inflation and recession. The American Economic Review, 72 (4): 738-751.

Dash S, Moran M T. 2005. VIX as a companion of hedge fund portfolios. The Journal of Alternative Investments, 8: 75-82.

de Bock R, Gijon J. 2011. Will natural gas prices decouple from oil prices across the pond? IMF Working Paper, WP/11/143.

de Jong A, de Roon F, Veldd C. 1997. Out-of-sample hedging effectiveness of currency futures for alternative models and hedging strategies. Journal of Futures Markets, 17: 817-837.

de Roon F A, Nijman T E, Veld C. 2000. Hedging pressure effects in futures markets. Journal of Finance, 55: 1437-1456.

Demirer R, Kutan A M. 2010. The behavior of crude oil spot and futures prices around OPEC and SPR announcements: An event study perspective. Energy Economics, 32 (6): 1476-1476.

Deng S J, Oren S S. 2006. Electricity derivatives and risk management. Energy, 31: 940-953.

Diaz E M, Molero G C, Gracia F P. 2016. Oil price volatility and stock returns in the G7 economies. Energy Economics, 54: 417-430.

Draper D W. 1984. The behavior of event-related returns on oil futures contracts. Journal of Futures Markets, 4 (2): 125-132.

Du L, He Y, Wei C. 2010. The relationship between oil price shocks and China's macro-economy: An empirical analysis. Energy Policy, 38: 4142-4151.

Ederington L H. 1979. The hedging performance of the new futures market. Journal of Finance, 34 (1): 157-170.

EI-Sharif I, Brown D, Burton B, et al. 2005. Evidence on the nature and extent of the relationship between oil price and equity values in the UK. Energy Economics, 27 (6): 819-830.

Engle R F. 1982. Autoregressive conditional heteroscedasticity with estimates of the variance of United Kingdom inflation. Econometrica, 50: 987-1007.

Engle R F. 2002. Dynamic conditional correlation-a simple class of multivariate GARCH models. Journal of Business and Economic Statistics, 20 (3): 339-350.

Engle R F, Granger C W J. 1987. Cointegration and error correction: Representation, estimation and testing. Econometrica, 55: 251-276.

Erdös P. 2012. Have oil and gas prices got separated? Energy Policy, 49: 707-718.

Eunju J, Wonjoon K, Soon H C. 2009. The analysis of security cost for different energy sources. Applied Energy, 86: 1894-1901.

Ezzati A. 1976. Future OPEC price and production strategies as affected its capacity to absorb oil revenues. European Economic Review, 8 (2): 107-138.

Faff R W, Brailsford T J. 1999. Oil price risk and the Australian stock market. Journal of Energy Finance and Development, 4 (1): 69-84.

Fan J, Gu J. 2003. Semiparametric estimation of value at risk. The Econometrics Journal, 6: 261-290.

Fan Y, Jiao J L. 2006. An improved historical simulation approach for estimating 'Value at Risk' of crude oil price. Int. J. Global Energy Issues, 25 (1/2): 83-93.

Fan Y, Jiao J L, Liang Q M, et al. 2007. The impact of rising international crude oil price on China's economy: An empirical analysis with CGE model. International Journal of Global Energy Issues, 27 (4): 404-424.

Fan Y, Xu J H. 2011. What has driven oil price since 2000? A structural change perspective. Energy Economics, 33 (6): 1082-1094.

Fan Y, Zhu L. 2010. A real options based model and its application to China's overseas oil investment decisions. Energy Economics, 32 (3): 627-637.

Fan Y, Zhang Y J, Tsai H T, et al. 2008. Estimating 'Value at Risk' of crude oil price and its spillover effect using the GED-GARCH approach. Energy Economics, 30: 3156-3171.

Faria J R, Mollick A W, Albuquerque P H, et al. 2009. The effect of oil price on China's exports. China Economic

Review, 20: 793-805.

Fattouh B. 2010. The dynamics of crude oil price differentials. Energy Economics, 32 (2): 334-342.

Fermanian J D, Scaillet O. 2004. Some statistical pitfalls in copula modeling for financial applications. FAME Working Paper No. 108.

Ferson W W, Harvey C R. 1995. Predictability and time-varying risk in world equity markets. Research in Finance, 13: 25-88.

Filis G. 2010. Macro economy, stock market and oil prices: Do meaningful relationships exist among their cyclical fluctuations? Energy Economics, 32: 877-886.

Fills G, Degiannakis S, Floros C. 2011. Dynamic correlation between stock market and oil prices: The case of oil-importing and oil-exporting countries. International Review of Financial Analysis, 20 (3): 152-164.

Fisher R A. 1932. Statistical Methods for Research Workers. 4th Edition. Edinburgh: Oilver & Boyd.

Fleming J, Ostdiek B. 1999. The Impact of energy derivatives on the crude oil market. Energy Economics, 21: 135-167.

Fleming J, Ostdiek B, Whaley R E. 1995. Predicting stock market volatility: A new measure. Journal of Futures Markets, 15: 265-302.

Ftiti Z, Fatnassi I, Tiwari A K. 2016. Neoclassical finance, behavioral finance and noise traders: Assessment of gold-oil markets. Finance Research Letters, 17: 33-40.

Garcia R, Tsafack G. 2011. Dependence structure and extreme comovements in international equity and bond markets. Journal of Banking & Finance, 35: 1954-1970.

Gately D. 1983. OPEC: retrospective and prospects 1972-1990. European Economic Review, 21: 313-331.

Gately D. 1984. A ten-year retrospective: OPEC and the world oil market. Journal of Economics Literature, 22 (3): 1100-1114.

Gately D, Kyle J F, Fisher D. 1977. Strategies for OPEC's pricing decision. European Economic Review, 10: 209-230.

Geng J B, Ji Q. 2014. Multi-perspective analysis of China's energy supply security. Energy, 64 (1): 541-550.

Geng J B, Ji Q, Fan Y. 2016a. The behaviour mechanism analysis of regional natural gas prices: A multi-scale perspective. Energy, 101: 266-277.

Geng J B, Ji Q, Fan Y. 2016b. The impact of the North American shale gas revolution on regional natural gas markets: Evidence from the regime-switching model. Energy Policy, 96: 167-178.

Ghosh S. 2011. Examining crude oil price-Exchange rate nexus for India during the period of extreme oil price volatility. Applied Energy, 88 (5): 1886-1889.

Ghouri S S. 2006. Assessment of the relationship between oil prices and US oil stocks. Energy Policy, 34 (17): 3327-3333.

Giacomini E, Härdle W, Spokoiny V. 2009. Inhomogeneous dependence modeling with time-varying copula. Journal of Business & Economic Statistics, 27: 224-234.

Golub S S. 1983. Oil prices and exchange rates. The Economic Journal, 93 (371): 576-593.

Gonçalves S, Kilian L. 2004. Bootstrapping autoregressions with conditional heteroskedasticity of unknown form. Journal of Econometrics, 123: 89-120.

Gower J. 1966. Some distance properties of latent root and vector methods used in multivariate analysis. Biometrika, 53 (3/4): 325-338.

Guo J F, Ji Q. 2013. How does market concern derived from the Internet affect oil prices? Applied Energy, 112:

1536-1543.

Gupta E. 2008. Oil vulnerability index of oil-importing countries. Energy Policy, 36: 1195-1211.

Gülen S G. 1997. Regionalization in the world crude oil market. The Energy Journal, 18: 109-126.

Gülen S G. 1999. Regionalization in the world crude oil market: Further results. The Energy Journal, 20: 125-139.

Hafner C M, Reznikova O. 2010. Efficient estimation of a semiparametric dynamic copula model. Computational Statistics & Data Analysis, 54: 2609-2627.

Haigh M S, Nomikos N K, Bessler D A. 2004. Integration and causality in the international freight markets: Modeling with error correction and directed acyclic graphs. Southern Economic Journal, 71: 145-162.

Hamilton J D. 1983. Oil and the macroeconomy since World War II. The Journal of Political Economy, 91 (2): 228-248.

Hamilton J D. 1988. A neoclassical model of unemployment and the business cycle. Journal of Political Economy, 96 (3): 593-617.

Hamilton J D. 1989. A new approach to the economic analysis of nonstationary time series and the business cycle. Econometrica, 57: 357-384.

Hamilton J D. 1996. This is what happened to the oil price-macroeconomy relationship. Journal of Monetary Economics, 38 (2): 215-220.

Hamilton J D. 2003. What is an oil shock? Journal of Econometrics, 113: 363-398.

Hamilton J D. 2009. Causes and consequences of the oil shock of 2007-08. Brookings Papers on Economic Activity, (1): 215-283.

Hamilton J D, Herrera A M. 2004. Oil shocks and aggregate macroeconomic behavior: The role of monetary policy. Journal of Money, Credit, and Banking, 36 (2): 265-286.

Hammoudeh S, Eleisa L. 2004. Dynamic relationships among GCC stock markets and NYMEX oil futures. Contemporary Economic Policy, 22 (2): 250-269.

Hammoudeh S, Li H. 2004. The impact of the Asian crisis on the behavior of US and international petroleum prices. Energy Economics, 26: 135-160.

Hammoudeh S, Yuan Y. 2008. Metal volatility in presence of oil and interest rate shocks. Energy Economics, 30: 606-620.

Harri A, Nalley L, Hudson D. 2009. The relationship between oil, exchange rates and commodity prices. Journal of Agriculture and Applied Economics, 41 (2): 501-510.

Hartley P R, Medlock III K B, Rosthal J E. 2008. The relationship of natural gas to oil prices. The Energy Journal, 29 (3): 47-65.

Hatefi S M, Torabi S A. 2010. A common weight MCDA-DEA approach to construct composite indicators. Ecological Economics, 70 (1): 114-120.

He W, Sun X L, Tang L, et al. 2009a. Modeling on oil-importing risk under risk correlation. International Joint Conference on Computational Sciences & Optimization, 2: 434-438.

He L Y, Fan Y, Wei Y M. 2009b. Impact of speculator's expectations of returns and time scales of investment on crude oil price behaviors. Energy Economics, 31 (1): 77-84.

Henriques I, Sadorsky P. 2008. Oil prices and the stock prices of alternative energy companies. Energy Economics, 30 (3): 998-1010.

Herce M, Parsons J E, Ready R C. 2006. Using futures prices to filter short-term volatility and recover a latent, long-term price series for oil. Working Paper, MIT, http://web.mit.edu/ceepr/www/2006-005.pdf [2008-1-

13〕．

Hill J B. 2007. Efficient tests of long-run causation in trivariate VAR processes with a rolling window study of the money-income relationship. Journal of Applied Econometrics, 22: 747-765.

Hnyilicza E, Pindyck R S. 1976. Pricing policies for a two-part exhaustible resource cartel, the case of OPEC. European Economic Review, 8: 139-154.

Hollander M, Wolfe D A. 1973. Nonparametric Statistical Methods. New York: John Wiley & Sons.

Hooker M A. 2002. Are oil shocks inflationary? Asymmetric and nonlinear specifications versus changes in regime. Journal of Money, Credit and Banking, 34: 540-561.

Horsnell P. 1996. The hedging efficiency of crude oil markets. Fuel and Energy Abstracts, 1: 9.

Hotelling H. 1931. The economics of exhaustible resources. Journal of Political Economy, 39 (2): 137-175.

Hou A, Suardi S. 2012. A nonparametric GARCH model of crude oil price return volatility. Energy Economics, 34: 618-626.

Howard C T, D'Antonio L J. 1984. A risk-return measure of hedging effectiveness. Journal of Financial and Quantitative Analysis, 19: 101-112.

Hsin C W, Kuo J, Lee C F. 1994. A new measure to compare the hedging effectiveness of foreign currency futures versus options. Journal of Futures Markets, 14: 685-707.

Huang Y, Guo F. 2007. The role of oil price shocks on China's real exchange rate. China Economic Review, 18 (4): 403-416.

Hughes B. 2004. Trees and ultrametric spaces: a categorical equivalence. Advances in Mathematics, 189: 148-191.

Hung C J, Wang Y H, Chang M C, et al. 2011. Minimum variance hedging with bivariate regime-switching model for WTI crude oil. Energy, 36 (5): 3050-3057.

Im K, Pesaran M H, Shin Y. 2003. Testing for unit roots in heterogeneous panels. Journal of Econometrics, 115 (1): 53-74.

International Energy Agency (IEA). 2010. World Energy Outlook 2010. Paris : IEA/OECD.

International Energy Agency (IEA). 2012. World Energy Outlook 2012. Paris : IEA/OECD.

International Energy Agency (IEA). 2013. Developing aNatural Gas Trading Hub in Asia. Paris : IEA/OECD.

Jebabli I, Arouri M, Teulon F. 2014. On the effects of world stock market and oil price shocks on food prices: An empirical investigation based on TVP-VAR models with stochastic volatility. Energy Economics, 45: 66-98.

Ji Q, Guo J F. 2015a. Oil price volatility and oil-related events: An Internet concern study perspective. Applied Energy, 137: 256-264.

Ji Q, Guo J F. 2015b. Market interdependence among commodity prices based on information transmission on the Internet. Physica A: Statistical Mechanics and Its Applications, 426: 35-44.

Ji Q, Fan Y. 2011. A dynamic hedging approach for refineries in multiproduct oil markets. Energy, 36 (2): 881-887.

Ji Q, Fan Y. 2012. How does oil price volatility affect non-energy commodity markets? Applied Energy, 89 (1): 273-280.

Ji Q, Fan Y. 2015. Dynamic integration of world oil prices: A reinvestigation of globalization vs. regionalization. Applied Energy, 155: 171-180.

Ji Q, Fan Y. 2016a. Modelling the joint dynamics of oil prices and investor fear gauge. Research in International Business and Finance, 37: 242-251.

Ji Q, Fan Y. 2016b. Evolution of the world crude oil market integration: A graph theory analysis. Energy

Economics, 53: 90-100.

Ji Q, Fan Y. 2016c. How do China's oil markets affect other commodity markets both domestically and internationally? Finance Research Letters , 19: 247-254.

Ji Q, Geng J B, Fan Y. 2014. Separated influence of crude oil prices on regional natural gas import prices. Energy Policy, 70 (7): 96-105.

Ji Q, Liu M L, Fan Y. 2015. Effects of structural oil shocks on output, exchange rate and inflation in the BRICS countries: A SVAR approach. Emerging Markets Finance and Trade, 51 (6): 1129-1140.

Ji Q. 2012. System analysis approach for the identification of factors driving crude oil prices. Computers and Industrial Engineering, 63 (3): 615-625.

Jiang G J, Tian Y S. 2005. The model-free implied volatility and its information content. The Review of Financial Studies, 18: 1305-1342.

Jiao J L, Fan Y, Zhang J T, et al. 2005. The analysis of the effect of OPEC oil price to the world oil price. Journal of Systems Science and Information, 3 (1): 113-125.

Jiao J L, Fan Y, Wei Y M, et al. 2007. Analysis of the co-movement between Chinese and international crude oil price. International Journal of Global Energy Issues, 27 (1): 61-76.

Jiao J L, Gan H H, Wei Y M. 2012. The impact of oil price shocks on Chinese industries. Energy Sources, Part B: Economics, Planning, and Policy, 7 (4): 348-356.

Joe H. 1997. Multivariate Models and Dependence Concepts. London: Chapman & Hall.

Johansen S, Juselius K. 1990. Maximum likelihood estimation and inference on cointegration- with application to the demand for money. Oxford Bulletin of Economics and Statistics, 52: 169-210.

Johnson L L. 1960. The theory of hedging and speculation in commodity futures. Review of Economic Studies, 27: 139-151.

Jones C M, Kaul G. 1996. Oil and the stock market. Journal of Finance, 51: 463-449.

Jones D J, Leiby P N, Paik I K. 2004. Oil price shocks and the macroeconomy: What has been learned since 1996. The Energy Journal, 25 (2): 1-32.

Kalman R E. 1960. A new approach to linear filtering and prediction problems. Transaction of the ASME-Journal of Basic Engineering, 82: 35-45.

Kanamura T. 2009. Monitoring the upsurge of biofuels in commodity futures markets. The Icfai Journal of Derivatives Markets, 6: 29-48.

Kang W S, Ratti R A, Vespignani J. 2016. The impact of oil price shocks on the U. S. stock market: A note on the roles of U. S. and non-U. S. oil production. Economics Letters, 145: 176-181.

Kao C. 1999. Spurious regression and residual-based tests for cointegration in panel data. Journal of Econometrics, 90 (1): 1-44.

Kaufmann R K. 2011. The role of market fundamentals and speculation in recent price changes for crude oil. Energy Policy, 39: 105-115.

Kearney F, Murphy F, Cummins M. 2015. An analysis of implied volatility jump dynamics: Novel functional data representation in crude oil markets. The North American Journal of Economics and Finance, 33: 199-216.

Keynes J M. 1930. Treaties on Money. The Applied Theory of Money. New york: Harcourt.

Kilian L, Park C. 2009. The impact of oil price shocks on the U. S. stock market. International Economic Review, 50 (4): 1267-1287.

Kilian L, Vega C. 2011. Do energy prices respond to U. S. macroeconomic news? A test of the hypothesis of predetermined energy prices. Review of Economics and Statistics, 93 (2): 660-671.

Kilian L, Hicks B. 2013. Did unexpectedly strong economic growth cause the oil price shock 2003-2008? Journal of Forecasting, 32 (5): 385-394.

Kilian L. 2008. The economic effects of energy price shocks. Journal of Economic Literature, 46: 871-909.

Kilian L. 2009. Not all oil price shocks are alike: Disentangling demand and supply shocks in the crude oil market. American Economic Review, 99 (3): 1053-1069.

Kim C J, Nelson C R. 2000. State-space models with regime switching: Classical and Gibbs-sampling approachs with application. Cambridge : MIT Press.

Kleit A N. 2001. Are regional oil markets growing closer together? An arbitrage cost approach. The Energy Journal, 22: 1-15.

Kojadinovic I, Yan J, Holmes M. 2011. Fast large- sample goodness- of- fit tests for copulas. StatisticaSinica, 21 (2): 841-871.

Kolb R W, Okunev J. 1992. An empirical evaluation of the extended mean- Gini coefficient for futures hedging. Journal of Futures Markets, 12: 177-186.

Korhonen I, Ledyaeva S. 2010. Trade linkages and macroeconomic effects of the price of oil. Energy Economics, 32: 848-856.

Koutmos G, Booth G G. 1995. Asymmetric volatility transmission in international stock markets. Journal of International Money and Finance, 14: 747-762.

Krey V, Martinsen D, Wagner H J. 2007. Effects of stochastic energy prices on long- term energy- economic scenarios. Energy, 32 (12): 2340-2349.

Kroner K F, Sultan J. 1991. Exchange rate volatility and time varying hedge ratios. Pacific Basin Capital Markets Research, 12: 397-412.

Krugman P. 2000. The energy crisis revisited. http://web. mit. edu/krugman/www. opec. html.

Kumar S. 2009. The macroeconomic effects of oil price shocks: Empirical evidence for India. Economic Bulletin, 29 (1): 15-37.

Lammerding M, Stephan P, Trede M, et al. 2013. Speculative bubbles in recent oil price dynamics: Evidence from a Bayesian Markov-switching state-space approach. Energy Economics, 36: 491-502.

Laurini M P. 2013. A dynamic econometric model for inflationary inertia in Brazil. Journal of Statistical and Econometric Methods, 2: 51-83.

Lee J. 2004. The comovement between output and prices: evidence from Canada. Texas : Texas A&M University-Corpus Christi Corpus Christi.

Lee C C, Zeng J H. 2011. The impact of oil price shocks on stock market activities: Asymmetric effect with quantile regression. Mathematics and Computers in Simulation, 81 (9): 1910-1920.

Lee K, Ni S, Ratti R A. 1995. Oil shocks and the macroeconomy: The role of price variability. The Energy Journal, 16 (4): 39-56.

Lefèvre N. 2010. Measuring the energy security implications of fossil fuel resource concentration. Energy Policy, 38: 1635-1644.

Lesage J P. 1999. The Theory and Practice of Spatial Econometrics. Toledo: Department of Economics, University of Toledo.

Lesbirel S H. 2004. Diversification and energy security risks: the Japanese cas. Japanese Journal of Political Science, 5: 1-22.

Levin A, Lin C F, Chu C S. 2002. Unit root tests in panel data: Asymptotic and finite-sample properties. Journal of Econometrics, 108 (1): 1-24.

Li R, Leung G C K. 2011. The integration of China into the world crude oil market since 1998. Energy Policy, 39: 5159-5166.

Lien D, Luo X. 1993. Estimating the extended mean-Gini coefficient for futures hedging. Journal of Futures Markets, 13: 665-676.

Lien D, Shaffer D R. 1999. Note on estimating the minimum extended Gini hedge ratio. Journal of Futures Markets, 19: 101-113.

Lien D, Tse Y K . 2000. Hedging downside risk with futures contracts. Applied Financial Economics, 10: 163-170.

Lin S X, Tamvakis M N. 2001. Spillover effects in energy futures markets. Energy Economics, 23 (1): 43-56.

Lin S X, Tamvakis M N. 2010. OPEC announcements and their effects on crude oil prices. Energy Policy, 38 (2): 1010-1016.

Liu B Y, Ji Q, Fan Y. 2017. A new time-varying optimal copula model identifying the dependence across markets. Quantitative Finance, 17 (3): 437-453.

Liu J, Wu S, Zidek J V. 1997. On segmented multivariate regressions. StatisticaSinica, 7: 497-525.

Liu L, Wan J Q. 2012. A study of Shanghai fuel oil futures price volatility based on high frequency data: Long-range dependence, modeling and forecasting. Economic Modelling, 29: 2245-2253.

Liu M L, Ji Q, Fan Y. 2013. How does oil market uncertainty interact with other markets? An empirical analysis of implied volatility index. Energy, 55 (6): 860-868.

Lizardo R A, Mollick A. 2010. Oil price fluctuations and U. S. dollar exchange rates. Energy Economics, 32: 399-408.

Loungani P, Matsumoto A. 2012. Oil and natural gas prices: Together again? Working paper. http: // www. usaee. org/usaee2012/submissions/OnlineProceedings/USAEE_ PP. pdf [2014-3-18] .

Loutia A, Mellios C, Andriosopoulos K. 2016. Do OPEC announcements influence oil prices. Energy Policy, 90: 262-272.

Lu J, Wang Y. 2013. A safety assessment of China s crude oil import based on G1 method. Procedia- Social and Behavioral Sciences, 96: 1738-1744.

Mac Kinlay A C. 1997. Event studies in economics and finance. Journal of Economic Literature, 35 (1): 13-39.

Maddala G S, Wu S. 1999. A comparative study of unit root tests with panel data and a new simple test. Oxford Bulletin of Economics and Statistics, 61 (s1): 631-652.

Malik F, Hammoudeh S. 2007. Shock and volatility transmission in the oil, US, and Gulf equity markets. International Review of Economics and Finance, 16: 357-368.

Manfredo M R, Garcia P, Leuthold R M. 2000. Time- varying multiproduct hedge ratio estimation in the soybean complex: a simplified approach. NCR- 134 Conference on Applied Commodity Price Analysis, Forecasting, and Market Risk Management, Chicago, Illinois.

Mantegna R N. 1999. Hierarchical structure in financial markets. The European Physical Journal B, 11: 193-197.

Masih R, Peters S, De M L, 2011. Oil price volatility and stock price fluctuations in an emerging market: Evident from South Korea. Energy Economics, 33 (5): 975-986.

Mensi W, Hammoudeh S, Yoon S M. 2014. How do OPEC news and structural breaks impact returns and volatility in crude oil markets? Further evidence from a long memory process. Energy Economics, 42: 343-354.

Miller J I, Ratti R A. 2009. Crude oil and stock markets: Stability, instability, and bubbles. Energy Economics,

31: 559-568.

Milonas N, Henker T. 2001. Price spread and convenience yield behaviour in the international oil market. Applied Financial Economics, 11: 23-36.

Mohanty S, Nandha M, Bota G. 2010. Oil shocks and stock returns: The case of the Central and Eastern European (CEE) oil and gas sectors. Emerging Markets Review, 11 (4): 358-372.

Mork K A, OlsenØ, Mysen H T. 1994. Macroeconomic responses to oil price: Increases and decreases in seven OECD countries. The Energy Journal, 15 (4): 19-35.

Mork K A. 1989. Oil and the macroeconomy when prices go up and down: An extension of Hamilton's results. Journal of Political Economy, 97: 740-744.

Nakajima T, Hamori S. 2012. Causality-in-mean and causality-in-variance among electricity prices, crude oil prices, and yen-US dollar exchange rates in Japan. Research in International Business and Finance, 26: 371-386.

Nandha M, Faff R. 2008. Does oil move equity prices? A global view. Energy Economics, 30 (3): 986-997.

Narayan P K, Narayan S, Prasad A. 2008. Understanding the oil price-exchange rate nexus for the Fiji islands. Energy Economics, 30 (5): 2686-2696.

Narayan P K, Narayan S, Zheng X W. 2010. Gold and oil futures markets: Are markets efficient? Applied Energy, 87: 3299-3303.

Nazlioglu S. 2011. World oil and agricultural commodity prices: Evidence from nonlinear causality. Energy Policy, 39: 2935-2943.

Nazlioglu S, Soytas U. 2011. World oil prices and agricultural commodity prices: Evidence from an emerging market. Energy Economics, 33: 488-496.

Nazlioglu S, Soytas U. 2012. Oil price, agricultural commodity prices, and the dollar: A panel cointegration and causality analysis. Energy Economics, 34: 1098-1104.

Nelsen R B. 1999. An Introduction to Copulas. New York: Springer.

Nelson D B. 1991. Conditional heteroscedasticity in asset returns: A new approach. Econometrica, 59: 347-370.

Neumann A. 2009. Linking natural gas markets: is LNG doing its job? The Energy Journal, 30: 187-200.

Ng A . 2000. Volatility spillover effects from Japan and the US to the Pacific Basin. Journal of International Money and Finance, 19: 207-233.

NYMEX. 2000. Crack Spread Handbook. Newyork: New York Mercantile Exchange.

Okimoto T. 2008. New evidence of asymmetric dependence structures in international equity markets. Journal of Financial and Quantitative Analysis, 43: 787-815.

Onnela J P, Chakraborti A, Kaski K, et al. 2003. Dynamics of market correlations: taxonomy and portfolio analysis. Physical Review E, 68 (5), 056-110.

Oriavwote V E, Eriemo N O. 2012. Oil prices and the real exchange rate in Bonny. International Journal of Economics and Finance, 4: 198-205.

Osmundsen P, Mohn K, Misund B, et al. 2007. Is oil supply choked by financial market pressures? Energy Policy, 35 (1): 467-474.

Ozbek L, Ozlale U. 2010. Analysis of real oil prices via trend-cycle decomposition. Energy Policy, 38 (7): 3676-3683.

Pan Z, Wang Y D, Yang L. 2014. Hedging crude oil using refined product: A regime switching asymmetric DCC approach. Energy Economics, 46: 472-484.

Papapetrou E. 2001. Oil price shocks, stock markets, economic activity, and employment in Greece. Energy

Physica A, 388: 1571-1576.

Soytas U, Oran A. 2011. Volatility spillover from world oil spot markets to aggregate and electricity stock index returns in Turkey. Applied Energy, 88 (1): 354-360.

Soytas U, Sari R, Hammoudeh S, et al. 2009. World oil prices, precious metal prices and macro economy in Turkey. Energy Policy, 37 (12): 5557-5566.

Sprites P, Glymour C, Scheines R. 2000. Causation, Prediction, and Search. Cambridge: MIT Press.

Stein J L. 1961. The simultaneous determination of spot and futures prices. American Economic Review, 5: 1012-1025.

Stewart P. 2002. Russian oil strengthens, bucking sweet/sour trends. Global Energy Business, 3/4: 31-32.

Sun M, Gao C X, Shen B. 2014. Quantifying China's oil import risks and the impact on the national economy. Energy Policy, 67: 605-611.

Swanson N R. 1998. Money and output viewed through a rolling window. Journal of Monetary Economics, 41: 455-474.

Swanson N R, Granger C. 1997. Impulse response functions based on a causal approach to residual orthogonalization in vector autoregression. Journal of the American Statistical Association, 92: 357-367.

Szakmary A, Ors E, Kim J K, et al. 2003. The predictive power of implied volatility: Evidence from 35 futures markets. Journal of Banking & Finance, 27 (11): 2151-2175.

Tang W, Wu L, Zhang Z X. 2010. Oil price shocks and their short- and long-term effects on the Chinese economy. Energy Economics, 32: S3-S14.

Tsai C. 2015. How do U.S. stock returns respond differently to oil price shocks pre-crisis, within the financial crisis, and post-crisis? Energy Economics, 50: 47-62.

Wagner N, Szimayer A. 2004. Local and spillover shocks in implied market volatility: evidence for the U.S. and Germany. Research in International Business and Finance, 18: 237-251.

Weiner R J. 1991. Is the world oil market one great pool? The Energy Journal, 12: 95-107.

Weiner R J. 1994. "The world oil market is not "one great pool:" A reply to Rodriguez and Williams. Energy Studies Review, 5 (3): 225-230.

Wirl F, Kujundzic A. 2004. The impact of OPEC conference outcomes on world oil prices 1984-2001. The Energy Journal, 25: 45-62.

Wlazlowski S, Giulietti M, Binner J, et al. 2009. Price dynamics in European petroleum markets. Energy Economics, 31 (1): 99-108.

Wlazlowski S, Hagströmer B, Giulietti M. 2011. Causality in crude oil prices. Applied Economics, 43 (24): 3337-3347.

Wold S, Martens H, Wold H. 1983. The Multivariate Calibration Method in Chemistry Solved by the PLS Method. Berlin: Springer.

Wu C C, Chung H, Chang Y H. 2012. The economic value of co-movement between oil price and exchange rate using copula-based GARCH models. Energy Economics, 34: 270-282.

Wu G, Wei Y M, Fan Y, et al. 2007. An empirical analysis of the risk of crude oil imports in China using improved portfolio approach. Energy Policy, 35: 4190-4199.

Wu L B, Li J, Zhang Z X. 2013. Inflationary effect of oil-price shocks in an imperfect market: A partial transmission input-output analysis. Journal of Policy Modeling, 35 (2): 354-369.

Yang C W, Hwang M J, Huang B N. 2002. An analysis of factors affecting price volatility of the US oil market.

Energy Economics, 24 (2): 107-119.

Yang J, Guo H, Wang Z J. 2006. International Transmission of Inflation Among G-7 Countries: A data-determined VAR Analysis. Journal of Banking & Finance, 30: 2681-2700.

Yang Y Y, Li J P, Sun X L, et al. 2014. Measuring external oil supply risk: A modified diversification index with country risk and potential oil exports. Energy, 68 (4): 930-938.

Yousefi A, Wirjanto T S. 2004. The empirical role of the exchange rate on the crude-oil price formation. Energy Economics, 26 (5): 783-799.

Yücel M K, Guo S Y. 1994. Fuel taxes and cointegration of energy prices. Contemporary Economic Policy, 12 (3): 33-41.

Zhang H Y, Ji Q, Fan Y. 2013. An evaluation framework for oil import security based on the supply chain with a case study focused on China. Energy Economics, 38: 87-95.

Zhang X, Yu L, Wang S Y, et al. 2009. Estimating the impact of extreme events on crude oil price: An EMD-based event analysis method. Energy Economics, 31 (5): 768-778.

Zhang Y J, Fan Y, Tsai H T, et al. 2008. Spillover effects of US dollar exchange rate on oil prices. Journal of Policy Modeling, 30 (6): 973-991.

Zhang Z X. 2011. China's energy security, the Malacca dilemma and responses. Energy Policy, 39 (12): 7612-7615.

Zhou Y G. 2014. Modeling the joint dynamics of risk-neutral stock index and bond yield volatilities. Journal of Banking & Finance, 38: 216-228.

Zhou P, Ang B W. 2009. Comparing MCDA aggregation methods in constructing composite indicators using the Shannon-Spearman measure. Social Indicators Research, 94: 83-96.

Zhou P, Ang B W, Poh K L. 2007. A mathematical programming approach to constructing composite indicators. Ecological Economics, 62 (2): 291-297.